普通高等教育"十二五"规划教材

21世纪学前教育专业规划教材

吴钢 著

图书在版编目(CIP)数据

幼儿园教育质量评价导论/吴钢著.—北京：北京大学出版社，2017.3
（21世纪学前教育专业规划教材）
ISBN 978-7-301-28151-2

Ⅰ.①幼… Ⅱ.①吴… Ⅲ.①幼儿园—教育质量—教育评估—幼儿师范学校—教材 Ⅳ.①G612

中国版本图书馆CIP数据核字(2017)第043397号

书　名	幼儿园教育质量评价导论
	YOU'ERYUAN JIAOYU ZHILIANG PINGJIA DAOLUN
著作责任者	吴　钢　著
责任编辑	李淑方
标准书号	ISBN 978-7-301-28151-2
出版发行	北京大学出版社
地　址	北京市海淀区成府路205号　100871
网　址	http://www.pup.cn　　新浪微博：@北京大学出版社
电子信箱	zyl@pup.pku.edu.cn
电　话	邮购部 62752015　发行部 62750672　编辑部 62767857
印刷者	三河市博文印刷有限公司
经销者	新华书店
	787毫米×1092毫米　16开本　14印张　300千字
	2017年3月第1版　2017年3月第1次印刷
定　价	39.00元

未经许可，不得以任何方式复制或抄袭本书之部分或全部内容。
版权所有，侵权必究
举报电话：010-62752024　电子信箱：fd@pup.pku.edu.cn
图书如有印装质量问题，请与出版部联系，电话：010-62756370

吴钢简介

吴钢，1960年生，上海师范大学教育学院副教授，硕士生导师，主要从事教育评价和教育系统学的教学和研究。1989年7月毕业于北京师范大学高等教育管理专业，获教育学硕士学位。1999年到日本京都教育大学研修；2004年9月至2005年3月在美国加州州立大学北岭分校做访问学者。在《教育研究》《课程·教材·教法》《比较教育研究》等刊物上发表学术论文八十多篇，出版如《现代教育评价基础》等著作四部。《现代教育评价基础》荣获2001年高等教育上海市级教学成果（教材）三等奖。主持全国教育科学"十一五"规划教育部重点课题"幼儿园教育质量评估指标体系研究"等课题十余项。现为中国教育学会基础教育评价专业委员会会员；上海市社区教育协会第四届理事会理事。

前　言

本书是全国教育科学"十一五"规划教育部重点课题"幼儿园教育质量评估指标体系研究"系列成果之一，由上海高校高峰高原学科建设计划资助。

本书是在发展性目标评价模式的指导下研究和撰写完成的。其主要内容有：首先，在总结我国幼儿园教育质量评价的经验与不足的基础上，借鉴国外幼儿园教育质量评价的经验，提出设计我国幼儿园教育质量评价指标体系的基本理念。其次，以上海地区为例，制定一套幼儿园教育质量评价指标体系。再次，提出与指标体系较为科学和合理匹配的评定标准的案例。最后，对指标体系进行信度和效度检验。研究的主要方法是：一是文献研究法。通过对中外现有的幼儿园教育质量评价方面的研究成果进行梳理和提炼，试图得到幼儿园教育质量评价的先进理念、设计指标体系的依据以及评价指标体系幼小衔接的条件等结果，为进一步研究奠定理论基础。二是访谈调查法。通过对上海市教育委员会基础教育处主管幼儿教育的领导以及上海市 4 所幼儿园的园长、保教人员和幼儿家长进行访谈，了解幼儿园教育质量评价的现状和存在的问题，为设计在较大范围内进行调查的问卷提供有效和有针对性的信息，再结合文献研究成果，编制出"幼儿园教育质量评价现状调查问卷"。三是问卷调查法。通过对上海 14 个区中的 49 所幼儿园的保教人员和幼儿家长的问卷调查，较为全面地分析幼儿园教育质量评价的现状，寻找带有普遍性的问题，为探索评价的先进理念和设计评价指标体系提供现实的依据。四是个案研究法。对于设计出来的指标体系，运用个案研究法研究与该指标体系相匹配的评定标准，这不仅能验证指标体系的质量，而且也为有效运用指标体系提供灵活的、有针对性的、可操作的途径。

本书即将出版。在此要感谢支持和帮助本课题胜利完成的所有人！感谢本课题组成员：何慧华、薛建男、许吉如、苑朔、李俊、盛影莹、杨海怡等的辛勤工作！感谢全国教育科学规划领导小组办公室的同志们！是你们的辛勤劳动，才使我们有机会在高层次的平台上贡献力量。感谢上海市的幼儿园！我们在访谈调研中得到了德威英国国际学校、楼园幼儿园、阶梯锦绣幼儿园、同汇幼儿园和上海师范大学实验幼儿园的协助；在问卷调查中得到了以下幼儿园的配合：楼园幼儿园、徐汇区世纪昂立幼儿园、长桥第一幼儿园、徐浦小学附属幼儿园、徐汇艺术幼儿园、创意幼儿园、闵行区世纪昂立幼儿园、绿世界实验幼儿园、莘松幼儿园、阶梯锦绣幼儿园、奥林幼儿园、瑞金一路幼儿园、开心果幼儿园、城市花园幼儿园、春之声幼儿园、六一幼儿园、百灵鸟幼儿园、金新幼儿园、东沟幼儿园、华新幼儿园、春晖幼儿园、向阳幼儿园、幼华科技幼稚园、市光一村幼稚园、杨浦科技幼稚园、许昌路幼儿园、民星幼稚园、延吉幼儿园、茸北中心幼儿园、松江实验幼儿园、天山幼儿园、基金会幼儿园、金钟幼儿园、北三幼儿园、红星幼儿园、七色花幼儿园、乾溪二幼儿园、实验幼儿园、罗星幼儿园、东风幼儿园、健康幼儿园、亭林幼儿园、张堰幼儿园、漕泾幼儿园、马陆智慧幼儿园、大华幼儿园、长兴中心幼儿园、前卫幼儿园、小小虎幼稚园。正是你们的支持和帮助，才使我们获得了宝贵的研究资料，课题研究才能顺利进行。感谢评审专家！在立项、开题、中期检查和结题鉴定不同阶段中，都留下了你们的身影，你们公正无私的品格，科学真诚的态度，高瞻远瞩的智慧，深深地鞭策和感染了我们，不仅对申报书、开题报告、中期报告、研究成果等给予公正评价，而且给我们的研究进行了很好的指导，使我们的研究能达到预期的目标。

  本书可作为高等院校本科生和研究生"幼儿园教育质量评价"课程的教材或教学参考书，也可作为大学相关教师、幼儿园教师和相关督导人员等培训的参考读物。由于本人水平所限，此书不足之处实难避免，真诚希望读者批评指正！

吴　钢
2015 年 9 月 10 日于
上海师范大学教育学院

目 录

第一章　幼儿园教育质量评价概述 ……………………………………………（1）
　　第一节　幼儿园教育质量评价研究的背景 …………………………………（1）
　　　　一、我国幼儿园教育质量评价研究的回顾 ……………………………（2）
　　　　二、我国幼儿园教育质量评价研究的展望 ……………………………（10）
　　第二节　幼儿园教育质量评价相关概念的界定 ……………………………（12）
　　　　一、幼儿园 ………………………………………………………………（12）
　　　　二、教育质量 ……………………………………………………………（14）
　　　　三、幼儿园教育质量评价 ………………………………………………（16）
　　第三节　幼儿园教育质量评价的模式 ………………………………………（17）
　　　　一、发展性目标评价模式 ………………………………………………（17）
　　　　二、制定评价标准的依据 ………………………………………………（19）
　　　　三、教育评价的一般程序 ………………………………………………（23）
第二章　幼儿园教育质量评价的现状调查 ……………………………………（44）
　　第一节　当下国内外幼儿园教育质量评价的文献综述 ……………………（44）
　　　　一、国内研究现状 ………………………………………………………（45）
　　　　二、国外研究现状 ………………………………………………………（54）
　　第二节　幼儿园教育质量评价现状调查的问卷设计 ………………………（63）
　　　　一、文献研究的启示 ……………………………………………………（64）
　　　　二、访谈调查的信息 ……………………………………………………（64）
　　　　三、调查问卷的设计 ……………………………………………………（76）
　　第三节　幼儿园教育质量评价现状调查的统计分析 ………………………（86）
　　　　一、幼儿园教育质量评价现状调查分析 ………………………………（86）

二、对目前幼儿园教育质量评价若干问题的思考 …………………（89）

第三章　幼儿园教育质量评价标准的编制 ………………………………（96）
　第一节　幼儿园教育质量评价标准的含义 ……………………………（96）
　　一、指标体系的结构 ……………………………………………………（97）
　　二、评定标准的含义 ……………………………………………………（100）
　第二节　幼儿园教育质量评价标准编制的依据 ………………………（103）
　　一、幼儿园教育目标 ……………………………………………………（104）
　　二、有关的各种制度 ……………………………………………………（105）
　　三、有关的科学理论 ……………………………………………………（105）
　　四、幼儿园教育质量评价实践中积累的经验 …………………………（106）
　　五、评价对象和条件 ……………………………………………………（109）
　第三节　幼儿园教育质量评价标准编制的程序和方法 ………………（109）
　　一、幼儿园教育质量评价指标体系的设计 ……………………………（109）
　　二、幼儿园教育质量评定标准的制定 …………………………………（132）
　　三、幼儿园教育质量评价标准的信度和效度检验 ……………………（139）

第四章　幼儿园教育质量评价信息的搜集和处理 ……………………（143）
　第一节　幼儿园教育质量评价计算机网络操作平台的建立 …………（143）
　　一、局域网 ………………………………………………………………（144）
　　二、因特网（Internet） …………………………………………………（144）
　　三、幼儿园教育质量评价计算机网络操作平台案例 …………………（145）
　第二节　幼儿园教育质量评价信息的搜集 ……………………………（151）
　　一、幼儿园教育质量评价信息的主要来源 ……………………………（152）
　　二、确定幼儿园教育质量评价信息源数量的抽样技术 ………………（153）
　　三、搜集幼儿园教育质量评价信息的主要方法 ………………………（156）
　第三节　幼儿园教育质量评价信息的处理 ……………………………（171）
　　一、幼儿园教育质量评价信息的定性处理方法 ………………………（172）
　　二、幼儿园教育质量评价信息的定量处理方法 ………………………（177）

第五章　幼儿园教育质量评价的再评价 ………………………………（187）
　第一节　幼儿园教育质量评价再评价的必要性 ………………………（187）

一、再评价是完善评价活动的需要 …………………………………… (188)
　　二、再评价是评价对象复杂性和特殊性的要求 ……………………… (188)
　　三、再评价是提高评价结果的信度和效度的手段 …………………… (188)
　第二节　幼儿园教育质量评价再评价的方法 …………………………… (189)
　　一、调查分析法 ………………………………………………………… (190)
　　二、效度鉴定 …………………………………………………………… (192)
　　三、信度鉴定 …………………………………………………………… (195)
　第三节　幼儿园教育质量评价再评价的实施 …………………………… (204)
　　一、再评价的内容、形式和要求 ……………………………………… (204)
　　二、再评价实施的基本程序 …………………………………………… (207)
　　三、当前再评价发展需要解决的主要问题 …………………………… (207)

第一章　幼儿园教育质量评价概述

学习本章后,你应该能够:
1. 了解幼儿园教育质量评价研究的背景。
2. 认识幼儿园、教育质量、幼儿园教育质量评价等概念。
3. 理解发展性目标评价模式。

【本章概要】　本章将阐述幼儿园教育质量评价研究的背景、幼儿园教育质量评价相关概念的界定、幼儿园教育质量评价的模式等内容,其中幼儿园教育质量评价的模式是本章的重点,其他内容均是学习幼儿园教育质量评价模式的基础知识。

幼儿园教育质量评价是我们在幼儿园教育工作中碰到的瓶颈问题,其涉及的面非常广泛且内容十分丰富。学习幼儿园教育质量评价,必须打好坚实的基础。

第一节　幼儿园教育质量评价研究的背景

幼儿园教育质量评价是统领幼儿园教育活动的理念、方向、标准和手段。它不仅对于幼儿园教育活动的实践和发展具有较强的导向作用,而且也反映着一个国家占主导地位的幼儿教育价值观的理论倾向和幼儿教育的研究水平。为了深入研究幼儿园教育质量评价,回顾过去已取得的成绩和存在的问题,分析发展的特点;把握我国幼儿园教育质量评价未来可能的发展趋势。这对进一步研究幼儿园教育质量评价至关重要。

一、我国幼儿园教育质量评价研究的回顾[①]

(一) 幼儿园教育质量评价研究的历史进程

1. 翻译和引进阶段(1977~1988年)

我国教育评价的恢复和兴起始于1977年。[②] 由于高等学校招生制度的恢复,如何使得这种招生考试客观、公正、可靠和有效,以及如何对当时具有一定数量升格学校的认定等问题亟需解决,而当时我国教育评价理论和方法以及专业人员十分匮乏,为了迅速改变这种状况,学者们开始翻译和介绍国外教育评价理论和方法。1983年加拿大维多利亚大学派专家来华东师范大学作"教育评价"专题学术报告,同年,教育部邀请国际教育成就评价委员会(简称IEA)时任主席瑞典斯德哥尔摩大学教授托斯坦·胡森(T. Husén)来华讲学;1984年我国正式参加了IEA组织;1986年华东师范大学邀请美国教育评价专家布卢姆(B. S. Bloom)来华举办"教育评价专题学术报告会",同年,原国家教委有关职能部门组织有关同志赴美国、加拿大、英国等国考察;[③]等等。学者们翻译和引进国外长时间积累、已经相当成熟的教育评价理论、方法和实践经验,使自己能在较高的基础上和较宽阔的视野中进行教育评价的研究和实践。另外,当时我国学前教育有了较快发展,1978年教育部在普通教育司内设立幼教和特教处,同年,中央教育科学研究所设立了"幼儿教育研究室";1979年中国学前教育学会幼儿教育研究会(现更名为中国学前教育研究会)在南京成立;1988年我国成为世界学前教育组织(OMEP)的正式会员;等等。国外教育评价理论、方法和实践经验的引入以及我国学前教育的迅速发展为开展幼儿园教育质量评价奠定了基础。

2. 探索和实践阶段(1989~2000年)

1989年原国家教委颁布了《幼儿园工作规程(试行)》和《幼儿园管理条例》,这是我国幼儿教育发展史上具有重要作用的两个法律文件,它们的发布在全国掀起了依法治教的高潮。我国一些地方政府制定颁布幼儿园分级分类验收标准,自上而下、有组织有计划地对当地幼儿园进行分等定级的验收工作。这项工作的开展还基于

[①] 吴钢.我国幼儿园教育质量评价研究的回顾与展望[J].现代基础教育研究,2011,(4).
[②] 吴钢.我国教育评价发展的回顾与展望[J].教育研究,2000,(8).
[③] 吴钢.现代教育评价基础[M].上海:学林出版社,1996:47;英国基础教育的督学制度和评价工作[N].中国教育报,1986-08-12(4).

两个主要因素:一是国外幼儿园教育质量评价理论和方法的引入。美国对于幼儿园教育质量的关注与研究始于20世纪60年代,主要源于幼儿园在数量上的扩展和政府资金的大量投入两个因素,这不仅带来了关于教育投资效益的评价问题,而且也产生了如何看待与评价集体保育的制度对儿童发展的价值问题。1984年美国NAEYC(National Association for the Education of Young Children)颁布了一个关于高质量幼儿园的认证标准,这个标准以及作为这个标准的核心概念发展适宜性教育(DAP)在全世界影响相当广泛。[①] 二是当时我国幼儿教育事业发展的社会需求。社会主义市场经济体系的逐步建立,客观上要求拉开不同质量幼儿园的收费标准以及使人们认识到幼儿园管理工作规范化、科学化的重要性。尽管这些幼儿园分级分类验收标准还不够完善,但是,勿庸置疑,这是我国幼儿园教育质量评价迈出的可贵一步。为了研究和解决幼儿园教育评价实践中遇到的问题,1991年至1995年中央教科所的学者与IEA组织合作,进行了《六省市幼教机构教育评价研究》课题的研究,这项研究对我国幼儿教育的改革方向提出了很好的建议。

3. 深化和完善阶段(2001年至今)

2001年教育部颁布的《幼儿园教育指导纲要(试行)》(以下简称《纲要》)指出:教育评价是幼儿园教育工作的重要组成部分。同时也阐明了教育工作评价要重点考察的方面,这为我国幼儿园教育质量评价指明了方向。它从制度上为幼儿园教育质量评价的深化和完善提供了保障,使我国幼儿园教育质量评价的研究和实践能够在较为稳定和宽广的平台上进行,在不断探索中国特色幼儿园教育质量评价理论和方法的同时,最新国际水平和标准等也是我们追求的目标。由于幼儿园分等定级验收工作可以说是对幼儿园教育质量的一种全面和系统的评价,其标准引导着幼儿园教育活动的方向,但由于行政管理特征浓厚,评价的理论框架、维度、指标、内容和方式都完全不同于专业化的质量评价。为了深化和完善我国幼儿园教育质量评价,2006年中央教科所的学者主持了国家社会科学基金"十一五"规划国家一般课题:幼儿园教育质量的发展状况与促进研究,在全国11个省市22个区县440个城乡幼儿园进行教育质量评价研究,[②] 开始对幼儿园教育质量评价进行较为全面、系统的研究和实

[①] 刘焱.试论托幼机构教育质量评价的几个问题[J].学前教育研究,1998,(3).
[②] 中央教育科学研究所学前教育研究室.幼儿园教育质量评价手册[M].北京:教育科学出版社,2009:1.

践。这项研究对于提高我国幼儿园教育质量评价水平无疑具有积极的现实意义。2010年笔者主持了全国教育科学"十一五"规划教育部重点课题"幼儿园教育质量评估指标体系研究",运用自己创立的发展性目标评价模式及与之相配套的评价方法,开发了幼儿园教育质量评价指标体系,并进行幼儿园教育质量评价的实践,使幼儿园教育质量评价更加科学、便捷和有效。

(二) 1977年以来幼儿园教育质量评价研究的特点

1. 起点高,发展快

我国幼儿园教育质量评价研究和实践是建立在国外20世纪80年代教育评价研究成果和实践经验基础之上的,从这个角度讲我国幼儿园教育质量评价研究起点较高。20世纪80年代末,由于我国幼儿教育事业发展的需要,在国外教育评价先进理念、理论和方法的影响以及我国政府颁布相关法律文件的引导下,我国一些地方政府开始制定并实施幼儿园分级分类验收标准,这标志着我国幼儿园教育质量评价研究和实践真正起步了。经过20余年的发展,我国幼儿园教育质量评价步入了较为高级的深化和完善阶段。而现代教育评价系统理论的诞生地美国,从20世纪60年代开始研究幼儿园教育质量评价,距今已有50多年的历史,与其相比,我国幼儿园教育质量评价发展速度是不言而喻的。

2. 讲国情,重实践

我国学者研究外国教育评价理论、方法和实践经验时,不是盲目照搬、简单移植,而是较为注重从我国的国情出发,注意吸收能指导和解决我国教育评价实际问题的外国教育评价理论和方法的精华,经过实践检验、改进和创新,构建中国特色的幼儿园教育质量评价体系。无论是20世纪80年代末开始的幼儿园分等定级验收工作,还是我国学者对"六省市幼教机构教育评价研究"和"幼儿园教育质量的发展状况与促进研究"等课题的研究均较好地说明了我国幼儿园教育质量评价研究的这一特点。这种经过本土化研究的幼儿园教育质量评价体系扎根于中国的土壤,在有效指导和促进我国幼儿园教育质量评价的同时,它能根深叶茂,茁壮成长。

3. 探规律,促完善

在我国幼儿园教育质量评价体系基本建立以后,教育部十分重视继续推进幼儿园教育质量评价的实践,以深入探索幼儿园教育质量评价的规律,完善幼儿园教育质量评价体系,提高幼儿园教育质量评价水平,促进幼儿教育事业的发展。《纲要》

的第 4 部分专门阐述了幼儿园教育评价问题,这对于指导和规范幼儿园教育评价活动具有重要作用;我国学者在全国较大范围内进行了"幼儿园教育质量的发展状况与促进研究"等课题的研究,旨在探索幼儿园教育质量评价的规律,提升幼儿园教育质量评价水平,使其朝着国际化的水平迈进,参与国际竞争与合作,力争成为世界幼儿园教育质量评价体系中强有力的一员。

(三) 1977 年以来幼儿园教育质量评价研究取得的成绩

1. 较为全面地了解了国外幼儿园教育质量评价体系和实践

我国教育评价恢复和兴起以来,学者们较为全面地了解了国外教育评价的理论和实践,其中也包括幼儿园教育质量评价体系和实践,取得了以下几方面的成绩:一是翻译了一大批外国教育评价方面的著作,如〔美〕布卢姆等的《教育评价》、〔日〕梶田叡一的《教育评价》等数十部。二是翻译或编译了许多外国教育评价方面的论文或资料,如王冀生等的《高等工程教育评估考察团访问美国、加拿大的报告》、瞿葆奎主编的《教育学文集·教育评价》,收集了数千份或篇西方教育评价学界一些较有代表性的文献。三是发表或出版了数千篇(或部)研究国外教育评价理论和实践的论文或著作,如刘昊等的《美国学前教育质量评级与促进系统评介》(《比较教育研究》2010 年第 4 期)等。四是完成数百篇教育评价方面的硕士和博士论文,如王萍的《城市示范幼儿园办园质量评价的研究》(东北师范大学硕士学位论文,2002 年)等。

2. 基本建立了我国幼儿园教育质量评价体系和运作机制

1977 年以来,我国学者对幼儿园教育质量概念、理论框架、评价标准、基本程序、基本原则和搜集、处理评价信息的方法等都作了较为深入地研究,基本建立了我国幼儿园教育质量评价体系和运作机制。从理论层面来谈,幼儿园教育质量是指幼儿园教育活动满足幼儿身心健康发展的程度;幼儿园教育质量评价的重点和基本单位是班级;[①]班级规模和师幼比、教师的行为与师幼互动、物质空间和设备、日常生活护理、课程、教师的资格和发展等因素对幼儿园教育质量有重要影响;等等。从方法层面来说,我国一些地方政府制定了幼儿园分级分类验收标准和实施办法,如上海市托幼园所办学等级标准(试行)[②]等。由于各地的经济和教育发展水平不同,由此产

[①] 中央教育科学研究所学前教育研究室.幼儿园教育质量评价手册[M].北京:教育科学出版社,2009:2.
[②] 上海学前教育网站,http://www.age06.com/Age06.Web/,2011.

生的幼儿园分级分类验收标准和实施办法也有所不同,但是基本内容是一致的。另外,我国学者还研究和开发了较为专业化的幼儿园教育质量评价工具,试图从科学和专业角度深化和完善幼儿园教育质量评价。

3. 初步形成了我国幼儿园教育质量评价实践和优化模式

由幼儿园教育质量评价研究的历史进程可知,我国幼儿园教育质量评价研究从翻译和引进国外教育评价理论和方法开始,针对幼儿教育事业发展的社会需求,进行了幼儿园分等定级验收的实践,期间学者们与国际权威教育评价组织合作,在全国6个省市数百个幼儿园开展教育评价研究,其研究成果为幼儿园教育质量评价的发展提供了较好的理论和方法基础。《纲要》第4部分对这些研究和实践成果进行了归纳、总结和提炼,以在更高层次上指导全国幼儿园教育质量评价的实践。可见,我国幼儿园教育质量评价发展基本形成了从评价的实际需要出发,边研究、边实践,重视吸收国外先进评价理论和方法,善于总结实践经验,进而上升为科学理论,用以指导新的评价实践的模式。在这个模式的指导下,全国范围内开展了各种类型幼儿园教育质量评价的实践活动,以进一步完善我国幼儿园教育质量评价体系。

4. 建立了幼儿园教育质量评价的研究组织和专业化队伍

1979年成立的中国学前教育研究会坚持党的基本路线,全面贯彻国家有关学前教育的方针和政策,团结和带领广大学前教育工作者,探索儿童发展规律,研究和解决学前教育的理论与实践问题,为推进学前教育事业发展、提高教育质量、促进儿童健康成长贡献力量。[①] 出于我国基础教育评价研究和实践的需要,2008年中国教育学会基础教育评价专业委员会在北京成立。上述两个研究会均是民间组织。对于幼儿园教育质量评价发展来说,我国政府的教育督导系统也是非常重要的,1991年原国家教委发布《教育督导暂行规定》,明确规定幼儿教育属于教育督导的范围。1977年以来,我国高等院校培养了一大批学前教育专业的人才以及教育评价研究方向的硕士和博士,他们是我国幼儿园教育质量评价研究和实践的新生力量(其中有一部分已成为骨干),与此同时,上述两个研究会通过举办各种学术活动,培养了一批专业化研究人员,他们中有大学和教育研究单位的学者、教育行政管理部门的官员、幼儿园园长和督学等,已成为我国幼儿园教育质量评价研究和实践的中坚力量。

---

① 中国学前教育研究会网站,http://www.cnsece.com/news/yjhgz/,2011.

（四）目前我国幼儿园教育质量评价存在的主要问题

1. 评价主体单一，行政意义上的评价色彩较浓

当前我国幼儿园教育质量评价工作主要由各地政府行政部门及其下属机构承担，评价人员主要由政府行政人员组成，①虽然有外部专家参与，但也是具有鲜明行政主导色彩的评价活动。这种形式的评价活动虽然有助于国家和地方教育行政部门从总体上来把握幼儿园教育质量状况，但由于是单一的评价主体，并且更多地体现为自上而下的评价，常常在评价活动中，特别是收集和处理信息时，由于种种因素，出现诸如信息的失真、评价活动的走样等问题。这显然与《纲要》中提出的"管理人员、教师、幼儿及其家长均是幼儿园教育评价工作的参与者"的评价主体多元化的观念不相符。现代教育评价的发展趋势告诉我们，幼儿园教育质量评价不应是简单的鉴定和甄别，而应该是与评价活动相关的幼教专家、管理人员、教师和家长等通过经常性的沟通和协商，逐步达成共识基础上的诊断和改进。从当前我国所开展的幼儿园教育质量评价来看，由于评价活动行政色彩较浓，整个评价活动表现为评判和分等的成分较大，而协商和讨论的成分较小；阶段性的评价活动较多，而日常性的评价活动较少；区分优劣和输赢的气氛较浓，而帮助改进和提高的氛围较淡。评价方式大多是在规定的评价活动时间段，评价主体通过观察、访谈和问卷调查等获得数据，然后根据数据进行推断得出结论，其客观、真实与否，受到数据的影响较大，而这些数据一方面是有着较强行政背景的单一评价主体获取，其全面性和客观性会打更多的折扣，另一方面一个时间点上所获得的数据，未必能真实地反映评价对象的现实状况。可见，目前幼儿园教育质量评价更多的是一种自上而下单向式的、阶段性的评价，缺乏双向或多向的沟通和协商以及日常性评价和阶段性评价的有机结合。

2. 评价标准笼统，科学性和操作性还有待提高

所谓教育评价标准，就是指对一切教育活动质量或数量要求的规定。② 其要素有两个：一是指标体系；二是评定标准。③目前我国一些地方的幼儿园分级分类验收标准简单套用1996年原国家教育委员会颁布的《幼儿园工作规程》（以下简称《规程》）中的教育原则作为评价幼儿园教育工作的标准，没有把教育原则转化为可观察

---

① 刘丽湘. 当前我国幼儿园教育质量评价工作的误区及调整策略[J]. 学前教育研究，2006，(8).
②③ 吴钢. 现代教育评价教程（第二版）[M]. 北京：北京大学出版社，2015：49，92.

的教育行为,或可评价的标准等。评价标准的这种抽象笼统,极易造成实际评价过程中的歧义现象,形成"公说公有理,婆说婆有理"的结果,影响评价工作的信度与效度以及客观公正性。①具体表现在:一是评价指标的内涵界定不够科学、明确或具体。条件指标内涵界定比较明确、具体,而过程指标和效果指标表述比较模糊、笼统。譬如,笔者对上海、浙江、广东、重庆、湖北的幼儿园评价验收标准进行了分析,发现诸如资质条件、园舍状况、设施设备、园所规模、人员配置等的条件指标内涵较好理解和把握,操作性较强,而像教育活动、教育评价等的过程指标以及幼儿发展等的效果指标就不怎么好理解,评价时不易把握。出现这种状况的原因是多方面的,譬如,条件指标一般是静态要素,而过程指标和效果指标一般是动态要素,相比较而言,动态要素的内部结构比静态要素复杂得多,其内部结构的外在表现就不易认识和把握了。除此而外,我们研究过程指标和效果指标不够深入也是不可回避的原因。有学者认为,目前我国幼儿园教育质量评价标准存在"以幼儿的绝对发展水平为标志衡量教师的教育水平与幼儿园的教育质量"的缺陷。②这话可能说的绝对了一点,但是,不是没有道理的。笔者查阅了上海、浙江、广东、重庆、湖北的幼儿园评价验收标准,发现其中均有"幼儿发展水平"指标,并且赋予了较大的权重,这个导向是非常明显的。二是评定标准种类单一,评价结果的信度和效度较低。目前在我国幼儿园评价验收标准中,评定标准一般采用评分标准类型,在上海、浙江、广东、重庆、湖北5省市的幼儿园评价验收标准中,就有4个省市采用了评分标准类型,可见,所占的比例还是很高的。笔者认为,评分标准类型至少有以下不足:一是略微有点"俗气"。配有评分标准的评价标准,给人第一感觉是你做工作就是为了争"工分",显得不太高雅。二是评价时不易做到客观。譬如,假设一条10分的指标,评价时一般是:做得"最好的"给10分、"最差的"拿1分、"中等的"得5分,那么6、7、8、9分或2、3、4分怎么给?在实际操作时,会掺杂较多的"人为"因素。

3. 评价工具缺乏,发展性评价得不到有效开展

发展性评价最先是由英国开放大学教育学院纳托(Latoner)和克利夫特(Clift)等人倡导的;③有研究者认为发展性教育评价的思想与教育评价学科发展的历史一

---

① 刘焱.试论托幼机构教育质量评价的几个问题[J].学前教育研究,1998,(3).
② 刘丽湘.当前我国幼儿园教育质量评价工作的误区及调整策略[J].学前教育研究,2006,(8).
③ 陈冬云.发展性历史课堂随机评价的有效运用[J].教学月刊,2005,(9).

脉相承,最早发端于20世纪30年代美国进步主义教育联盟组织的"八年研究";①也有人认为,美国第四代教育评价思想就蕴含着发展性教育评价理念,而提出教育评价发展性功能的是美国教育评价专家斯克里芬(M. Scriven),他在20世纪60年代后半期把教育评价做了形成性评价和总结性评价的区分。②笔者认为,发展性教育评价理念确实在泰勒(R. W. Tyler)的教育评价思想中有所体现,其具体表现为前一阶段的总结性评价结果对下一阶段发展的指导作用,而斯克里芬提出的形成性评价将这种评价理念较为清晰地呈现在人们的面前,它主张以诊断和改进为评价目的,强调在教育发展过程中定期进行评价,及时发现存在的问题,有效地加以改进。美国第四代教育评价思想提倡教育评价中各个利益关系人的协商、沟通、理解和让步,引发了人们对教育评价活动的深入思考。英国开展的教师发展性评价研究与实践给人们提供了一个研究的框架和实践的模型,致使发展性教育评价理念深入人心,并被运用到教育领域的各个方面,如发展性教师评价、发展性教学评价等。

目前我国幼儿园教育质量评价较多的是终结性评价,这种评价活动一般要过1~3年进行一次,不利于保教人员及时发现问题,改进不足。为此,要提倡幼儿园或保教人员自己组织评价活动,其特征为:一是自主性。在教育过程中,幼儿园或保教人员自觉自愿地组织同行(包括保教人员自我)和家长等对自己的教育质量进行评价,旨在发现存在的问题,以及时加以改进。二是针对性。幼儿园或保教人员根据自己教育活动的特点和幼儿的实际情况,编制评定标准,并付诸实施,从而获得有针对性的信息,有效调整或改进教育的状态。三是日常性。由于这种评价活动是教师自觉自愿的行为,它可以经常进行,这对于及时发现问题是十分有效的。四是发展性。这种评价是以诊断和改进教育工作为直接目的的,能较好地促进教师的专业发展。可见,要有效实施这种评价活动,除了要提高保教人员的评价意识和评价水平外,评价工具的开发也是不可缺少的。目前我国幼儿园教育质量评价工具除了评价标准存在不少问题外,至少还有以下不足:一是收集不同评价主体的评价信息不够便捷。目前收集不同评价主体的评价信息主要采用纸质评价标准,发给不同评价主体,让他们填写或采取座谈的方式,这会耗费评价组织者的不少时间,以致很难可持

---

① 董奇,赵德成.发展性教育评价的理论与实践[J].中国教育学刊,2003,(8).
② 刘志军.发展性教育评价探微[J].基础教育课程,2005,(2).

续进行。二是处理评价信息不够迅速。目前对于评价组织者来说,要花大量的时间来处理评价信息,使得他们不太愿意实施这种评价。

4. 监控大度不够,评价的质量管理还有待加强

有学者认为,由于评价往往由行政部门与行政人员来承担,评价者手中又往往有特殊的权力来影响幼儿园,评价者在评价时又是依据评价标准逐项进行评价的,因此很少有人对评价的结果提起重评与申诉,验收评价的信度和效度问题缺乏监控,即使幼儿园认为评价不公平,也无可奈何。[①] 即便某些地方政府在进行幼儿园办学等级评定时,采用"材料审核、现场评估和社会公示"相结合的方式,[②]但是,还远远没有建立有效的监控机制。笔者认为,目前幼儿园教育质量评价监控力度不够主要表现在以下几个方面:一是缺乏随访机制。验收评价完成以后,组织评价活动的机构一般不派专人对被评价单位进行回访,没有建立评价者和被评价者之间及时沟通、协商和对话的桥梁,不利于尽早纠正和控制评价活动产生的不利因素;二是忽视再评价活动。所谓再评价,就是对评价活动的检查,以便尽早发现问题,及时改进不足,提高评价结果的信度和效度。但是,目前幼儿园教育质量评价活动往往忽视再评价活动,致使评价活动中出现的问题得不到妥善解决,以致降低了评价的科学性和客观性;三是缺乏申诉制度。目前我国地方政府组织幼儿园办学等级评定的机构没有设立专门受理被评价单位上诉的公正和权威的委员会,使得"很少有人对评价的结果提起重评与申诉",以致"验收评价的信度和效度问题缺乏监控"。即便在评价过程中也有"社会公示"这样的监督方式,但是,由于缺乏申诉制度,即使有人对"社会公示"有看法,一般也不会为"没有结果"的事而"忙碌"。

二、我国幼儿园教育质量评价研究的展望[③]

总结过去是为了更好地把握未来,笔者就幼儿园教育质量评价未来可能的发展趋势,谈一点自己的看法。

(一) 幼儿园教育质量评价会更加受到重视

2010年11月国务院发布的《国务院关于当前发展学前教育的若干意见》指出:

---

① 刘丽湘. 当前我国幼儿园教育质量评价工作的误区及调整策略[J]. 学前教育研究,2006,(8).
② 上海市教育委员会. 上海市教育委员会关于进一步规范本市托幼园所办学等级评估办法的意见[EB/OL]. http://www.age06.com,2011.
③ 吴钢. 我国幼儿园教育质量评价研究的回顾与展望[J]. 现代基础教育研究,2011,(4).

"建立幼儿园保教质量评估监管体系"以及"各级教育督导部门要把学前教育作为督导重点"。这就要求我们深化和完善幼儿园教育质量评价体系,使其能真正成为幼儿园保教质量评估监管体系。另外,随着我国教育评价的发展,"以评促改、以评促建,评建结合,重在建设"的思想逐步被广大学前教育行政管理人员和研究者以及幼儿园园长、保教人员和家长等所认识、理解和接受,幼儿园教育质量发展性评价将会越来越受到重视,并且得到广泛开展。为此我国教育界会越来越重视对幼儿园教育质量评价的研究和实践。

1. 评价体系呈现本土化与国际化的统一

我国幼儿园教育质量评价体系将呈现本土化与国际化的统一,其理由有三个方面:一是本土化研究以国际化研究为前提。国际化研究能使本土化研究获得较高的研究起点,在相当大的程度上省去了研究初始积累阶段,提高了研究效率。二是国际化研究以本土化研究为条件。国际化研究的最终目的是要能促进我国幼儿园教育质量评价体系品质的提升,以能有效指导我国幼儿园教育活动,提高幼儿园教育质量。如果这个目的不能达到,国际化研究也就没有生存的土壤,不可能持续发展。三是本土化研究以国际化实现为目标。发展我国幼儿园教育质量评价的根本目的在于使本国的幼儿园教育质量达到国际先进水平,为此国际水平和标准等是本土化研究追求的目标。

2. 形成性评价和终结性评价的有机结合

根据评价目的的不同,评价可以分为两大类:一类是以改进为目的的形成性评价;另一类是以鉴定为目的的终结性评价。幼儿园教育质量评价的最终目的是改进教育活动,提高教育质量,就这一点来说,我们要广泛开展幼儿园教育质量的形成性评价,它可以在幼儿园内经常性地进行,其形式可以是自我评价,也可以是他人评价,这对于及时发现教育活动中存在的问题,并迅速加以改进是十分有效的。但是,当前社会发展要求拉开不同质量幼儿园的收费差距,为此幼儿园教育质量的终结性评价也是不可缺少的。这两类评价活动要有机结合起来,前者作为后者判断的基础、理由和证据等,同时后者也能促进前者的提升。

3. 现代信息技术在评价中将会广泛运用

现代信息技术影响着当今人们的生活,也影响着评价者。今天的计算机、统计软件、可视浏览器、计算机激光器、电子邮件和互联网技术等的迅速发展,可以想象口袋一样大小的仪器能浏览幼儿园班级的活动,记录个人和群体的行为等,可见,先进信息技术使数据搜集和处理比现在更快、更可靠和更有效。这些先进信息技术将会在幼儿园教育质量评价中得到较好的运用。

4. 教育质量评价研究队伍会进一步扩大

幼儿园教育质量评价体系构建基本完成后,需要运用我国幼儿园教育质量评价研究和实践模式加以进一步完善,这也是我国幼儿园教育质量评价从本土化向国际化迈进的重要一步,是提升我国幼儿园教育质量评价水平的关键时期。它不仅需要现有的专业化研究人员进行理论研究和实践指导,而且还需要广大的幼儿园园长和保教人员等进行实践探索,通过"研究—实践—反思—再研究—再实践—再反思"并以此循环的研究规程,坚持数年或更长的时间,才能更好地完善我国幼儿园教育质量评价体系。

5. 幼儿园教育质量评价制度将日趋完善

《纲要》的颁布标志着我国幼儿园教育质量评价制度的初步形成,其主要源于3个方面的因素:一是国外教育评价理论、方法和实践经验的引入,为我国幼儿园教育质量评价制度的建立提供了可供借鉴的理论和方法;二是我国幼儿园分等定级工作的开展不仅为建立幼儿园教育质量评价制度积累了可操作性的实践经验,而且也呼唤着能规范评价活动的规则早日产生;三是幼儿园教育评价活动广泛、有效和持续开展的需要。随着幼儿园教育质量评价活动的深入开展,与其相适应的评价制度也必将日趋完善。

第二节 幼儿园教育质量评价相关概念的界定

幼儿园、教育质量、幼儿园教育质量评价等概念的界定,对于进一步研究幼儿园教育质量评价的理论、方法和实践是必不可少的。

一、幼儿园

中国对幼儿教育的论述在《礼记·内则》中即有"子能食食,教以右手;能言,男唯女俞,男鞶革,女鞶丝;六年,教之数与方名"等语。西汉贾谊《新书》中的《保傅》《傅职》《胎教》,北齐颜之推的《颜氏家训》等,均是早期探讨幼儿教育的论著。近代幼儿教育产生于18世纪末、19世纪初。法国牧师奥柏林(J. F. Oberlin)于1776年创办了世界上第一所幼儿教育设施,即编织学校。1809年英国空想社会主义者罗伯特·欧文(R. Owen)在苏格兰创办了一所招收工人子女的幼儿学校。清光绪二十九年(1903年),湖北武昌建立了中国最早的幼儿教育机构,即蒙养院。同年仿效日本《幼稚园保育及设备规程》,制定了《奏定蒙养院章程及家庭教育法章程》,规定蒙养院要"保育教导儿童,当体察幼儿身体气力之所能为,心力知觉之所能及,断不可强授以难记难解之事或使为过度之业"。1912年南京临时政府下令,将蒙养院更名为蒙养园。1922年教育部颁布的《学校系统改革令》(即壬戌学制)中,又将蒙养园改名为幼稚园。幼儿教育的内容与方法由仿效日本逐步转向仿效美国。教育部1932年颁布、1936年修正的《幼稚园课程标准》中,规定幼稚教育目的为:"增进儿童身心的健康","力谋幼稚儿童应有的快乐和幸福","培养人生基本的优良习惯"。教育方法多采用西方的设计教学法,办园的形式以半日制为主。

中华人民共和国成立后的相当长的一段时间里,幼儿教育全面学习苏联。1951年10月,中央人民政府政务院《关于学制改革的决定》明文规定幼儿教育是我国教育事业的组成部分,是学制的第一环。1952年教育部颁布的《幼儿园暂行规程(草案)》《幼儿园暂行教学纲要(草案)》是我国幼儿教育机构工作的依据。规定幼儿园的任务是:根据新民主主义教育方针教养幼儿,使他们身心在入学前得到健全的发育;同时减轻幼儿给母亲带来的负担,以使母亲有时间参加政治生活、生产劳动、文化教育等。1979年教育部又先后制定了《城市幼儿园工作条例(试行草案)》和《幼儿园教育纲要(试行草案)》。规定幼儿园工作的任务是:根据党的教育方针,对幼儿进行初步的全面发展的教育,使幼儿健康、活泼地成长,为进入小学打好基础,同时也减轻家长在教育孩子方面的负担,使他们能够安心生产、工作和学习。规定幼儿园的教育内容为:生活卫生习惯、体育活动、思想品德、语言、常识、计算、音乐、美术等8个方面。1989年原国家教育委员会颁布的《幼儿园工作规程(试行)》明确提出:"幼儿园是对三周岁以上学龄前幼儿实施保育和教育的机构,属学校教育的预备阶段。"幼儿园的任务是:"实行保育与教育相结合的原则,对幼儿实施体、智、德、美全面发展的教育,促进其身心和谐发展。"1996年原国家教委颁布的《规程》指出:"幼儿园是对三周岁以上学龄前幼儿实施保育和教育的机构,是基础教育的有机组成部分,是学校教育制度的基础阶段。"同时又指出:"幼儿园的任务是:秉承保育与教育相结合的原则,对幼儿实施体、智、德、美诸方面全面发展的教育,促进其身心和谐发展。"

二、教育质量

目前,国内外对教育质量的研究颇多,但对教育质量内涵进行直接研究的并不多。人们对于教育质量概念的认识,可以概括为3种:一是认为教育质量就是教育效果,即学生发展水平的高低程度。比如托斯坦·胡森于1987年发表了一篇名为《论教育质量》的文章,他在文中对教育质量下了这样的定义"教育质量就是指教育的产品,而不是指产出这些产品的资源和过程"。[①] 张万波、袁桂林在《影响教育质量因素的分析》中指出"学校教育质量是针对作为'教育产品'的受教育者而言的,学校教育质量最终应体现在受教育者发展的质量上,受教育者发展的质量是学校教育质量的核心"等。二是认为教育质量是教育过程优劣和教育效果。比如顾明远认为"教育质量就是指教育水平高低和效果优劣的程度。"[②]等等。三是认为教育质量是教育资源质量、教育过程优劣和教育效果。比如欧阳文认为"教育质量可分为教学投入因素质量、教学过程质量、教学结果质量"。[③] 朱益明认为"教育质量的一般性概念应包括三个维度:为教学所提供的人与物的资源质量(投入);教学实践的质量(过程);成果的质量(产出和结果)"。[④] 本书选用第三种观点,这是因为对于幼儿来说,在其成长过程中受教育环境(即园舍、教育设备、教师队伍等)和教育过程(即教育计划、教育内容、教育方法、教育组织形式等)的影响较大,如果幼儿园教育质量评价只关注教育效果,那么将不利于教育环境的创设和教育过程的优化,从而影响教育效果的提升。但是这三种观点都认为教育质量应包括教育效果,它是教育质量的核心。

我国学者刘霞对国外学者关于托幼机构教育质量的构成因素进行了研究,得到了托幼机构教育质量的结构(见图1-1)。[⑤]

[①] 胡森.论教育质量[J],华东师范大学学报(教科版),1987,(17).
[②] 顾明远.教育大辞典简编本[Z].上海:上海教育出版社,1999:259.
[③] 欧阳文.构建高校成人学历教育质量标准体系的思考[J].机械工业高教研究,1999,(2).
[④] 朱益明.教育质量的概念分析[J].比较教育研究,1996,(5).
[⑤] 刘霞.托幼机构教育质量:概念与构成[J].幼儿教育,2004,(6).

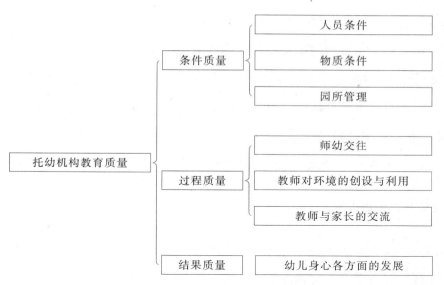

图 1-1　托幼机构教育质量构成图

我国学者周欣认为,托幼机构教育质量一般从两个方面来评定(见图 1-2):结构性质量和过程性质量。这两方面的质量是相互联系相互影响的。同时她还从质量评定的内涵角度对我国目前地方幼儿园机构等级评定标准进行了分析和批判。[①]

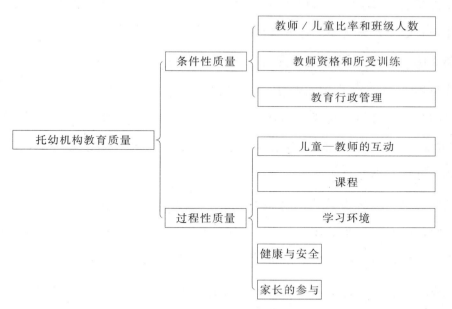

图 1-2　托幼机构教育质量结构图

我国学者刘焱认为托幼机构教育质量评价标准通常由以下四类构成:从业人员

---

① 周欣.托幼机构教育质量的内涵及其儿童发展的影响[J].学前教育研究,2003,(7-8).

素质标准、工作人员的职责标准、效率标准和效果标准。[①]

以上学者展示了不同的幼儿园教育质量结构,这些结构包括定性方面的结构和定量方面的结构,这有利于我们从本国的国情出发,制定出适合自己国家、地区或单位的幼儿园教育质量评价标准。但是在制定评价指标体系时,要把定量方面的指标(如教师/儿童比率和班级人数、物质条件等)与定性方面的指标(如师幼交往、幼儿身心各方面的发展等)有机结合起来,这才是幼儿园教育质量评价的正确方向。

三、幼儿园教育质量评价

我国学者在借鉴国外幼儿园教育质量概念的基础上,结合我国的教育实情,提出了幼儿园教育质量评价的概念。

刘霞从词源学和价值论角度,对幼儿园教育质量评价的基本概念作了深入分析。她认为,托幼机构教育质量是指托幼机构教育活动是否满足幼儿身心健康发展的需要及其满足幼儿身心健康发展需要的程度;托幼机构教育质量评价是指依据一定的评价标准,对托幼机构教育实践活动是否满足幼儿身心健康发展的需要及其满足幼儿身心健康发展需要的程度做出判断。[②]

刘焱认为,托幼机构教育质量评价是在一定的教育价值观的指导下,依据一定的标准与程序,对托幼机构的教育工作进行科学调查,作出价值判断的活动过程。

仔细分析刘霞和刘焱两位学者对幼儿园教育质量评价概念的界定,不难发现:均有"依据一定的评价标准""对托幼机构教育实践活动是否满足幼儿身心健康发展的需要及其满足幼儿身心健康发展需要的程度"或"对托幼机构的教育工作""进行价值判断"的表述,笔者认为这可能是幼儿园教育质量评价概念的本质属性,但是"依据评价标准,对评价对象进行价值判断"的表述会给人造成"评价标准总是正确的,可以不经过价值判断"的错觉,其根源可能是受泰勒模式的影响。为了避免这种情况的发生,笔者认为,幼儿园教育质量评价是指在系统地、科学地和全面地搜集、整理、处理和分析幼儿园教育信息的基础上,对幼儿园教育的价值作出判断的过程,目的在于促进幼儿园教育改革,提高教育质量。

---

① 刘焱.试论托幼机构教育质量评价的几个问题[J].学前教育研究,1998,(3).
② 刘霞.托幼机构教育质量评价概念辨析[J].学前教育研究,2004,(5).

第三节　幼儿园教育质量评价的模式

模式是指某种事物的标准形式或使人可以照着做的标准样式,而幼儿园教育质量评价的模式是指幼儿园教育质量评价活动的一种思路和策略,它直接指导着评价活动的开展。评价模式科学和可行与否,会影响到评价活动的成败,因此,要选择既科学又可行的评价模式。

一、发展性目标评价模式[①]

这种模式是笔者在 2001 年提出来的,其基本思想一是社会在发展,教育目标是不断变化发展的,以教育目标作为依据之一编制成的评价标准需要不断修正、充实和调整。二是以教育评价标准为核心的教育评价方案、实施过程和评价结论也是发展、可变的。这种方案是可以在评价活动中针对具体情况进行调整的。只要能保证评价活动质量,促进教育工作的评价理论和方法都能采用。三是整个评价活动要在教育评价制度的规范下进行。它的基本内容有:根据社会发展的需要和开展教育活动的现实条件,确定和检验教育目标;依照教育目标、评价对象和条件、与教育活动有关人员的愿望和需要以及现有的各种规章制度和科学理论,设计出以评价标准为核心的评价方案;遵照评价方案,实施评价活动。在评价活动中,注重定量方法和定性方法的有机结合以及多种评价类型的结合,重视反对意见和非预期性效果,有效运用计算机技术;完成和反馈教育评价报告。在完成评价报告之前,要对评价活动进行再评价,以保证评价结果客观和准确;在反馈评价报告之后,要对评价活动的效益实施再评价,以了解评价功能是否有效发挥,为后次评价活动提供经验或教训;用教育评价制度控制和制约整个评价过程,以确保评价质量。该模式可用图 1-3 表示。由上述不难看出,发展性目标评价模式具有以下 6 个特性。

---

① 吴钢.现代教育评价教程(第二版)[M].北京:北京大学出版社,2015:19—22.

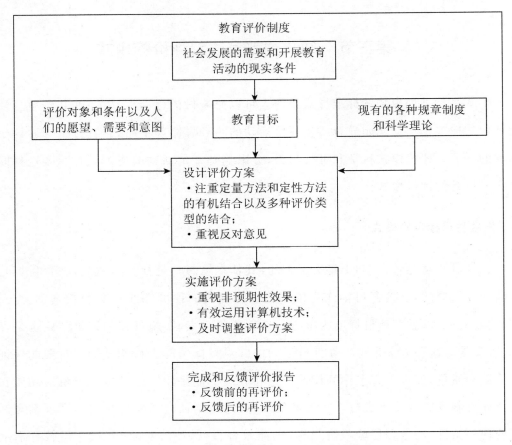

图 1-3 发展性目标评价模式流程框图

（一）科学性。这种特性主要体现在以下几个方面：一是发展性目标评价模式与中外教育评价主要模式之间是一种继承和发展的关系。它汲取了中外教育评价主要模式的长处，并与中国的国情相结合，这是符合辩证唯物主义和历史唯物主义的。二是发展性目标评价模式注重定性和定量评价的结合。评价对象一般均具有质和量两个方面的要素，对于质方面的评价往往采用定性评价方法；对于量方面的评价可运用定量评价方法。但是，这两种评价方法不是对立的，而是统一相处在整个评价活动当中，相互作用、相互补充，使评价对象质和量两个方面的本质要求得到充分揭示，以提高评价结果的信度和效度。譬如，对于能量化的评价信息，一般也要从定性分析开始，经过量化处理，随后对数量化评价结果进行定性分析，以准确和有效地把握其本质，便于做出科学和客观的判断。可见，在教育评价活动中，定性和定量评价的结合将会显得越来越重要。三是发展性目标评价模式强调在实施评价方案过程中要有效运用计算机技术。随着电子计算机的进一步普及、教育评价理论和方法的深入发展、评价者计算机知识和运用能力的提高以及计算机教育评价软件开发的日趋成熟,计算机技术在评价工作中的运用将越来越普遍。从现代教育的发展趋势来看,教育种类在不断增多,学校规模在不断扩大,学校内部结构变得更加复杂。针对这种情况,教育评价工作要顺利进行必须借助于计算机技术,否则,将很难广泛和持久地开展下去。四是发展性目标评价模式重视教育评价的再评价。再评价并不是第二次进行重新评价,而是旨在考察评价的真实效果,对评价活动的科学性、有效性和现实性进行系统地判断,并探索和完善评价活动的方法策略,使评价功能更加充分地发挥。

(二)可行性。它主要体现在:一是发展性目标评价模式在汲取中外教育评价主要模式的长处的同时,也考虑到了中国的国情。二是发展性目标评价模式要求把评价对象和条件作为编制教育评价标准的依据之一。三是发展性目标评价模式内含了教育评价过程的基本要素及其相互关系,与方法体系衔接较为容易。

(三)动态性。发展性目标评价模式认为教育目标是要进行评价的,其评价的主要依据是社会发展的需要和开展教育活动的现实条件,只有这样,以其作为依据之一编制成的评价标准才是科学、客观和有效的。此外,依据发展性目标评价模式设计出的评价方案在教育评价实施过程中也是可以作适当调整的,以重视教育评价的非预期性效果。

(四)民主性。发展性目标评价模式要求在编制教育评价标准时要考虑与评价活动有关人员的愿望、需要和意图,并且指出特别要重视反对者的意见。

(五)选择性。发展性目标评价模式是一种富有"弹性"的评价模式,在设计评价方案时各种评价类型均能被选择使用,比如相对评价、绝对评价、形成性评价、终结性评价、自我评价、外部评价等,其根本目的在于提高教育评价工作质量。

(六)规范性。由发展性目标评价模式可知,首先,要依据教育目标、有关制度、相关科学理论、与评价活动有关人员的需要和意图、评价对象和条件等设计评价方案。其次,实施评价方案。再次,完成评价报告。在完成评价报告之前要对评价活动进行再评价。最后,反馈评价结论。在反馈评价结论之后要对评价活动的效益实施再评价。整个评价活动要在评价制度的规范下进行。

二、制定评价标准的依据

由发展性目标评价模式可知,制定评价标准有五大方面的依据。

（一）教育系统与其他社会子系统的协同发展规律

在社会系统中,教育系统是一个子系统,除此之外,还有经济系统和政治系统等,这些子系统的运行和演化是相互制约、相互促进的,孤立地考虑教育系统的发展是不够的,应该把它的发展与其他子系统的发展结合起来,形成社会系统内部的协同发展。我们往往根据这一协同发展规律来确定和检验教育目标。我们知道,目标是制定评价标准的主要依据,深入研究各种目标,对于制定各种科学、客观和有效的评价标准无疑是必不可少的。为了能让读者较好地借鉴国外教育目标研究的有益经验,在此特介绍美国教育家布卢姆等人提出的认知目标分类、美国教育家克拉斯沃尔(D. R. Krathwohl)等人提出的情感目标分类以及美国女学者哈罗(A. J. Harrow)和辛普森(E. J. Simpson)提出的动作技能目标分类。

1. 认知目标分类

(1) 知识。又称识记、记忆。它是指具体和抽象知识的识记和辨认,即学生能以非常接近学习时的形式,回想起一些观念或现象。

(2) 理解。即领会或领悟。

(3) 应用。它是指在特定和具体的情境中使用抽象概念,并把概念和原理运用到无特定解决方案的新情境中去。

(4) 分析。即把信息分解成各种组成要素或组成部分。

(5) 综合。指对各种信息组成要素或组成部分进行加工,把它们改组成一个新的、更富有表现力的、更清晰合理的整体。

(6) 评价。即对材料和方法的价值作出定量和定性的判断。

2. 情感目标分类

(1) 接受或注意。学生对某些现象产生兴趣,从消极的不拒绝发展到愿意以至有选择地接受或注意特定的现象和刺激。

(2) 反应。学生对某些现象作出反应,从服从性的反应发展到自愿主动以至积极参与并具有满足感。

(3) 评价。学生赞赏某种观点,并以此指导行动,属于信念、态度这一范畴,具有一贯性和稳定性。从初步认可发展到主动追求,以至信奉,体现个人对指引行为内部价值的责任感。

(4) 价值组织。学生把各种认可的价值组合成价值体系,价值逐渐抽象化、概念化、有序化，达到动态平衡。

（5）品格形成。学生所持有的价值观已经内化为个体的特征，形成了自己的人生哲学。具有高度的适应性。

3. 动作技能目标分类

（1）哈罗的分类

① 反射动作。指与生俱来的不随意动作，随着成熟而发展。在没有意识的情况下，对某种刺激作出反应时引发的活动。譬如，弯曲、伸展、姿势调整等。

② 基本动作。由反射动作结合而形成的固有动作形式，为复杂技巧动作奠定基础。常在出生后第一年出现。

③ 知觉能力。对来自各种感觉通道刺激的解释，为学习者提供顺应所处环境的信息。在所有有意义动作中都可以观察到知觉能力的结果。

④ 体能。具有健康、有效发挥作用的身体生理特征；身体各系统正常发挥功能，适应所处环境的要求；体现器官活力的机能特征。

⑤ 技巧动作。通过学习和练习才能掌握的动作任务。学生能有效控制身体各部分，熟练地完成复杂动作任务。

⑥ 有意沟通。指通过动作来交流感情体验。譬如，体态语言、表演，或通过动作来解释、传递信息，进行动作沟通。

（2）辛普森的分类

① 知觉。学生通过感觉器官觉察客体、质量或关系的过程，是动作的必要不充分条件。

② 定势。学生为某种特定的行动或经验而作出的预备性调整或准备状态。

③ 指导下的反应。学生在教师的指导下，或根据自我评价表现出外显的行为动作。

④ 机制。学生习得的反应已成为习惯，表现出一定信心和熟练程度。

⑤ 复杂的外显反应。学生掌握了动作技能，动作稳定而有效。

⑥ 适应。学生能够改变习惯动作以适应新情境的要求。

⑦ 创作。学生创造出新的动作和操作方式。

（二）党和政府的教育政策和法规

教育政策是党和政府在一定历史时期为教育工作制定的基本要求和行为准则。这些基本要求和行为准则是衡量我们教育工作做得好坏的标准。教育法规是由国家权力机关制定的有关教育方面的法律、法令、条例、规则、章程等法律文件的总称。它是兴办教育事业所必须遵循的准则和依据,是适应国家经济和社会发展需要而产生的,是统治阶级意志的表现。现行的教育法规有教育法、教师法、义务教育法和高等教育法等。如果我们的教育活动不符合教育法规,那将寸步难行,因此,我们必须以教育法规的条文作为标准来对教育活动进行评价。除此以外,在制定评价标准时,我们还要考虑各地区和单位的各种法规和工作制度等。

(三) 有关的科学理论

制定教育评价标准,一定要符合教育规律和人的心理规律,揭示这些规律的有教育学、心理学和系统科学等。这些学科从不同侧面揭示了教育的规律,教育评价标准的内容应该符合这些规律。心理学是研究心理现象的科学。人的任何活动中都有心理现象,譬如,感觉、知觉、记忆、思维、情绪和意志等。在教育评价实际工作中,评价者和被评价者也不例外,编制以人作为评价对象的评价标准的过程中,科学地遵循人的心理规律尤为重要。系统科学揭示的3条原理:整体原理、反馈原理和自组织原理也是适合教育系统运行的,在编制评价标准时,必须以此作为依据之一。

(四) 教育活动中积累的经验

在广泛的教育实践中,从事教育事业的工作者积累了丰富的经验。在这些经验中,有的经验上升为理论,成为科学知识;有的经验还未上升为理论,但它又确是由实践得来的知识或技能。这些知识或技能是非常宝贵的,可以作为编制教育评价标准的依据。在编制评价标准时,我们既要克服经验主义,即轻视理论,夸大感性经验的作用,把局部经验误认为普遍真理,又要反对不重视经验作用的倾向。并且,我们往往运用访谈或问卷调查等方法征询与评价活动有关人员的各种实践经验。这种经验一般具有以下特点:一是区域性。根据发展性目标评价模式的要求,某个地区或幼儿园使用的教育质量评价标准,必须符合与之相关的人员的愿望、需要和意图,得到他们的认同,体现出不同区域人们的"愿望、需要和意图"的差异性。二是现实性。它是指人们的"愿望、需要和意图"是在实践活动中产生的,是近期迫切需要满足或达到的,是现实的。三是主观性。人们的这种"愿望、需要和意图"的产生虽然与人们的实践活动有关,但是,它受人们的意识和精神的影响较大,被观察对象的性质和规律因观察人员意愿的不同而不同。为此,评价标准的个性内容在很大程度上是由这种经验决定的。

（五）评价对象及与之有关的人、财、物等的实际情况

评价标准不仅要客观、准确和可靠，而且还要可行，这就要求我们在编制评价标准时，必须考虑评价对象及与之有关的人、财、物等的实际情况，使其能让被评价者接受，真正发挥评价的导向作用和激励作用，真正做到有足够人力、财力和物力来实施评价标准。评价标准编制得再好，如果没有足够的人力、财力和物力来保证其实施，那么，这样的评价标准也是无用的。

三、教育评价的一般程序

由发展性目标评价模式可知，教育评价的一般程序包括评价方案准备、评价方案实施、评价报告编写、评价结论反馈等四个环节。

（一）评价方案准备

1. 教育评价方案的特点[①]

（1）以教育评价标准为核心。由教育评价的一般过程可知，制定教育评价标准是一项基础工作。评价标准编制得科学、客观和有效，那么评价结果的信度和效度就高；反之，则不然。因此，它在评价方案中处于核心位置。在编制评价标准时，我们要以民意调查为基础，严格论证、专家评判、实验修正最大限度地提高评价标准的质量。

（2）以评价活动的组织者、评价者和被评价者等的接受为中心。教育评价工作的作用发挥得如何，在很大程度上是看评价结果是否客观和准确，使人信服。由于教育评价本质上是对教育价值进行判断的过程，因此，把评价活动的组织者、评价者和被评价者等的教育价值取向体现在评价方案中，能提高评价结果的客观性和准确性以及可信度。可见，我们必须重视评价活动的组织者、评价者和被评价者等对评价方案的接受程度。

（3）以评价程序的科学性、规范性和可操作性为根本。评价工作程序是否科学、规范和可操作直接影响着评价结果的信度和效度。评价程序的科学性、规范性和可操作性是指评价活动的指导理论和评价过程中所采用的方法一定要科学，评价运行程序要规范，要按照预先设计好的程序进行，不得随意改变，而且整个评价程序可操

[①] 吴钢.浅谈教育评价方案[J].上海教育,2000,(7).

作要强,要能得出明确的结论。评价方案是评价工作的准备,它必须注重评价程序的科学性、规范性和可操作性,使得依照评价方案实施完成的评价工作不仅具有较高的信度和效度也具有较高的可比性。

2. 教育评价方案的作用

(1) 导向作用。评价方案制订完成以后,评价对象的直接利益相关者为了得到好的评价结果,必须积极地按照评价方案的要求去努力,可见,评价方案像一根"指挥棒",起着导向作用。在制定评价方案时,既要考虑社会发展需要,又要注意满足评价对象的直接利益相关者的需求,把人们引导到既符合社会发展规律,又能满足个体需求的目标上去。

(2) 指导作用。评价方案是评价工作的纲领性文件,指导着整个评价工作。评价工作必须始终完全按照评价方案的要求去做,不得随意违背,只有这样才能保证评价工作质量。若有违反评价方案有关规定的行为,必须严肃处理。

(3) 保证作用。评价工作的高质量需要评价方案作保证,评价方案把评价工作程序规范化了。如果没有教育评价方案,评价工作中不可避免的评价者的主观随意性就得不到较为有效的控制,由此导致评价结果不可信和不有效。因此,我们要制定科学的、规范的和可操作的评价方案,以保证高质量的评价工作。

3. 教育评价方案的主要内容①

(1) 评价目的。一个特定的评价工作所想达到的目的,影响着整个评价过程,因此,评价方案首先必须明确评价目的。比如,以分清学校教育工作优良程度为目的的评价,与以衡量学校是否达到了合格标准为目的的评价,在评价标准和方法上是极不相同的。前者用的是相对评价法,而后者一般用绝对评价法。

(2) 评价对象。这是指评价的客体,是评价的实践对象、认识对象。对评价对象作全面评价,还是作某一方面的评价,是评价这些因素还是评价那些因素。这一问题不解决,评价就无法进行。

(3) 评价标准。具体包括指标体系和评定标准。在这里还应该有评价标准的背景描述等,使评价活动的组织者、评价者和被评价者等能准确理解和全面掌握评价标准,有利于评价方案的实施。

(4) 组织实施。它包括评价活动的组织形式和组织方法、评价者的基本素质要

---

① 吴钢.浅谈教育评价方案[J].上海教育,2000,(7).

求和组织者、评价者、被评价者等必须共同遵守的纪律规定。这是评价工作顺利进行的保证。

（5）评价方法。它主要包括评价信息的搜集方法和处理方法。在评价过程中，相同的评价信息源，由于搜集信息方法不同，得到的评价信息可能不相同；由于处理评价信息方法的不同，对于相同的信息，可能得出不同的结论。因此，应该事先明确评价信息的搜集和处理方法，以确保评价结果的高信度和高效度。

（6）实施期限。我们知道，教育评价是价值判断，它的标准就是教育价值的具体体现，因此具有较强的时效性，即评价标准只是在一定时间内有效。这就要求我们在每一次教育评价活动开展之前，必须对现有的教育评价方案进行修改，同时，对现行评价方案规定有效期限，以保证评价活动的质量。另外，评价标准具有强烈的导向作用，为了作出正确而有效的导向，对于导向性较强的指标，要根据具体情况进行调整、修改或补充，这也涉及时效性的问题。

（7）评价报告完成的时间。所谓评价报告，就是在教育评价工作完成以后，为了方便反馈、保存、检验评价信息和结论，而对评价过程、结论进行全面叙述和提出相关建议的报告。由于评价结果具有强烈的时效性，评价报告应该按时完成，因此，完成时间应该明确。

（8）评价报告接受的单位、部门或个人。事先明确评价报告的接受者，便于及时反馈，使评价报告接受的单位、部门或个人能及早作出决策和改进工作的计划，以保证和提高评价工作的效益。

（9）预算。在实施评价方案的过程中，需要一定的资金，这是保证方案实施的物质条件。

4. 幼儿园教育质量评价方案案例

在此以"上海 LY 幼儿园教育质量评价方案"为例。

（1）期限

本评价方案实施时间从 2011 年 9 月 1 日起至 2012 年 8 月 31 日止。

（2）评价目的

通过实施幼儿园教育质量评价方案，引导领导和教师在管理和教育过程中向规范性、科学性和创造性方向努力，并且，及时对领导和教师的管理和教育过程进行诊断，反馈评价结论，督促领导和教师自觉改进管理和教育工作，提高教育质量。另外，把幼儿园教育质量评价信息、结果和结论积累起来，作为判断幼儿园教育阶段性质量和教师教育工作等级的主要依据。

（3）评价对象

上海 LY 幼儿园的教育质量。

（4）评价标准

① 制订评价标准的依据

第一，幼儿园教育目标：略。

第二，党和政府的教育政策和法规：略。

第三，有关的科学理论：略。

第四，幼儿园教育质量评价实践中积累的经验：略。

第五，评价对象及与之相关的实际情况：略。

② 评价标准的背景描述

第一，关于指标体系的设计和确定：指标内容可以是定性的，也可以是定量的，具体内容：略。

第二，关于权重的计算：对于定量指标要确定它的权重，具体内容：略。

③ 指标体系、权重和评定标准

用定量方法处理的评价标准见表 1-1（指导语：略）。

表 1-1　上海 LY 幼儿园教育质量评价标准表

评价对象	一级指标（权重）	二级指标（权重）	三级指标（权重）	评定标准	
				教师	家长
幼儿园教育质量	教育条件（0.2605）	教育经费（0.0475）	教育经费（1.0000）	①幼儿园产权明晰　②经费来源稳定、合法　③生均教育经费符合要求　④经费能保证园的持续性发展	①幼儿入学费合理　②幼儿学习期间各种收费合理　③幼儿兴趣班收费合理　④没有不合理收费
		场地园舍（0.0807）	场地园舍（1.0000）	①生均占地面积达标　②绿化覆盖率达标　③建筑与用房符合要求　④美化绿化符合幼儿园特点	①幼儿建筑较为美观　②园内装修、绿化有特色　③幼儿活动区域较为宽敞　④幼儿生活和学习有足够空间

(续表)

评价对象	一级指标（权重）	二级指标（权重）	三级指标（权重）	评定标准	
				教师	家长
幼儿园教育质量	教育条件（0.2605）	设备设施（0.1476）	1.生活设施（0.5114）	①厨房设备符合安全卫生要求 ②厨房空间足够 ③做幼儿午餐的设备齐全 ④所有相关人员对生活设施满意	①房间干净整洁 ②厨房空间足够 ③做幼儿午餐的设备齐全 ④所有相关人员对生活设施满意
			2.保健设备（0.1634）	①有保健资料柜 ②有体检设备 ③有消毒设备 ④有非处方药品等	①有保健资料柜 ②有体检设备 ③有消毒设备 ④有非处方药品等
			3.教育设施（0.1262）	①每班有符合卫生要求的流水洗手设备等 ②每班有空气消毒设备和防暑保暖设备 ③每班配有钢琴和必要的电子教育设备 ④每班有数量适宜的玩具柜、图书柜和各类玩具、图书	①班级有方便幼儿洗手的设备等 ②班级空气较好,温度适宜 ③班级配有钢琴和必要的电子信息设备 ④班级有数量适宜的玩具柜、图书柜和各类玩具、图书
			4.活动设施（0.1262）	①有适合不同年龄幼儿活动的大型器械 ②有玩水玩沙设施、种植饲养区（角） ③有为教育教学服务的各类教具、学具 ④有计算机、照相机、摄像机、投影仪等设备	①幼儿活动场地宽敞 ②活动设施齐全和安全 ③活动设施所处位置便于幼儿活动 ④有为教育教学服务的各类教具、学具
			5.办公设备（0.0728）	①教师有办公室和办公家具等 ②有充足的教育图书资料 ③有方便教师使用的电话、计算机(且能上网)、打印机等 ④90%以上的教师对办公设备满意	①教师办公室宽敞、整洁 ②有适宜的办公家具 ③有方便教师使用的电话、计算机(且能上网)、打印机等 ④90%以上的教师对办公设备满意

27

(续表)

评价对象	一级指标（权重）	二级指标（权重）	三级指标（权重）	评定标准	
				教师	家长
幼儿园教育质量	教育条件（0.2605）	人员配置（0.2373）	人员配置（1.0000）	①所有工作人员任职资格符合要求 ②所有工作人员与幼儿比例符合要求 ③班级规模符合要求 ④按规定对所有工作人员进行培训	①工作人员和蔼可亲 ②无体罚或变相体罚幼儿现象 ③班级幼儿数可以接受 ④感觉班级幼儿数较少
		管理水平（0.4869）	1.规章制度（0.5000）	①组织机构设置精简合理 ②所有工作人员岗位职责明确具体，可考核 ③园内基本形成规章制度体系 ④能调动园内工作人员的积极性	①有较规范的幼儿接送制度 ②有较规范的幼儿健康检查制度 ③有明确合理的家园联系制度 ④园工作人员有较高的工作热情
			2.档案管理（0.5000）	①档案有专人管理 ②有教师岗位职责考核和健康等档案 ③有学生学籍和保健档案 ④有学生发展状况评价及教师根据评价结果调整教育策略的档案	①定期收到幼儿在园表现的信息 ②要求家长定期提供幼儿发展状况的信息 ③园定期有要求家长配合教育的建议 ④园向家长提供了评价幼儿发展状况的标准
	教育过程（0.6334）	教育计划（0.0738）	教育计划（1.0000）	①计划设定的目标要切实可行 ②计划明确具体 ③计划可操作 ④计划实施结果能测评	①了解园的教育计划 ②计划明确具体 ③计划可操作 ④计划实施结果能测评
		教育活动（0.6434）	1.课程教学（0.1634）	①课程目标符合幼儿实际 ②教学内容易激发幼儿学习兴趣 ③课程教学中教师有自主发挥的空间 ④具有特殊幼儿调整教学环境的条件	①了解课程目标 ②课程目标切合幼儿实际 ③幼儿常常把在幼儿园学到东西告诉父母 ④感到幼儿在幼儿园里有收获
			2.活动组织（0.1075）	①每班有数量适宜的活动区 ②供幼儿活动用的材料考虑到不同民族、性别和年龄特点 ③有幼儿的观察和对话记录以及幼儿作品展示 ④定期开展适合幼儿的社会实践活动等	①幼儿在家会复制园内学做的作品 ②幼儿会主动向父母讲述园内有趣的游戏 ③幼儿会主动邀请父母亲做游戏 ④幼儿主动要求父母带其出去玩

(续表)

评价对象	一级指标（权重）	二级指标（权重）	三级指标（权重）	评定标准	
				教师	家长
幼儿园教育质量	教育过程（0.6334）	教育活动（0.6434）	3.师幼互动（0.4093）	①与幼儿说话时，视线高度与幼儿一致　②要友好和微笑地与幼儿谈话　③善于运用正面和积极的技巧指导幼儿　④班级中常有愉快的交谈声和自然的笑声	①幼儿在家常常提到园内教师　②幼儿有时要求父母说话方式要像教师一样　③幼儿在家遇到困难时总想问问教师　④遇到节日幼儿总想向教师表示祝贺
			4.家园联系（0.2665）	①园有家长委员会　②定期召开家长会　③园定期向家长汇报幼儿的发展状况　④每学期至少一次家长委员会，汇集家长对园教育工作的意见并与园方沟通，达成共识	①家长有多种渠道与园方联系　②每年至少开一次家长会　③幼儿园欢迎家长作为志愿者参与教育工作　④每学期至少有一次邀请家长评价园工作
			5.教育评价（0.0533）	①有每一个幼儿发展状况评价的记录　②有每一位工作人员对幼儿的责任心和爱心评价的记录　③定期邀请家长评价园工作　④有教师自觉反思自己教育教学记录	①能给家长提供可操作的幼儿发展状况评价标准　②要求家长评价幼儿发展状况，并把结果反馈给园方　③定期修订幼儿发展状况评价标准　④园根据评价结果，制定家园共同教育幼儿方案
		卫生保健（0.2828）	1.营养膳食（0.6334）	①公布营养平衡的幼儿代量食谱，每周更换　②循序渐进地培养幼儿养成良好的饮食习惯　③为有贫血和营养不良等状况的幼儿提供特殊膳食　④食物达到法定的营养膳食要求	①对园公布的幼儿代量食谱满意　②没有食物中毒事件发生　③幼儿喜欢吃园内食品　④幼儿没有贫血、营养不良等症状

(续表)

评价对象	一级指标（权重）	二级指标（权重）	三级指标（权重）	评定标准	
				教师	家长
			2.安全防病（0.2605）	①定期或不定期进行安全防护演习　②幼儿安全事故发生率低于0.5%　③幼儿免疫接种率达100%　④发生传染病后严格进行消毒隔离	①幼儿在园没有发生安全事故　②幼儿全部参与免疫接种　③幼儿在园没有传染上疾病　④在家有时提醒父母要进行安全防护
			3.健康检查（0.1061）	①幼儿入园体检率达100%　②新进工作人员体检及定期检查率达100%　③幼儿体检结果能及时反馈给家长　④有晨检和全日观察记录，并有分析与对策	①幼儿入园体检　②幼儿体检结果能及时反馈给家长　③有晨检和全日观察记录，并与家长寻求对策　④幼儿各项体检指标合格
教育效果（0.1061）	运动技能（0.3000）		1.身体发育（0.5550）	①身高合格　②体重合格　③血色素合格　④胸围合格	①坐姿正确　②站立正常　③开学初不生病　④无龋齿
			2.运动兴趣（0.2516）	①愉快参加体育活动　②及时做好运动准备　③运动较为投入　④运动后适当脱衣,用热毛巾擦脸	①在父母的督促下能锻炼身体　②主动叫父母一起锻炼身体　③能持续锻炼身体　④至少爱好一项体育活动
			3.大动作（0.0967）	①走跑跳合格　②投掷合格　③攀登合格　④平衡合格	①行走正常　②奔跑正常　③能跳绳　④会玩滑滑梯
			4.精细动作（0.0967）	①黏土造型合格　②临摹图形合格　③剪图形合格　④穿珠子合格	①会临摹图形　②会剪图形　③会折纸　④会穿珠子
		卫生习惯（0.3000）	1.洗漱方面（0.3333）	①不吃手指,不咬指甲　②会用纸巾、手帕或毛巾擦嘴、鼻涕或手　③饭后漱口　④会搓洗毛巾	①不吃手指,不咬指甲　②早晚刷牙、洗脸　③愿意定期修剪指甲　④在大人的帮助下定期洗澡
			2.饮食方面（0.3334）	①饭前、吃东西前洗手　②合理饮水　③不吃不洁食物　④不偏食、不挑食	①饭前、吃东西前洗手　②不乱吃零食　③不暴饮暴食　④不偏食、不挑食

(续表)

评价对象	一级指标（权重）	二级指标（权重）	三级指标（权重）	评定标准	
				教师	家长
幼儿园教育质量	教育效果（0.1061）	生活习惯（0.3000）	3.用眼方面（0.3333）	①看书时坐直 ②书本与眼睛保持合理距离 ③每次用眼不超半小时 ④定时向远处看	①看书、电视和电脑姿势正确 ②看书、电视和电脑时保持合理距离 ③每次用眼不超半小时 ④定时向远处看
			1.睡眠方面（0.3333）	①午睡前知道大小便 ②睡觉保持安静 ③睡眠姿势正确 ④自己盖好被子	①每天按时起床和睡觉 ②睡眠姿势正确 ③自己盖好被子 ④无须大人陪伴、哄拍
			2.进餐方面（0.3334）	①独立、专心进餐 ②不剩饭 ③保持餐桌干净 ④饭后不作剧烈运动	①定时定量吃饭 ②独立、专心进餐 ③保持饭桌干净 ④饭后不作剧烈运动
			3.排泄方面（0.3333）	①会自己大小便 ②有规律大便 ③大便时不看书 ④大小便后洗手	①会自己大小便 ②有规律大便 ③大便时不看书 ④大小便后洗手
		生活自理（0.1000）	生活自理（1.0000）	①会脱穿鞋、袜和衣裤 ②会铺床叠被 ③取放玩具、图书 ④受伤立即告诉老师	①会脱穿鞋、袜和衣裤 ②会扫地、擦桌椅 ③遇到困难会请求大人帮助 ④按照自己的计划做事
		语言能力（0.6334）	1.倾听方面（0.2500）	①能听懂普通话 ②喜欢听人讲故事,并理解内容 ③别人说话时不随便插嘴,乐意回答别人提出的问题 ④能听清指令和要求,顺利完成任务	①能听懂普通话 ②喜欢听父母讲故事,并理解内容 ③别人说话时不随便插嘴,乐意回答别人提出的问题 ④能听清指令和要求,顺利完成任务
			2.表达方面（0.7500）	①用普通话积极与别人交谈 ②能用语言表达自己的想法 ③能在集体中有表情地朗诵儿歌等 ④能连贯讲述自己经历的事和图片内容等	①主动把幼儿园的事告诉父母亲 ②能与邻居或亲戚交谈 ③家庭聚会时大方地朗诵儿歌等 ④能连贯讲述自己经历的事和图片内容等

(续表)

评价对象	一级指标（权重）	二级指标（权重）	三级指标（权重）	评定标准	
				教师	家长
幼儿园教育质量	教育效果（0.1061）	认知水平（0.2605）	1. 基本知识（0.7500）	①知道日常空间概念　②知道常用时间概念　③知道常见数量概念　④会进行简单的类比和推理	①知道上下、前后、左右、中间等　②知道今天、明天、晚上、早晨、上下午等　③知道大小、多少、轻重等　④知道圆形、三角形、正方形、长方形等
			2. 思考探索（0.2500）	①对新事物好奇,总想动手摸索　②用画画等记录观察现象,并能交流展示　③能就地取材制作工具解决遇到的困难　④运用恰当的方法搜寻自己需要的相关信息	①对于自己的疑问,常向父母询问为什么　②对新事物好奇,总想动手摸索　③能就地取材制作工具解决遇到的困难　④运用恰当的方法搜寻自己需要的相关信息
		学习习惯（0.1061）	学习习惯（1.0000）	①喜欢做游戏　②看书写字姿势正确　③发言先举手　④会整理书包	①能专心听父母亲说话　②看书写字姿势正确　③爱惜学习用品　④会整理书包
		交往习惯（0.6334）	交往习惯（1.0000）	①在集体生活中情绪安定愉快　②愿意与同伴一起玩,分享玩具和材料　③与同伴发生矛盾能协商解决　④不歧视外来儿童	①喜欢上幼儿园　②周末乐意与父母出去游玩　③有较为固定的玩伴　④善于结交新朋友
		文明礼貌（0.2605）	文明礼貌（1.0000）	①不随地吐痰　②不乱扔垃圾　③主动与老师、小朋友打招呼　④按秩序喝水、用厕等	①主动叫爸爸、妈妈　②不乱扔果皮纸屑　③走人行横道线　④过马路见到红灯停、绿灯行
		责任意识（0.1061）	责任意识（1.0000）	①做值日生态度积极　②按时完成老师布置的任务　③能给老师提建议　④犯错时不推卸责任或指责他人	①能完成父母交给的家务　②告诉父母老师布置的任务,并努力完成　③不说谎话　④做事较为专注

(续表)

评价对象	一级指标（权重）	二级指标（权重）	三级指标（权重）	评定标准	
				教师	家长
		感受与体验（0.7500）	感受与体验（1.0000）	①愿意参与美术、音乐、故事表演等活动 ②能模仿自然界中各种动听的声音，如鸟叫、风声等 ③有较好的音乐节奏感和旋律感 ④绘画有较好的颜色搭配和构图	①有自己喜欢听的音乐 ②看到自己喜欢的图画，能与父母分享 ③会自觉学唱自己喜欢的歌曲 ④会临摹自己喜欢的图画
		表现与创造（0.2500）	表现与创造（1.0000）	①能自然大方地唱歌 ②能用不同的语气、语调和动作表现不同的故事角色 ③能用绘画、剪纸、泥塑等表现自己的想象 ④自己演奏乐器	①能自然大方地唱歌 ②能用不同的语气、语调和动作表现不同的故事角色 ③能用绘画、剪纸、泥塑等表现自己的想象 ④自己演奏乐器

说明：

（1）运动技能、卫生习惯、生活习惯、生活自理4条二级指标构成幼儿的体方面，其权重为0.5122；语言能力、认知水平、学习习惯3条二级指标构成幼儿的智方面，其权重为0.2754；交往习惯、文明礼貌、责任意识3条二级指标构成幼儿的德方面，其权重为0.1377；感受与体验、表现与创造2条二级指标构成幼儿的美方面，其权重为0.0747。

（2）如果做到"评定标准"栏等级内容中的4项，请填A；如果做到等级内容中的3项，请填B；如果做到等级内容中的2项，请填C；如果只做到等级内容中的一项或一项都没做到，请填D，并且在做到的等级内容上打"√"。

另外，请您回答以下两个问题：

第一，目前该幼儿园教育工作做得较为出色的方面是什么？还存在哪些不足？

第二，对该幼儿园的发展有何建议？

（5）组织实施

第一，幼儿园教育质量评价由本幼儿园成立专门领导小组。

第二，若干纪律规定：略。

（6）评价方法

第一，评价信息来源：略。

第二,评价信息搜集方法:略。

第三,评价信息处理方法:略。

第四,评价结论的反馈方式:略。

(7) 评价报告呈送期限:2012年8月31日之前。

(8) 评价报告的接受者:本幼儿园园长等。

(9) 预算:略。

(二) 评价方案实施

1. 运用搜集评价信息的方法,系统地、全面地和准确地搜集评价信息

在具体实施过程中,要注意以下三方面的内容。

(1) 宣传动员。向评价的组织者、评价者和评价对象等讲清评价目的、意义和评价标准等使评价误差减小到最小范围,极大限度地提高评价工作的效益。

(2) 自我评价。首先,要对教育的价值形成准确判断,这在很大程度上取决于能否全面地搜集关于评价对象的信息。由于自己对自己的情况较为了解和熟悉,因此,通过自我评价能获取大量和较为有效的评价信息。其次,有利于减轻评价组织者的工作负担。在择优评价中,由于自我评价过程就是自我把关的过程,于是,明显不符合择优条件的单位或个人,通过自我评价就不再申报了,这就会减少评价组织者的工作量。最后,有利于评价活动促进教育改革,提高教育质量。能否有效发挥教育评价的诊断作用和激励作用,关键是要看被评价单位或教师个人自身的积极性是否能得到充分发挥。通过自我评价,发动被评价单位内部人员或教师个人发现问题,对问题的内部独立解决十分有利。

(3) 他人评价。在自我评价过程中,常常会出现"报喜不报忧"的现象,有的是夸大自己的成绩,有的是掩饰自己的某些不足之处。这种虚假信息干扰了管理部门正确决策的形成,不利于被评价单位或个人自己改进工作。由于外部评价人员来自社会的各个单位,一般由各方面的专家组成,他们的评价活动能较好地弥补自我评价的不足,有利于提高评价的可靠性和权威性。

2. 运用处理评价信息的方法,对评价信息进行处理,推断结论,提出建议

主要有以下两项任务。

(1) 形成综合判断。这是从总体上对评价对象作出关于其优劣的定量或定性的综合意见。在实际评价工作中,往往对评价对象作出优良程度的区分或关于其是否

达到应有标准的结论。

（2）分析诊断问题。为了充分说明综合判断结果，有效决策以及促进被评价单位或个人更好地改进工作，还需要对有关资料进行细致的分析，对被评价单位或个人教育工作的长短得失进行系统的评论，以帮助他们找出存在的问题，以及问题的症结所在。

（三）评价报告编写

1. 评价报告的作用

（1）能尽早发现评价工作中存在的问题

在编写评价报告时，我们要对整个评价工作进行回顾，即对评价方案的设计、评价方案的实施和评价结果的处理等进行全面分析。如果评价过程中存在问题，我们能尽早发现，及时纠正。

（2）为以后的评价工作提供宝贵的资料

教育评价报告完成之后，一方面能向有关方面反馈，另一方面能作为资料保存，这种资料是非常宝贵的，它能为以后的评价工作提供有效的信息。采用有益的经验，吸取教训把以后的评价工作做得更好。

（3）为实践检验评价标准和评价结果作保证

我们知道，实践是最高的评价标准，即一切评价标准和评价结果都要经过实践的检验，只有那些被实践证实的，科学和可行的评价标准，才能被采用。但是，在最初的评价工作中，评价标准没有经过实践检验，在这种情况下，评价工作还得进行，这就要靠评价报告，把信息保存起来，接受实践的检验。另外，教育评价结果也需要通过实践检验，把每次评价结果保存下来，接受实践检验，长此以往，就能看出规律性的东西，评价结果的可靠性和有效性也就能得到提高。

（4）便于及时而有效地反馈

教育评价报告完成以后，按照评价方案的规定，把评价报告传递给接受单位、部门或个人，使他们能按照评价报告中提供的信息及时而有效地作出决策和制订改进工作的计划等，努力提高评价工作的效益，促进教育工作的发展。如果没有评价报告，要做到这些是困难的。

2. 评价报告的主要内容

（1）封面

为了提高评价报告的传递效率，封面将提供下列信息。

① 评价方案的名称；

② 评价目的；

③ 评价的组织者或评价者的姓名或名称；

④ 评价报告接受单位、部门或个人的名称或姓名；

⑤ 评价方案实施和完成的时间；

⑥ 呈送报告的日期；

⑦ 建议作出决策或制定改进工作计划的期限。

（2）正文

它主要包括以下内容。

① 评价方案实施过程的描述。首先，叙述评价过程，即搜集评价信息和处理评价信息的过程。其次，分析在实施评价方案过程中存在的问题，如搜集评价信息时出现什么问题，处理评价信息过程中遇到哪些困难，特别是评价的组织者或评价者是否有违反纪律的情况。

② 结果与结果分析。介绍各种搜集到的、与评价有关的信息，包括原始数据和记录的事件、证据，等等，以及处理这些信息所得到的结果，并且对该结果进行必要的分析。

③ 结论与建议。对处理评价信息所得到的结果进行推断，得出结论，并且提出相关建议。

3. 幼儿园教育质量评价报告案例

正 文

2012年5月上海LY幼儿园运用表1-1，实施了教育质量自我评价。评价主体为上海LY幼儿园所有保教人员和领导，共18名；由于LY幼儿园所有保教人员和领导只有18人，为了保证评价的科学性，我们选取了21名幼儿家长（均匀地分布于小班、中班、大班三个不同的年级），与LY幼儿园保教人员和领导的人数相当，体现了幼儿园教育与家庭教育同等重要的理念（在计算每条指标得分时，取保教人员和家长评价结果的平均分，但是在评价"教育效果"内容时，被评价幼儿的家长（至少1人）也要参与评价活动，不受21名幼儿家长的名额限制，其每一条指标的评价结果是每一个评价对象得分的平均分。下面主要结合定性、定量评价方法所搜集和整理的评价信息进行阐述。

表 1-2　上海 LY 幼儿园教育质量评价各指标的得分和总得分表

指标	教师评价得分	家长评价得分	一级指标得分	总得分
教育经费	2.5806	2.7647		
场地园舍	2.4643	2.5211		
生活设施	2.5714	2.7273		
保健设备	2.3929	2.5161		
教育设施	2.4839	2.5867	2.5886	
活动设施	2.5000	2.6029		
办公设备	2.5000	2.5893		
人员配置	2.6129	2.8030		
规章制度	2.4571	2.5195		
档案管理	2.5484	2.6338		
教育计划	2.5758	2.6406		
课程教学	2.5938	2.6667		
活动组织	2.3750	2.5238		
师幼互动	2.4848	2.6190		2.5741
家园联系	2.5313	2.6190	2.5563	
教育评价	2.7667	2.8751		
营养膳食	2.4412	2.5270		
安全防病	2.4545	2.5417		
健康检查	2.5758	2.6622		
身体发育	2.5333	2.8226		
运动兴趣	2.5000	2.6724		
大动作	2.5758	2.9286		
精细动作	2.3714	2.4906		
洗漱方面	2.5000	2.6528		
饮食方面	2.4483	2.5821	2.6354	2.6451
用眼方面	2.6333	2.9464		
睡眠方面	2.5625	2.8772		
进餐方面	2.5152	2.6875		
排泄方面	2.5143	2.6786		
生活自理	2.5161	2.7647		

(续表)

指标	教师评价得分	家长评价得分	一级指标得分	总得分
倾听方面	2.5000	2.6892	2.6458	2.5741
表达方面	2.5588	2.8772		
基本知识	2.4865	2.5070		
思考探索	2.5294	2.8475		
学习习惯	2.5294	2.7647	2.6451	
交往习惯	2.5938	2.9333	2.7018	
文明礼貌	2.5588	2.6575		
责任意识	2.5152	2.6119		
感受与体验	2.5000	2.6500	2.6047	
表现与创造	2.5278	2.8600		

根据表1-2中的数据,进行以下几方面的分析。

第一,从教育条件来谈,教育经费、场地园舍、设施设备、人员配置、管理水平5条指标的得分由高到低的排列顺序为人员配置、教育经费、设施设备、管理水平、场地园舍,由此可见,"人员配置"做得最好,而"场地园舍"做得最差,幼儿园要在用房符合要求,让幼儿有足够的活动空间等方面进一步完善。

第二,从教育过程来看,教育计划、教育活动、卫生保健3条指标的得分由高到低的排列顺序是教育计划、教育活动、卫生保健,由此可见,教育计划比保教工作做得好,这要引起幼儿园全体教职工的注意,做教育计划的目的是要把保教工作做得更好,计划不能只停留在纸上,而要落实到具体工作中去。

第三,从教育效果来说,幼儿的体、智、德、美四个方面的得分由高到低的排列顺序为幼儿的德、智、体、美,由此可见,离预设的目标还有一定的差距,对于幼儿的教育,"体"是最重要的方面,幼儿园一定要加强这方面的工作,按照幼儿的成长规律进行培养。

第四,从幼儿园教育质量整体来分析,教育条件、教育过程、教育效果3条指标的得分由高到低的排列顺序是教育效果、教育条件、教育过程,由此可见,虽然"教育效果"的得分较高,幼儿的发展状况得到了保教人员和家长的肯定,但是"教育过程"的得分较低。"教育过程"和"教育效果"之间是有必然联系的,若教育过程做得不好,长此以往必然会影响教育效果的提高。

第五,由于本次评价活动是LY幼儿园进行的首次教育质量评价活动,数据积累还不够充分,故各条指标得分的常模还不能建立,这在一定程度上不能科学评判LY幼儿园在各条指标上的优劣程度。

根据以上五点分析,特提出几点建议。

第一,幼儿园要在用房、环境美化和绿化等方面进行整改,让幼儿享受优美环境,拥有足够的活动空间。

第二,教育计划不仅要做好,而且要落实到教育工作中去。

第三,要按照幼儿的年龄特点和成长规律对幼儿进行培养,加强幼儿体方面的教育,为他们的后续发展打好基础。

第四,要进一步认识教育过程和教育效果之间的辩证关系,认真做好教育工作。

第五,LY幼儿园教育质量评价要持续进行,当数据积累到较为充分的条件下,应该建立LY幼儿园教育质量评价常模系统,使评价结果能得到充分的分析和合理的解释。

(四)评价结论反馈

1. 评价结论反馈的形式和方法

反馈一般有3种形式。

(1)反馈给领导者或决策者,为决策提供信息。

(2)反馈给被评价单位(部门)或个人,使他们自觉改进工作。

(3)公布于众。一方面可以让同行互相借鉴,另一方面通过造成公众舆论,促使被评价单位(部门)或个人改进工作。

在反馈评价结论时,要注意反馈方法灵活多样,避免被评价者产生挫折感和焦虑,引起心理冲突。为此,我们不妨考虑以下方法:

第一,反馈态度要平等相待、期之以望。

第二,启发其进行自我反思。

第三,采用讨论方式,避免出现过度关注分数的情况。

第四,不讲优缺点,只作一分为二的定性解释,或只告知评价等级。

第五,反馈范围应有适当限制,可采用回避他人等方式,防止否定性评价结论扩散。

第六,针对不同评价对象的特点、需要和敏感因素采取不同方式,如幼儿对评价结果不太敏感,可直接反馈,而教师比较看重评价结果,则需曲线反馈。

2. 评价工作的再评价

它的目的主要是检验评价的质量,为及时纠正误评或为后次评价活动提供有效信息服务。反馈前一般要对评价工作进行再评价,即对评价工作的评价,以及时改进评价工作的不足,提高评价工作质量。它的主要内容有:

第一,评价目的和评价对象是否明确?

第二,制定的评价标准是否科学、合理?在实施过程中存在什么问题?

第三,评价方案组织实施安排是否科学和规范?

第四,获取评价信息的步骤、方法是否得当?

第五,搜集到的评价信息是否真实、完整?

第六,处理评价信息的步骤和方法是否科学?

第七,评价信息是总体信息还是样本信息?如果是使用抽样方法获取的样本信息,抽样方法的科学性如何?

第八,完成评价报告的时间和评价报告的接受者是否明确?

第九,评价方案实施期限是否明确?

第十,评价结果的可靠性如何?

第十一,评价结果的有效性如何?等等。

反馈后一般也要进行再评价,检验评价工作的效益,为今后的评价工作提供经验教训,其主要内容有:

第一,被评价者或被评价单位对评价报告的接受程度。

第二,决策者对评价报告的意见。

第三,评价结论对工作的促进程度,等等。

至于再评价的标准应根据具体情况来定,一般地主要有以下内容。

(1) 评价结果是否达到预期目的

预期目的一般视评价类型而定。譬如,终结性评价的预期目的主要是鉴定、认可和选拔,形成性评价的预期目的主要是诊断和改进,绝对评价的预期目的主要是判定达到客观标准的程度,相对评价的预期目的是确定评价对象在群体中的相对位置,等等。

(2) 评价结果是否客观、准确和有效

评价所依据的材料是否客观和可靠？评价程序和方法是否恰当？评价者的主观成分如何？计量是否科学？结论是否恰如其分？是否能产生最好的效果？等问题必须弄清楚。

(3) 评价结果的可接受性

评价结果能否为被评价者或被评价单位完全接受？他们接受评价结果的程度如何，决定着评价功能和作用的发挥。这里有两种情况：一种是被评价者态度不端正，因涉及自身利害而不愿接受客观公正的评价结果，这不属于评价本身的问题，应对被评价者进行思想教育；另一种是由于评价本身的缺陷或某些部分的失误，使被评价者难以接受，这就要根据反馈进行复查，做出切合实际的调整或修改。

(4) 评价工作本身的效益

耗用的人力、时间和财力如何？是否以最少的人力、物力、财力和时间的投入，获得最满意的结果？由于评价工作本身的复杂性、艰巨性，会耗费相当多的人力物力和财力，以致使许多人望而却步。因此，整个评价工作是否经过精心策划和安排，是否具有较好的效益，也应该是再评价工作的重要标准之一。

上述四项标准中，最重要的是评价结果是否客观、准确和有效。如果能够达到这项标准，其他几项标准的达到就有了较好的基础。

以上所述的评价过程可用框图 1-4 表示：

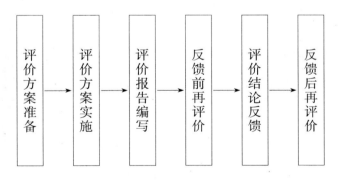

图 1-4 教育评价一般过程框图

【本章小结】

本章首先介绍了幼儿园教育质量评价研究的背景，对我国幼儿园教育质量评价研究进行了回顾，归纳出幼儿园教育质量评价研究的 3 个发展阶段：翻译和引进阶段

(1977～1988年)、探索和实践阶段(1989～2000年)、深化和完善阶段(2001年至今);3个发展特点:起点高,发展快;讲国情,重实践;探规律,促完善。总结了1977年以来幼儿园教育质量评价研究取得的成绩:较为全面地了解了国外幼儿园教育质量评价体系和实践;基本建立了我国幼儿园教育质量评价体系和运作机制;初步形成了我国幼儿园教育质量评价实践和优化模式;建立了幼儿园教育质量评价的研究组织和专业化队伍。指出了目前我国幼儿园教育质量评价存在的主要问题:评价主体单一,行政意义上的评价色彩较浓;评价标准笼统,科学性和操作性还有待提高;评价工具缺乏,发展性评价得不到有效开展;监控力度不够,评价的质量管理还有待加强。展望了我国幼儿园教育质量评价研究的发展趋势:幼儿园教育质量评价会更加受重视、评价体系呈现本土化与国际化相统一的趋势、形成性评价和终结性评价的有机结合、现代信息技术在评价中将会广泛运用、教育质量评价研究队伍会进一步扩大、幼儿园教育质量评价制度将日趋完善。其次,对幼儿园、教育质量、幼儿园教育质量、幼儿园教育质量评价等概念进行了界定。最后,阐述了发展性目标评价模式,并且深入分析了其蕴含的两大信息:一是制定评价标准的五大依据,二是教育评价的一般过程,它由四个环节组成,即评价方案准备、评价方案实施、评价报告编写、评价结论反馈。

【文献导读】

1. 吴钢.现代教育评价教程(第二版)[M].北京:北京大学出版社,2015.

2. 中央教育科学研究所学前教育研究室.幼儿园教育质量评价手册[M].北京:教育科学出版社,2009.

3. 刘焱.试论托幼机构教育质量评价的几个问题[J].学前教育研究,1998,(3).

4. 刘丽湘.当前我国幼儿园教育质量评价工作的误区及调整策略[J].学前教育研究,2006,(8).

5. 吴钢.我国幼儿园教育质量评价研究的回顾与展望[J].现代基础教育研究,2011,(4).

6. 吴钢.对我国幼儿园教育质量评价的反思[J].教育导刊,2012,(3).

思考与练习

1. 你认为我国幼儿园教育质量评价经历了哪几个发展阶段?
2. 你是怎么认识幼儿园教育质量评价含义的?
3. 请你谈谈学习了发展性目标评价模式的体会和认识。
4. 你认为教育评价方案应该包含哪些内容?
5. 请你谈谈规范教育评价过程的实际意义。
6. 请你结合实际,谈谈当前我国幼儿园教育质量评价中存在的主要问题。

第二章　幼儿园教育质量评价的现状调查

 学习目标

学习本章后,你应该能够:

1. 了解目前国内外幼儿园教育质量评价研究的现状。
2. 掌握幼儿园教育质量评价现状调查问卷设计的方法。
3. 认识目前上海市幼儿园教育质量评价的状况。

【本章概要】　本章将阐述国内外幼儿园教育质量评价的文献综述、幼儿园教育质量评价现状调查的问卷设计方法、幼儿园教育质量评价现状调查的统计分析等内容,这些内容是编制幼儿园教育质量评价标准的重要依据。

对幼儿园教育质量评价的现状进行调查,是搞好幼儿园教育质量评价的前提条件。现状调查一般采用问卷调查法,要进行问卷调查,必须先要设计好调查问卷,而调查问卷的编制是建立在对相关文献研究所取得的成果和访谈幼儿园教育质量评价相关人员所获信息等基础之上的。

第一节　当下国内外幼儿园教育质量评价的文献综述

对国内外幼儿园教育质量评价的相关文献进行研究,把握幼儿园教育质量评价演进的脉搏,这对于进一步调查上海市幼儿园教育质量评价的现状具有奠基性意义。

一、国内研究现状

（一）我国幼儿园分级分类验收标准的研究

1. 我国各省市颁发的幼儿园分级分类验收标准

幼儿园分级分类验收标准是我国各级政府对幼儿园教育质量进行评价的重要工具。分级分类验收标准中的"级"主要反映园所的环境、设备和保教人员的学历结构等客观条件；"类"主要反映园所的管理、教育和保健水平等主观因素。为了便于检查验收和幼儿园的自我评价，验收标准将各类指标逐级进行分解，并尽量做到量化。由于我国幼儿教育事业主要采取统一领导、地方负责、分级管理的办法，因此，各地都有自己的幼儿园分级分类验收标准。《规程》中明确规定："各省、自治区、直辖市教育行政部门，可根据规程对不同地区、不同类别的幼儿园分别提出不同要求，分期分批地有步骤地组织实施。"据此，各地方政府制定颁布了幼儿园分级分类验收标准。

北京市1989年颁布的《北京市托幼园所分级分类验收标准及细则（试行草案）》（1994年修订）共包括两个部分：第一部分"分级验收标准"中包括了环境及设备条件、人员条件两大类，共10个项目，每个项目标明了一级、二级、三级、四级四个级别的评价标准。第二部分"分类验收标准"中包括了行政管理工作、教育教养工作、卫生保健工作、儿童发展水平标准四大类，共26个项目，每个项目标明了一类、二类、三类三个级别的评价标准。

2003年，上海颁发了《上海市托幼园所办学等级标准》，同时废止了1995年颁发的《上海市幼儿园分等定级评分标准》和《上海市托儿所分等定级评分标准》。上海市幼儿园评定分为一级、二级、三级三个等级。评估内容由基础性标准和发展性要求两大部分组成，其中基础性标准占85分，发展性要求为15分，总分值为100分。基础性标准分为5个大项目，包括：婴幼儿发展水平；办园条件；园务工作；保教工作；卫生保健工作。其中"办园条件"属于"分级验收标准"，其他的项目属于"分类验收标准"。发展性要求从5个方面进行评价：队伍建设成效显著；教、科研工作有实效，促进园（所）的整体发展；重视课程建设，创建办学特色；富有创新的管理改革经验；创建良好的园（所）文化。

江苏省颁布了《江苏省优质幼儿园评估标准及评价细则》，包括5个大项目：保教队伍；办园条件；安全卫生；保教水平；管理绩效。"保教队伍"和"办园条件"属于分级验收标准，其他属于分类验收标准。此评价细则包括了评价标准、评价方式及评价等级。评价方式包括查证法、访谈法、考察法、计算法、查阅资料法、查阅文档法、核查法等。评定等级分为4个等级。

2. 对幼儿园教育质量评价标准的研究

邱白莉在《中美高质量托幼机构评价标准之比较》中，对比了江苏、浙江、上海这三个省市的示范性幼儿园评估指标，大致包括以下几个方面：一是设施设备；二是管理水平；三是人员素质；四是保教水平等。从评估指标的设计看，有的是分权评分制，如江苏的评估细则分为一、二、三级指标，总分为500分，达425分以上为合格；有的是合格通过制，如浙江和上海的评估，没有设置指标的权重，所有指标一一通过方为合格。[①]

潘月娟、刘焱、胡彩云在《幼儿园结构变量与教育环境质量之间的关系研究——以山西省幼儿园为例》中，以山西省26所幼儿园的50个班级为样本，分析了幼儿园结构变量与教育环境质量之间的关系。研究发现，教师学历是影响幼儿园教育环境质量的首要变量；师幼比和在班幼儿人数对幼儿园教育环境总体质量、物质环境质量、人际互动质量有影响，但是这种影响受到教师学历因素的中介作用；收费标准仅对物质环境质量有影响，但收费标准的提高并不一定导致物质环境质量的显著改善；生活活动与课程的质量仅受到教师学历的影响，未见师幼比和在班幼儿人数的作用；结构变量在不同地区、不同办园体制的幼儿园之间分布不平衡，导致不同地区和办园体制的幼儿园在教育环境质量上出现较大差异。[②] 这为我国幼儿园教育环境质量的评估做出了很大贡献，但是由于我国不同地区存在很大的地域差异性，所以，不同地理位置和办园体制的幼儿园在教育环境质量上存在一定的差异，对山西省幼儿园的研究结论不能完全运用到全国各地，要因地而异。

戴双翔、刘霞的《我国现行托幼机构教育质量评价工具研究》一文对我国5省市（上海、北京、广东、福建、江西）的托幼机构教育质量评价工具进行分析，从评价工具

---

① 邱白莉.中美高质量托幼机构评价标准之比较[J].早期教育,2005,(12).
② 潘月娟,刘焱,胡彩云.幼儿园结构变量与教育环境质量之间的关系研究——以山西省幼儿园为例[J].学前教育研究,2008,(4).

的结构和所使用的评价标准类型两个方面对现行评价工具进行分析和比较研究,了解现行评价工具在结构和所使用的标准类型上的特点,分析其合理与不合理之处,为我国各地进一步修订与完善托幼机构分级分类验收标准提供可资参考的意见与建议。①

项宗萍在《从"六省市幼教机构教育评价研究"看我国幼教机构教育过程的问题与教育过程的评价取向》中向我们呈现了我国幼教机构教育过程中存在的问题:机构教育活动的组织方式忽视了儿童发展的需要与条件,机构教育过程重知识技能传授,轻情感社会性的培养,面向全体因人施教未见明显进展,教师对儿童行为管理存在严重的忽视儿童心理健康的问题。② 在指出当前托幼机构存在问题的同时,作者还提出了幼教机构教育过程评价的指标。

刘霞在《对当前我国托幼机构教育质量评价工作组织实施的研究》一文中,对我国4个省市(北京、广东、福建、江西)地方政府颁布的与托幼机构教育质量评价工作有关的法令和文件进行研究,从评价主体、评价目的、评价实施过程3个方面指出我国托幼机构教育质量评价主体主要由政府行政人员担任,评价主体一元化,评价存在重终结性目的轻形成性目的的倾向,托幼机构自评更多的是为实地验收服务,自评流于表面。③

3. 对制定幼儿园教育质量评价标准的研究

刘焱、潘月娟的《〈幼儿园教育环境质量评价量表〉的特点、结构和信效度检验》一文是在分析和借鉴美国《托幼机构教育环境评价量表》(ECERS-R)和英国《托幼机构教育环境评价量表—课程扩展版》(ECERS-E)结构形式的基础上,以建构主义和社会建构主义为理论基础,依据我国幼儿园教育实践的重要指导文件,广泛征求不同层次专业人士意见和经验,尝试制定的我国幼儿园教育环境质量评价量表。④ 该文详细介绍了本量表的特点、结构、内容和信效度,是我国学者第一次尝试制定教育质量评价标准。

---

① 戴双翔,刘霞.我国现行托幼机构教育质量评价工具研究[J].学前教育研究,2003,(7-8).
② 项宗萍.从"六省市幼教机构教育评价研究"看我国幼教机构教育过程的问题与教育过程的评价取向[J].学前教育研究,1995,(2).
③ 刘霞.对当前我国托幼机构教育质量评价工作组织实施的研究[J].山东教育,2003,(27).
④ 刘焱,潘月娟.《幼儿园教育环境质量评价量表》的特点、结构和信效度检验[J].学前教育研究,2008,(6).

4. 我国幼儿发展状况评价中幼小衔接的研究[①]

在此以《纲要》、《教育部关于积极推进中小学评价与考试制度改革的通知》(以下简称《通知》)和《教育部关于推进中小学教育质量综合评价改革的意见》(以下简称《意见》)等文件为基本研究素材,探讨幼儿发展状况评价的幼小衔接问题。

(1) 我国幼儿园和小学对幼儿发展的要求

① 幼儿园对幼儿发展的要求

《纲要》把幼儿园的教育内容划分为健康、语言、社会、科学、艺术5个领域。通过深入分析,不难发现这5个领域已经涵盖了对幼儿体、智、德、美等方面的要求。具有一定的安全保健常识、良好的生活和卫生习惯、动作协调灵活、身体健康等是幼儿体的方面应该达到的目标。倾听对方讲话、能说出自己的想法、乐于与他人交谈、喜欢听故事和看图书、有好奇心和求知欲、能动手动脑探究问题、体验数学的重要性和趣味性等是对幼儿智的方面的具体要求。遵纪守法、主动参与各项活动、与他人合作和分享、做力所能及的事、懂礼貌、有自信心和同情心、有责任感、爱父母长辈、爱老师和同伴、爱集体、爱家乡、爱祖国、爱护动植物、珍惜自然资源、有环保意识等是要求幼儿做到的德的方面。喜欢参加艺术活动、感受生活和艺术中的美、能进行艺术表现活动等是幼儿美的方面的内容。除此之外,《纲要》对幼儿发展状况评价做了必要的规定:帮助和指导是评价的目的,避免只重知识和技能,忽略情感、社会性和实际能力的倾向,平时观察获得的具有典型意义的幼儿行为表现和积累的各种作品等是评价的重要依据,避免用单一的标准评价不同的幼儿,慎用横向比较,以发展的眼光看待幼儿。在幼儿发展状况评价中,指标体系形式的对幼儿体、智、德、美等的要求往往是评价标准的重要内容。我国一些地方政府颁布和实施的幼儿园分级分类验收标准可分为两类:一是把幼儿发展状况作为显性指标,在指标体系中单列出来,比如上海、湖北和重庆等省市;二是把幼儿发展状况作为隐性指标,不在指标体系中单列出来,而是渗透于教育工作等相关指标中,比如广东和浙江等省份。

② 小学对学生发展的要求

2002年教育部颁布的《通知》对小学生发展提出了明确的要求。归纳来说,主要内容有:一,德的方面。遵纪守法、关心集体、诚实守信、维护公德、爱祖国、爱人民、

[①] 吴钢.我国儿童发展状况评价中幼小衔接的探讨[J].教育参考,2014,(2).

爱劳动、爱科学、爱社会主义、积极参加公益活动、保护环境、有责任感、自信、自尊、自强、自律、勤奋等。二，智的方面。除了学科学习目标之外，还对学生提出了要有学习兴趣、养成自觉反思学习过程和结果的习惯、能独立分析和解决问题、能与他人较好地沟通与合作、具有初步的研究与创新能力等要求。三是体的方面。热爱体育运动、有一定的运动技能和强健体魄、养成体育锻炼的习惯、具备锻炼身体的能力、形成健康的生活方式等。四是美的方面。参加艺术活动、能欣赏生活、自然、艺术及科学中的美、有健康的审美情趣、用多种方式进行艺术表现等。同时，《通知》对小学生评价也作了必要的规定：评价的目的是为了更好地提高学生的综合素质，评价既要重视学生的学习成绩，也要重视学生的思想品德及多方面潜能的发展，注重学生的创新能力与实践能力，评价标准既应注意对学生的统一要求，也要关注个体差异，为学生的个性发展提供一定的空间，行为观察、情景测验、学生成长记录和考试等是评价的主要方法，并强调要把形成性评价与终结性评价结合起来。2013年教育部颁布了《意见》，提出了中小学教育质量综合评价指标体系。从中不难看出，在《通知》的基础上，《意见》赋予了小学生发展要求新的内容：一是把德的方面细分为行为习惯、公民素养、人格品质、理想信念等四条指标，增加了珍爱生命、勤俭节约、团结友善等内容，二是由知识技能、学科思想方法、实践能力、创新意识等内容构成智的方面，提出了参加社会实践和志愿服务活动等新要求，三是体和美的方面要求变化不大，但新增了对学生心理的关注和特长养成的要求。

（2）我国幼儿发展状况评价幼小衔接的探析

① 幼儿发展状况评价指标的衔接分析

笔者对我国幼儿园和小学的幼儿发展状况评价指标进行对比分析（见表2-1）。

表2-1 我国幼儿园和小学的幼儿发展状况评价指标对比表

指标	幼儿园的具体要求	小学的具体要求
德	遵纪守法、主动参与各项活动、与人合作和分享、自觉做力所能及的事、懂礼貌、有自信心和同情心、有责任感、爱父母长辈、爱老师同伴、爱集体、爱家乡、爱祖国、爱护动植物、珍惜自然资源、有环保意识等。	遵纪守法、关心集体、诚实守信、维护公德、爱祖国、爱人民、爱劳动、爱科学、爱社会主义、积极参加公益活动、保护环境、有责任感、自信、自尊、自强、自律、勤奋、珍爱生命、勤俭节约、团结友善等。

(续表)

指标	幼儿园的具体要求	小学的具体要求
智	倾听他人讲话、能表达自己的想法、乐于与他人交谈、喜欢听故事、看图书、有好奇心和求知欲、能动手动脑探究问题、能认识到数学的重要性和趣味性等。	有学习兴趣、自觉反思学习过程和结果、能独立分析、解决问题、与他人较好沟通合作、具有初步的研究与创新能力、参加社会实践和志愿服务活动等。外加学科学习
体	具有一定的安全保健常识、有良好的生活和卫生习惯、动作协调灵活、身体健康等。	热爱体育运动、有一定的运动技能和强健体魄、养成体育锻炼的习惯、具备锻炼健身的能力、形成健康的生活方式等。
美	喜欢参加艺术活动、感受生活和艺术中的美、能进行艺术表现活动等。	积极参加艺术活动、能欣赏生活和自然以及艺术和科学中的美、有健康的审美情趣、能用多种方式进行艺术表现等。

由表2-1可知，首先在德的方面，遵纪守法、关心集体、爱劳动、爱祖国、团结友善、懂礼貌、主动参与各项活动、有自信心和同情心、有责任感、爱科学、保护环境等内容的幼小衔接非常清晰和明确，好像在同一水平上平稳移动，只是某些内容的表述略有不同。而在幼儿园的爱父母长辈、爱老师和同伴、爱家乡等的要求上，小学以爱人民、爱社会主义等内容进行对接，要求明显提高，好比在一个由低到高的斜坡上前行。另外，指标对小学生在诚实守信、自尊、勤奋和勤俭节约等方面提出了新的目标，这对于刚入小学的儿童来说，几乎是全新的。在智的方面，有好奇心和求知欲、有学习兴趣、能动手动脑探究问题、能与他人较好地沟通合作、能独立分析和解决问题等要求构筑了轮廓清晰的幼小衔接通道。从幼儿园到小学，指标对学生的要求也由直观感性逐步过渡到具体理性。比如小学增加了参加社会实践和志愿服务活动等要求。从我国的教育制度来看，幼儿园是不安排系统的学科学习的，但是到了小学就完全不同了，学校对学生有系统和全面的学科教学规定，从学习内容、时间、方式、方法到评价手段等，皆与幼儿园的做法有很大不同。第三在体的方面，身体健康、有一定的运动技能、具备锻炼健身的能力、形成健康的生活方式等内容的幼小衔接较为顺畅，幼儿园幼儿进入小学后也能较快适应。但是，小学提出了学生要"养成体育锻炼习惯"的更高要求。最后在美的方面，总体来说，幼小衔接有"感受"和"体

验"向"理性"和"认知"转变,比如"喜欢参加艺术活动"和"感受生活和艺术中的美"分别向"积极参加艺术活动"和"欣赏生活和自然以及艺术和科学中的美"转变,并且对小学生提出了"有健康的审美情趣"等新要求。

② 幼儿发展状况评价方法的衔接分析

所谓教育评价方法,就是在教育评价过程中为完成评价任务而使用的途径和手段,主要包括评价信息的搜集方法和处理方法等。[①] 评价方法对于幼儿发展状况评价也是非常重要的。笔者对我国幼儿园和小学的幼儿发展状况评价方法进行比较分析(见表2-2),试图探索幼小衔接的内在规律。

表2-2 我国幼儿园和小学的幼儿发展状况评价方法对比表

幼儿园的具体要求	小学的具体要求
帮助和指导是评价的目的,避免只重知识和技能,忽略情感、社会性和实际能力的倾向,平时观察获得的具有典型意义的幼儿行为表现和积累的各种作品等,是评价的重要依据,避免用相同的标准评价不同的幼儿,慎用横向比较,以发展的眼光看待幼儿。	评价的目的是为了提高学生的综合素质,评价既要重视学生的学习成绩,也要重视学生的思想品德以及多方面潜能的发展,注重学生的创新能力与实践能力,评价标准既应注意对学生的统一要求,也要关注个体差异,为学生的个性发展提供一定的空间,行为观察、情景测验、学生成长记录和考试等是评价的主要方法,并强调要把形成性评价与终结性评价结合起来。

从表2-2可以看出,幼儿园和小学的幼儿发展状况评价在以下几方面呈现出相似性:评价目的的发展性、评价内容的多元性、评价方法的适宜性和评价标准的针对性。但也在以下几方面存在区别:一是重视小学生的学习成绩评价,而对幼儿园的幼儿则没有明确要求,二是学科考试是评价小学生成绩的主要方法,但对幼儿园的幼儿禁止使用这种评价方法,三是小学生评价强调要把形成性评价与终结性评价结合起来,这就意味着对小学生发展状况的鉴定要建立在以诊断和改进为目的的学生评价结果的基础之上,可是,对于幼儿园的幼儿要慎用横向比较,以发展的眼光看待他们。

---

① 吴钢.现代教育评价教程(第二版)[M].北京:北京大学出版社,2015:49.

（3）讨论与思考

由上述分析可知，我国儿童发展状况评价指标体系的幼小衔接是比较顺畅自然的，由直观、感性、要求较低过渡到具体、理性和要求较高，由单一观察评价方式过渡到学科考试与行为观察评价等相结合的方式，由倡导形成性评价过渡到强调形成性评价与终结性评价相结合，由只是导向保教人员教育行为的评价结果过渡到要对儿童的表现做出以档案形式保存的评价结果。但笔者认为，我国儿童发展状况评价幼小衔接还要从以下3方面进行改善。

① 提高幼儿园和小学教师素质

在儿童发展状况评价幼小衔接中，教师起着非常重要的作用：一是虽然儿童评价有较为明确的指标体系，但作为主要评价者的教师对其理解和把握，受制于他们的教育理念和评价能力等。目前幼小衔接往往是幼儿园向小学靠拢，[1]而非双方互相靠拢。[2] 作为幼儿园教师，要准确理解指标体系的内涵，避免幼儿园教育小学化，[3]杜绝使用学科考试手段进行评价，作为小学低年级的教师，对于刚入学不久的儿童，无论在教育行为上，还是在评价手段上，都应该自觉向幼儿园靠拢，科学、自然和循序渐进地做好衔接工作，比如在评价学生学习成绩时，教师要弱化学生较为陌生的学科考试手段，强化学生较为适应的行为观察评价方法，依照幼小衔接指标，关注学生在学习兴趣、沟通合作和动手动脑等方面的表现。二是教师是评价过程科学性和规范性的遵守者和维护者，如果没有缜密和客观的评价过程，再好的评价指标体系和评价方法的对接也是没用的。三是教师是解释和利用评价结果的专业人员，他们对评价结果整理、处理、分析、保存和利用得如何将直接影响儿童发展状况评价幼小衔接的磨合、调整和可持续发展。这是因为儿童发展状况评价不是一朝一夕的结果，而是长期积累的过程。但目前教师素质[4]影响了他们重要作用的发挥。

② 转变家长的教育观念

幼儿园和小学低年级的孩子比较依赖家庭，与父母亲相处的时间较长，家长对孩子的成长状况比较了解，因此他们是儿童发展状况评价不可忽略的重要主体。另

---

[1] 王慧.浅谈幼儿园与小学的衔接工作[J].上海教育科研,2007,(12).
[2] 曹跃丽.国外幼小衔接试验的借鉴[J].学前教育研究,1994,(1).
[3] 金日勋.幼儿教育小学化倾向的表现、原因及解决对策[J].学前教育研究,2011,(3).
[4] 尹芳.新时期幼小衔接问题的调查与思考[J].早期教育,2008,(6).

外,随着教育制度改革的深入,家长要负担孩子一定份额的教育费用,他们比以往任何时候都更关心孩子的教育问题,往往会通过支配孩子的择校等进而影响幼小衔接。目前家长片面地重视知识与技能的衔接(如只关注儿童的读、写、算能力。),而忽视习惯养成、情绪情感和社会交往等方面,认为儿童应该提前学习小学课程等。[①]在这些错误教育观念的指导下,家长为了"不让孩子输在起跑线上",把孩子送到小学化倾向较为严重的幼儿园学习,助长了一些幼儿园把文化知识作为儿童的主要学习内容、以课堂讲授代替活动与游戏、把儿童获得知识与技能的多少作为评价教育质量的唯一标准等现象。另一方面,为了获利,很多民办幼儿园丧失了教育立场,只一味迎合家长的需求,不顾幼儿的身心发展特点和接受能力,开设小学课程并向幼儿提出过高的学习要求。[②] 在这种情况下,即便有再好的幼小衔接评价标准也是无用的。

③ 进一步改革高校招生考试制度

当前,我国基础教育还是以考试成绩作为升学的主要标准,尤其是以知识掌握程度为衡量标准的高考的长期存在使我国基础教育改革面临诸多阻碍,各种新的教育理念难以落实。[③]高考这根"指挥棒"对儿童发展状况评价幼小衔接造成的可能负面影响至少体现在:一是尽管我国教育行政部门规定小学入学不许考试,但由于优质教育资源稀缺,部分小学,特别是高质量的公办小学为了获得较好的生源进行入学考试或入学面试,并按考试成绩分班。[④]这会导致幼儿园提前进行小学阶段的教育。二是家长"望子成龙"和"望女成凤"心切,盲目瞄着高考"指挥棒",极力追求"让孩子赢在起跑线上",注重孩子的知识学习而不顾其身心需求,使其不能按规律成长。面对这种情况,2002年教育部颁布的《通知》明确提出要"继续深化高考改革",2003年起教育部进行了高校自主招生等改革,2013年教育部颁布的《意见》提出"加快建立分类考试、综合评价、多元录取的考试招生制度,更加注重对学生综合素质和兴趣特长的考查。"的要求。随着高考招生制度改革的深入,儿童发展状况评价幼小衔接的社会环境将大大改善,促使其步入科学发展的轨道。

5. 当前我国幼儿园教育质量评价存在的问题

刘丽湘通过对6个省市在《纲要》出台前的评估验收标准的分析,结合目前验收

---

① 崔淑婧,刘颖,李敏谊.国内外幼小衔接研究趋势的比较[J].学前教育研究,2011,(4).
②③④ 金日勋.幼儿教育小学化倾向的表现、原因及解决对策[J].学前教育研究,2011,(3).

评价实践中的问题与不足,提出了幼儿园教育质量评价工作中的问题:第一,评价标准本身存在缺陷。一是以幼儿的绝对发展水平为标准衡量教师的教育水平与幼儿园的教育质量。二是注重条件和结果性质量评价,忽视过程性质量评价。三是幼儿园分级分类验收标准的内容结构不合理。四是评价指标笼统,难以操作。第二,在评价中只重管理、物质及人员的配备,忽视其效能的发挥。第三,在评价方式上重视量化评价,不重视量化与质性评价的整合。第四,评价主体单一化。评价为单向输出,忽视评价结果的认同。第五,对验收评价的信度、效度缺乏监控。①

刘焱从我国幼儿园分类定级验收工作中存在的问题出发,提出我国幼儿园教育质量评价工作中存在的一些问题:一是评价标准过于抽象笼统,可操作性差,二是重视园(所)管理评价,轻视班级教育工作评价,三是在办园条件上往往不注重使用效率,只罗列应当"有什么",不注意考察实际使用的情况,四是缺乏对评价工作的调节监控机制,五是缺乏家长对幼儿园教育质量评价工作的参与。②

戴双翔、刘霞两位学者通过对5省市托幼机构教育质量评价工具标准类型的研究以及对我国现行托幼机构教育质量评价工具的分析,指出我国托幼机构重视园(所)管理、幼儿发展、人员和物质条件等内容,相对忽视教育活动部分的问题。③

综上所述,我国从20世纪80年代开始对幼儿园教育质量评价进行研究,在此过程中对"质量"一词的认识不断深化,这将有助于我国幼儿园教育质量认识的加深。但我国各省市幼儿园的分级分类验收标准还存在一些问题,如比较重视结构性质量的评价,忽视过程性质量的评价,评价体系不完善、评价标准不统一。我国制定的教育质量评价标准往往强调幼儿园的示范性,强调评估的激励作用。这些问题的存在将为我国学者研究幼儿园教育质量评价提供动力。

二、国外研究现状

(一)各国托幼机构教育质量评价研究现状

1. 美国托幼机构教育质量研究历史

公平、效果、效率是美国托幼机构教育质量发展的三大动力。20世纪五六十年

---

① 刘丽湘.当前我国幼儿园教育质量评价工作的误区及调整策略[J].学前教育研究,2006,(8).
② 刘焱.试论托幼机构教育质量评价的几个问题[J].学前教育研究,1998,(3).
③ 戴双翔,刘霞.我国现行托幼机构教育质量评价工具研究[J].学前教育研究,2003,(7-8).

代,美国政府为了实现社会的公平与正义,提出了一系列保障贫困群体利益的政策,"提前开始"和"追随到底"等面向低收入家庭和儿童早期教育的干预项目就是在这种背景下产生的。自20世纪六七十年代开始,不断有学者对"提前开始"和"追随到底"等早期教育干预项目进行评估,这也成为美国最早的关于托幼机构教育质量的研究。对效果的关注推动美国学者着重探讨不同质量水平的托幼机构教育对儿童和社会的作用,对效率的追求促使有关研究重点分析了托幼机构教育上的投入与质量之间的关系。纵观美国对托幼机构教育质量的研究,我们会发现,美国托幼机构教育质量的研究逐渐深入具体,从一般性的"托幼机构教育是否利于儿童发展"到"什么样的托幼机构教育对儿童有利"和"如何提供高质量的托幼机构教育"。[①]

2. 德国的《儿童日托机构的教育质量:国家标准集》

德国在传统上并不重视提供幼儿在社会机构中接受照顾和教养的机会,但从20世纪60年代末起,幼儿园开始成为儿童的最初教育阶段,自此,许多幼儿园主办组织和团体从不同视角发起有关幼儿园质量问题的研究,从而制定了《儿童日托机构的教育质量:国家标准集》。它以质量领域和各领域工作的主要着眼点两个维度为主线,把托幼机构的质量归纳为20个领域,归属于5个层次:第一个层次是为儿童活动创设基本的时空结构,包括"给儿童创设的空间"和"一日流程设计"。第二层次涉及儿童日常在园生活常规的教育设计,包括"餐点与营养""健康与身体照料""睡觉与休息""安全"4个领域。第三层次包括10个领域,关注的是狭义的教育工作,涉及"语言与交流""认知发展""情感与社会性发展""运动""想象与角色游戏""搭建构形""绘画、音乐和舞蹈""自然、环境和事物的知识""跨文化学习"和"残疾儿童的随班融合"。第四层次包括"适应""问候与告别"和"与家庭合作"这三个托幼机构必须与家庭合作进行的工作领域。最后一个层次只有1个领域,即对托幼机构的质量发展负有全面责任的"领导"工作。[②]

3. 芬兰幼儿园教育质量评价

芬兰各行政层级都有监督幼儿园质量的基本架构,属于典型的地方分权制。芬兰自下而上的评价视角包括记录儿童成长和发展契约,建立成长档案夹。契约中包

[①] 潘月娟,刘焱.美国托幼机构教育质量研究述评[J].比较教育研究,2008,(8).
[②] 郭良菁.德国制订《儿童日托机构的教育质量:国家标准集》的启示——兼论我国制订质量评价标准体系的若干问题[J].学前教育研究,2004,(9).

含：儿童发展的基本资料、幼儿发展中的里程碑记录表、幼儿社会情绪发展记录、幼儿学习动机及心理倾向。成长档案夹中记录了每个幼儿生命和成长的过程。除了教师的评语及记录外，幼儿也可以加入照片、图画并自己记录有意义的事件。幼儿可以带着他们的档案夹到新的幼儿园。同时，芬兰还定期使用问卷，以了解家长的回应。行政部门对幼儿园教育质量进行评价时，主要参照 5 项标准：亲子契约、个人需要的满足、对个人的特别关注、外在环境的舒适及满意度、教职工的自我评量和儿童的自尊。[①]

（二）国外托幼机构教育质量评价标准模式

1. 高质量幼儿教育机构的评价标准

1984 年，全美幼儿教育协会颁布了一个高质量幼儿教育机构的认证标准（1991 年重新修订）。全美幼儿教育协会认为，高质量的幼教机构应该是：能够满足所有参与幼教机构的幼儿及成人（包括家长、工作人员及管理人员）的身体、社会性、情感和认知的需要，促进他们在这些方面的发展，使幼儿成长为一名健康、聪明和有贡献的社会成员。该量表在内容上共分 5 大类，分别是教师与幼儿的互动、课程、物质环境、健康和安全、营养和膳食。这 5 大类又分成 65 个项目，每个项目包括具体的评价标准，各项标准附有评价时必须考虑的多项具体指标，同时提供了一些范例帮助评价者合理使用标准。

2. 托幼机构环境评价量表（ECERS）

20 世纪 80 年代哈姆斯（T. Harms）和克里福特（R. M. Clifford）两位学者制定了托幼机构环境评价量表，这是目前世界范围内影响较广的托幼机构教育质量评价量表之一。这一量表从日常生活护理、家具与设备、语言/推理经验、大/小肌肉活动、创造性活动、社会性发展、成人的需要等 7 个方面考察托幼机构的环境，其中包括 37 个项目，每个项目都标明了不适宜、一般、好的、优秀这 4 个等级的评级标准。[②] 国外非常注重托幼机构教育质量评价标准的修订。1998 年，哈姆斯等人对 1980 年托幼机构环境评价量表出版了修订版。修订版包括 7 大类 43 个项目，比原先多了 6 个项目。修订版符合学前教育理念的新变化，有了新的特点：一是以班级为单位，注重对

---

① 吴凡.芬兰幼儿园质量评价简介及启示[J].幼教园地，2010，(6).
② 刘焱，何梦焱."托幼机构环境评价量表"述评[J].学前教育研究，1998，(3).

过程变量尤其是教师行为的评价,二是以托幼机构教育满足幼儿、家长和教师需要的程度为评价核心,三是反映了世界学前教育领域中的最新变化。该量表体现了全面教育的思想,强调对残疾儿童的帮助,重视对多元文化的接纳,四是评价指标具体,具有可操作性。但修订版也存在一些问题,如该量表在重视教师行为等过程变量的同时,相对忽视了班级规模、幼师比例、教师资格等机构变量。[①]

3. 中美托幼机构教育质量评价标准比较

邱白莉在《中美高质量托幼机构评价标准之比较》一文中对我国和美国高质量托幼机构评价标准进行了比较,她以江苏、上海、浙江三省市的示范性幼儿园评估标准为例,与美国高质量托幼机构评价标准作了对比,从而得出两国在托幼机构评价标准方面的异同。两国托幼机构评价标准基本有4类:从业人员素质标准、工作人员职责标准、效果标准、硬件设施和效率标准。两国在托幼机构高质量评价标准上存在差异:我们的标准较多为结构性质量指标,或称硬指标,主要包括教师/儿童比例、班级人数、师资条件以及总体上的物质环境等。美国评价标准则更多为过程性质量指标,或称软指标,主要考察与儿童的生活和学习有更直接关系的变量,如儿童/教师互动、课程、健康和安全、家长参与等。我国制定的标准中对教师的科研能力提出了要求,而美国评价标准中则没有,我们的评估工作都是由教育行政主管部门进行的,标准较多强调了托幼机构的示范性,强调评估的激励作用,而美国评价标准则由托幼机构、专家和社会人士共同参与制订,较多强调了托幼机构本身的发展性,注重评估的促进作用。[②]

(三) 美国幼儿发展状况评价中幼小衔接的研究[③]

在此以美国 NAEYC 关于高质量幼儿园评价标准和加洛杉矶市小学一年级"学生成绩报告单"[④]为基本研究素材,探讨幼儿发展状况评价幼小衔接问题。

1. 美国幼儿园和小学对幼儿发展的要求

(1) 高质量幼儿园评价标准中的"幼儿发展状况评价指标"

正如部分学者所说"欧美国家的幼儿园质量评价体系中通常不把儿童的身心发

---

① 刘霞."托幼机构环境评价量(修订版)"述评[J].教育导刊,2004,(2-3).
② 邱白莉.中美高质量托幼机构评价标准之比较[J].早期教育,2005,(12).
③ 吴钢.美国儿童发展状况评价中的幼小衔接研究[J].上海教育科研,2012,(7).
④ Board of education in Los Angeles Unified School District. Progress Report in primary academy school, 2005.

展水平列为指标"。① 美国 NAEYC 关于高质量幼儿园评价指标体系分为10个方面,即师幼互动、课程、家校互动、教师的资格与提高、行政管理、教师配备、物质环境、健康和安全、营养和膳食、评价,没有将"儿童发展状况"作为单独的一个方面加以论述,也没有明确提出幼儿发展状况评价指标,② 但是,在所有86条指标中至少有12条提到了幼儿发展的要求(见表2-3)。

表 2-3 有"幼儿发展要求"的指标分析表

方面	具体指标	儿童发展要求
师幼互动	工作人员要鼓励并培养与儿童发展相适应的独立性	相适应的独立性
	工作人员要帮助儿童处于舒适、轻松和愉快的状态,并鼓励幼儿参与游戏及其他活动	参与游戏及其他活动
	工作人员要注意培养儿童之间的合作以及其他亲社会行为	儿童的合作和其他亲社会行为
	工作人员对儿童社会性行为的要求要与儿童发展的不同阶段相适应	相适应的社会性行为
	鼓励儿童用语言表达感情和思想	用语言表达感情和思想
课程	日常作息制度的制定要使各种类型与性质的活动保持平衡。这些活动包括户内/户外活动、安静/活跃活动、大肌肉/小肌肉活动、个别/小组/集体活动、儿童发起/教师发起活动	大肌肉和小肌肉活动
	允许孩子自由活动、探索环境、发起游戏活动	探索环境和发起游戏活动
	工作人员应把常规培养作为促进儿童学习能力、自理能力和社会能力发展的手段并纳入课程计划之中。常规活动应该根据儿童发展的需要,以轻松、肯定和个性化的方式来进行。特别强调对幼儿进行个别化的生活照顾,为有早起或午睡习惯的孩子提供条件。通过满足儿童的需要,使他们形成自我意识和自我价值感	学习能力、自理能力、社会能力、早起或午睡习惯、自我意识和自我价值感

---

① 郭良菁,何敏.儿童发展水平应该作为幼儿园质量评价的标准吗?[J].上海教育科研,2006,(10).
② 美国 NAEYC 关于高质量幼儿教育机构的评价标准(上)[J].学前教育,1998,(2);刘焱.美国 NAEYC 关于高质量幼儿教育机构的评价标准(中)[J].学前教育,1998(3);刘焱.美国 NAEYC 关于高质量幼儿教育机构的评价标准(下)[J].学前教育,1998,(4).

(续表)

方面	具体指标	儿童发展要求
教师配备	限制小组中儿童的数量，便于成人和儿童交流，儿童之间开展创造性活动。可以把幼儿按年龄分组，也可以让一个小组由混合年龄的儿童组成	创造性活动
物质环境	空间安排应有利于儿童进行个别的、小组的、集体的活动，促进儿童之间的交往，而不是互相干扰	儿童之间的交往
健康和安全	要使儿童易于够到盥洗水和饮用水以及洗手的设施。要提供肥皂和纸巾。孩子在饭前便后要洗手，孩子用的热水温度不能超过110F(43℃)	饭前便后要洗手
营养和膳食	进餐时应培养幼儿养成良好的饮食习惯。鼓励幼儿及学前儿童独立进餐	饮食习惯、独立进餐
评价	要单独记录每一个儿童的发展情况，便于组织适宜的学习活动，促进每个幼儿最佳发展以及与家长的交流	最佳发展

由表2-3可知，对幼儿发展的要求主要涉及运动技能（大肌肉和小肌肉活动、运动兴趣）、卫生习惯（饭前便后要洗手）、生活习惯（早起或午睡习惯、独立进餐、饮食习惯）、生活自理（相适应的独立性、自理能力）、语言能力（用语言表达感情和思想）、认知水平（探索环境）、学习习惯（参与游戏、发起游戏活动、创造性活动、自我意识）、交往习惯（儿童的合作、社会能力、儿童之间的交往、自我价值感）和文明礼貌（亲社会行为、相适应的社会性行为），可见，美国幼儿园较为注重幼儿运动技能、生活习惯、生活自理、学习习惯、交往习惯和文明礼貌的培养，不太强调幼儿认知水平的教育。

(2) 美国小学一年级"学生成绩报告单"的主要内容

美国小学一年级"学生成绩报告单"一般由3部分组成，一是学科学习成绩，二是工作和学习习惯、学习和社交技能，三是教师评语和出勤情况。

① 学科学习成绩

开设学科有：语文、数学、历史（或社会科学）、科学、健康教育、体育、艺术，其中语文分听、说、读、写4个方面的评定等级为：优秀、平均水平、基本熟练、不熟练，其他学科评定等级为：优秀、熟练、基本熟练、不熟练，此外还有学习努力程度评价，其评定等级为：非常努力、持续努力、偶尔努力、不努力。

② 工作和学习习惯、学习和社交技能

工作和学习习惯评价的指标是：合理安排时间、独立工作、合理利用学习材料、工作细心整洁、按时完成家庭作业，评定等级为：好、持续做到、偶尔做到、做不到。

学习和社交技能评价的指标是：听从指挥、尊敬老师、团队合作能力、可信赖、有责任心、自律、恰如其分地解决冲突、能与同龄人有分寸地交往、有意义地玩，评定等级为：优秀、持续做到、偶尔做到、做不到。

③ 教师评语和出勤情况

美国一个学年一般有3个学期，教师评语每学期都有。出勤情况有3个等级：缺勤、全勤、迟到。

2. 美国儿童发展状况评价指标体系幼小衔接分析

笔者对美国幼儿园和小学的"儿童发展状况评价指标"进行对比分析（见表2-4），试图从中找出规律性。

表2-4 美国幼儿园和小学的"儿童发展状况评价指标"对比表

指标	幼儿园的要求	小学的要求
运动技能	大肌肉和小肌肉活动、运动兴趣	体育
卫生习惯	饭前便后要洗手	健康教育
生活习惯	早起或午睡习惯、独立进餐、饮食习惯	健康教育
生活自理	相适应的独立性、自理能力	独立工作、工作细心整洁
语言能力	用语言表达感情和思想	语文
认知水平	探索环境	数学、历史（或社会科学）、科学、艺术
学习习惯	参与游戏、发起游戏活动、创造性活动、自我意识	合理安排时间、合理利用学习材料、按时完成家庭作业
交往习惯	儿童间合作、社会能力、儿童之间的交往、自我价值感	听从指挥、尊敬老师、团队合作能力、恰如其分地解决冲突、能与同龄人有分寸地交往、可信赖
文明礼貌	亲社会行为、相适应的社会性行为	有意义地玩、有责任心、自律

表2-4显示，幼儿的运动技能、卫生习惯、生活习惯、语言能力和认知水平5个方

面的幼小衔接路径非常清晰,由幼儿园对儿童的点滴要求到小学对儿童的学科教学和测评。而生活自理、学习习惯、交往习惯和文明礼貌4个方面的幼小衔接则是以评价指标加上评价者观察的方式实现的,但是仔细分析起来,指标的内涵要求有明显不同,主要表现在:一是幼儿园对幼儿的要求比较抽象和笼统,而小学的评价指标比较具体和明确。从表2-4中不难看出,"生活自理"指标由"相适应的独立性、自理能力"过渡到"独立工作、工作细心整洁","学习习惯"指标由"参与游戏、发起游戏活动、创造性活动、自我意识"过渡到"合理安排时间、合理利用学习材料、按时完成家庭作业","交往习惯"指标由"儿童的合作、社会能力、儿童之间的交往、自我价值感"过渡到"听从指挥、尊敬老师、团队合作能力、恰如其分地解决冲突、能与同龄人有分寸地交往、可信赖","文明礼貌"指标由"亲社会行为、相适应的社会性行为"过渡到"有意义地玩、有责任心、自律能力"。二是幼儿园对幼儿的要求是隐含在幼儿园教育质量评价指标之中的,没有提出单独的评价指标体系,而小学对儿童的要求是以具体和明确的指标体系呈现的,教师每学期要对儿童进行评价,并且其结果要作为档案保存。三是小学对儿童的要求明显高于幼儿园,除学科教学和测评外,其他方面主要侧重于学习习惯和交往习惯。表2-4显示,幼儿园对儿童独立性的要求一般局限于生活,而小学则要求儿童工作要独立。根据马斯洛(A. H. Maslow)的五层次需要理论[①],幼儿园和小学对儿童独立性的要求由"生理和安全"层次上升为"自我实现"层次,幼儿园对儿童学习习惯的要求主要指游戏学习习惯的养成,而小学则要求儿童养成良好的学科学习习惯,幼儿园强调儿童间的交往与合作,而小学除了注重儿童的交往与合作之外,还要求儿童要"恰如其分地解决冲突"和"可信赖",在文明礼貌方面,幼儿园从感情上要求儿童要有"亲社会行为",而小学则从理性角度要求儿童"要有意义地玩、有责任心、自律"。

3. 讨论与探索

由上述分析可知,美国幼儿发展状况评价指标体系幼小衔接还是比较顺畅自然的,由隐性、笼统和较低的要求过渡到显性、具体和较高要求的评价指标,由单一的观察评价方式过渡到学生学业测评与行为观察评价相结合的方式,由只是导向工作人员的教育行为过渡到对儿童表现的评价结果以档案形式保存。但是,笔者认为幼

---

① 陈孝彬,高洪源.教育管理学[M].北京:北京师范大学出版社,2008:50.

儿发展状况评价幼小衔接的良好运作,还至少与以下3个因素有关。

(1) 教育思想

所谓教育思想,就是对教育现象的理性认识。主要包括教育主张、教育理论、教育学说等,反映在各种著作、言论、决策和活动中。① 符合社会发展需要和教育自身规律的教育思想对教育的发展、社会的进步起促进作用,不符合社会发展需要和教育自身规律的教育思想,则起阻碍作用。对于幼儿发展状况评价幼小衔接来说,教师的教育思想起着重要作用。美国小学许多学科的课堂教学组织形式是小组式的,以活动化的教学形式鼓励学生发挥自主性、积极性和独立性。教师总是给每个孩子提供思考、创造、表现及成功的机会,总是尽最大努力使课堂教学给学生带来欢乐、激奋和成功。无论教师讲什么内容,讲到哪里,学生都可以随时举手打断,提出自己的问题,而老师则不厌其烦地进行指导并鼓励他们自己动脑思考找到解决问题的办法。学生真正成了学习和活动的主体。家庭作业也注重这一点,一般没有固定的标准答案,需要孩子自己去寻找资料,或根据要求自己编题,然后通过独立思考,发挥想象力、创造力来完成作业。② 可见,美国小学教师在教育实践活动中展现出的小组形式、活动教学、学生主体、欢乐学习、体验成功、动脑思考、积极质疑、想象创造、独立自主的教育思想能够较好地与幼儿园对接。

(2) 教育制度

教育制度是一个国家各种教育机构的体系。包括学校制度(即学制)和教育行政机构体系。③ 美国的幼儿教育主要是指针对0~8岁儿童进行的教育。年满5周岁的幼儿可以免费进入学区内小学附设的幼儿园就读,幼儿园与小学1、2年级形成"K-2"学制,是美国幼教的一大特色。此学制使幼儿园教师与小学教师得以在幼小衔接阶段,在课程设计、教学形式的选择与环境创设上考虑幼儿身心发展的特质,提供许多相互观摩、协调与沟通的机会。④ 与此同时,不少小学实行包班制,一包就是一年,什么课都教,而且办公桌也放在教室里(无专门的办公室),老师整天与孩子们在一起,朝夕相处,打成一片。学生作业随交随批,问题随提随答,教师随时可以对

---

① 顾明远.教育大词典(简编本)[Z].上海教育出版社,1999:243.
② 许新海.美国小学教育考察[M].南京:南京师范大学出版社,2001:3.
③ 顾明远.教育大词典(简编本)[Z].上海教育出版社,1999:259.
④ 许艳.美国幼小衔接的经验及启示[J].教育探究,2009,(4).

某一个学生进行指导和帮助,使个别教育的优势得到了充分体现。① 在这种情况下,教师对所教的孩子非常了解和熟悉,对他们的发展状况评价较为客观。另外,美国的高中和大学招生制度注重学生的平时成绩(GPA)和创新能力,并且社区学院的入学门槛较低,学生想接受高等教育,只要高中毕业都能如愿以偿,较低的学费和学院与高校之间的互认,给学生提供了良好、宽松、灵活、低廉、易得的学习和深造机会,同时也为幼儿园、小学和中学教育的平稳过渡创造了良好的条件。

(3) 教育环境

教育环境是为培育人而有意识地创设的情景。一般可分为家庭教育环境、社会教育环境和学校教育环境。② 在幼儿发展状况评价幼小衔接中,教育环境起着非常重要的作用。美国家庭在孩子成长过程中常常营造爱护、尊重、自然、鼓励、表扬、减压、民主的环境,看重孩子的个性发展,尊重孩子的看法,注重孩子能力的锻炼,侧重对孩子的鼓励和表扬。③ 这种家庭环境对儿童的幼小衔接将起到积极的促进作用。美国的高中和大学招生以及社区学院制度使每个学生都处于"只要想学,就有机会和能力进学校学习"的环境,从某种意义上说,这是一种具有学习型社会特征的社会环境。美国幼儿园和小学的教育环境有着极其相似之处,小组形式、活动教学、欢乐学习等是它们共同的教学特征。小学已实行分科教学和"包班制",教师什么课都教,这不代表学校不重视儿童知识的学习,反而说明学校不把向儿童传授知识放在极其重要的位置,而是注重儿童学习能力和交往能力的培养。一旦儿童具备了这些能力,在美国整个教育系统中,学生要获取知识和技能的机会是处处存在的,不会因为一次重要的考试没有考好而影响自己的人生前途。可见,美国学校教育环境遵循儿童成长的规律,能够较为科学地促进儿童顺畅自然地渡过各个学习阶段。

第二节 幼儿园教育质量评价现状调查的问卷设计

在文献研究成果和访谈调查信息等的基础上,编制幼儿园教育质量评价现状调查问卷。这里阐述的文献研究成果和访谈调查信息也是制定幼儿园教育质量评价

---

① 许新海.美国小学教育考察[M].南京:南京师范大学出版社,2001:4.
② 顾明远.教育大词典(简编本)[Z].上海教育出版社,1999:223.
③ 邹毅琴.中美家庭教育差异对儿童创造力培养的启示[J].江西教育,2009,(16).

标准的重要依据。

一、文献研究的启示

本研究可以从文献综述中得到以下几方面的启示：一是从评价标准来说，其指标体系一般由客观性指标(比如园(所)的环境、设备和保教人员的学历结构等)和主观性指标(比如园(所)的管理、教育和保健水平等)组成，配备的评定标准类型绝大多数是评分标准。二是从评价存在的问题来看，主要包括评价标准过于抽象笼统，可操作性差，关注园(所)管理评价，轻视班级教育工作评价，评价主体单一，主要由政府行政人员担任，在评价方式上重视量化评价，忽视量化与质性评价的整合，缺乏家长对于幼儿园教育质量评价工作的参与，对验收评价的信度和效度缺乏监控等。三是从幼儿发展状况评价指标体系的幼小衔接来谈，我国还是比较顺畅自然的，由直观、感性和较低的要求过渡到具体、理性和较高要求，由单一观察评价方式过渡到学科考试与行为观察评价等相结合的方式，由倡导形成性评价过渡到强调把形成性评价与终结性评价结合起来，由只导向保教人员教育行为的评价结果过渡到要对幼儿的表现以档案形式保存的评价结果等。

二、访谈调查的信息

2010年12月—2011年1月，在上海市随机抽取4所幼儿园并分别对这4所幼儿园的园长(4名)、保教人员(18名)、幼儿家长(32名)以及上海市教委基础教育处的领导(1名)进行了访谈调查，了解幼儿园教育质量评价的现状。

(一)教育行政部门领导访谈信息整理

1. 问：您认为目前上海学前教育存在的主要问题是什么？

答：整体上说，主要是入园矛盾问题。2007年上海生育高峰，每年有16～17万人口出生，这些儿童在2010年满3周岁，刚好入园，造成入园高峰。但是，上海在2007年制定了学前教育3年规划，在一定程度上缓解了这种矛盾。现在能保证上海户籍儿童入园。具体有以下4方面的主要问题：

(1)资源问题。资源分硬件资源和软件资源。硬件上今后3年缺40～50所幼儿园，30万平方米的用地，软件资源主要是师资缺乏，每年大约缺1000～2000名老师。

（2）社会各界对幼儿教育看法不一。家长希望幼儿教育课程化，但幼儿教育本身是培养幼儿生活习惯和社会习惯，不以教书和升学为目的，这是存在于幼教发展中的矛盾。

（3）外来人口子女入园问题。对此上海放宽政策，兴办三级幼儿园解决外来务工人员子女的入园问题，但这种幼儿园都是民办的。

（4）保教人员编制问题。幼儿园是保教结合的，现在只能解决教师的编制问题，保育员的编制一直得不到落实，导致保育质量下降。现在的应对措施有：后勤、人事代理、后勤公司管理等社会化，但各区有所区别，还有待探讨。

2. 问：您认为幼儿园的教育质量应该体现在哪些方面？

答：幼儿园的教学和评价与中小学不同，主要是幼儿的身心健康。现在对幼儿园的评价主要是幼儿园分等定级（一级、二级、市级示范性幼儿园也属于一级）验收。质量体现在：

（1）幼儿园的分等定级一定程度上体现了幼儿园的质量，

（2）园长的领导力、教师的水平和教学管理的规范性、有效性（育儿观"蹲下来看孩子"等），

（3）家园活动和亲子教育。通过幼儿园与家长的互动，使家长更了解幼儿的发展状况。

3. 问：你们以前组织过幼儿园教育质量评价活动吗？若有的话，请您谈谈。

答：教委开展的评价活动主要是分等定级，委托给教育评估研究院和市托幼协会进行。一级幼儿园一年两次，上、下半年各一次，市级示范性幼儿园每年一次。

4. 问：您是否赞同"幼儿道德"这种提法，若赞同，幼儿道德主要表现在哪些方面？若不赞同，请谈谈理由。

答：不赞同这种提法。幼儿教育主要是让其养成健康的生活习惯，通过培养社会习惯（如学习交通规则等），使他们融入社会。教育方式主要是主题活动感知，而不是说教，没有系统性。幼儿也是存在道德问题的，如什么该拿、尊老、尊师等，但是，主要是通过体验认识，幼儿道德的提法不大符合实际。

5. 问：教育督导机构对幼儿园进行过哪些督导评价工作？若知道的话，请谈谈。

答：现在的督导工作分两种：一种是教委督导室进行督导，这是政府督导，主要对区县行政落实政策情况进行督导。另一种是督导室下属的督导事务中心进行督

导,除了行政方面以外,还会涉及对幼儿园的督导。

6. 问:您认为有必要开展幼儿园教育质量评价活动吗?若有必要,常规化开展此类活动可能遇到的最大困难是什么?

答:非常有必要,也一直在做。对于幼儿园教育质量的评价方式,除了统一的分等定级之外,还有幼儿园自制教学玩具评选、教师教研比赛等,都是与幼儿园教育质量有关的评价活动。常规化评价存在的困难有:

(1) 评价人员组成。目前的评价活动由一支专家团队指导,社会各界的专家都有,但评价时间长了之后,人脉关系就形成了,从而影响了评价的质量和公正性。

(2) 评价指标。各个时期的幼教情况不一样,应在评价指标中体现当时情况,突出主要方面以及教学指标的周期性变化。

(3) 避免评价和收费之间的关联。

7. 问:在您的心目中,一所好的幼儿园应该是怎样的?

答:第一,级别还是首先要考量的,第二,幼儿的形态和幼儿的评价(如幼儿园小朋友是否活泼、生活习惯怎样等等),第三,教师教学活动是否以幼儿为本,从园长到教师是否能够贴近幼儿思考,第四,园本文化建设。总之,对幼儿园来说,教师比级别重要。

(二) 园长访谈信息整理

1. 问:您的办园理念是什么?

答:培养幼儿良好的个性、能力和行为习惯,微笑服务,一切为了孩子,在依法办园,以德治园的前提下,通过以人为本的管理体制,培养一支合格的、具有一定专业水平的教师队伍,让幼儿学会娱乐,学会学习,学会劳动,学会生活,促进其全面发展,尝试新的东西,我们是来自不同国家的朋友,是最好的,互相分享,互相帮助,寓教于乐。

2. 问:请谈谈您的工作目标是什么?

答:保证幼儿园招生工作顺利开展,开设特色课程,能够准确贯彻执行二期课改精神,确保幼儿安全第一,提高课程和保教质量。帮助幼儿学习,如帮助幼儿学习汉字、数字、英文等,帮助幼儿顺利成长并过渡到小学生活,即幼小衔接,民办幼儿园往往侧重迎合幼儿家长的需要,中国家长对孩子学习方面要求严格,如强调学后要考级,而国外家长要求让孩子学得快乐即可。

园务工作:(1)办园条件(园里绿化情况、保教专用教室、学生玩具、图书、后勤设备等),(2)人员配备(教师必须要有上岗证,师生比 1∶5、小班一般 25 人、中班一般 30 人、大班 35 人)。

园所工作:(1)园所管理(三年规划、园务计划、教代会),(2)家教、社区、家委会。

保教工作:(1)教研工作,(2)学生作息,(3)卫生保健。

3. 问:您认为幼儿园的教育质量应该体现在哪些方面?

答:教师素质(如行为习惯、言谈举止、处理事务能力等)、环境因素(如幼儿英语学习环境)、幼儿之间的相互影响、师资队伍(教师专业能力,保育员)、园长的管理能力、学校硬件设施(其中安全最重要),让孩子学会做人,学会读、写。

4. 问:在幼儿园里,您心目中的好孩子是怎样的?

答:幼儿具有优秀的品德最为重要,并且要有较好的适应能力,身心健康,愿意表达,快乐,并形成良好的行为习惯和态度、有礼貌,关心他人,与他人合作。

5. 问:您以前遇到过幼儿园教育质量评价活动吗?若有的话,请谈谈看法。

答:遇到过。上海市颁布了《上海市幼儿园保教质量评价指南》,学校自己有关于教育质量评估的手册,内容包括 4 个部分:生活、学习、运动、游戏。

6. 您所在幼儿园开展过哪些教育评价活动(如教师教学评价、幼儿教育质量评价、教师工作考核等)? 若有的话,请分别谈谈。

答:开展过。有教师教学评价,如教师开放课程、教师互相听课评课,有教育环境评价,如定期检查"区""角"和大活动开展情况,有教师工作考核,如侧重对个别教师指导、引导和鼓励,民办幼儿园往往对教育方面抓得不是特别紧,主要迎合家长需要,为幼儿及家长提供人性化服务,幼儿教育质量评价,包括 4 个板块:生活、学习(集体教学、个别教学)、游戏(自主性游戏、学习性区域游戏:注意情景性、层次性、多功能性)、运动(室内运动和户外运动),教工每月考核。

7. 您所在幼儿园有哪些已经制度化和日常化的教育评价工作? 它们对教育工作有何促进?

答:有针对教师的考核,规范教师的教学行为。但是,表格上的具体考核要求比较硬性,作用不是很大,主要还是需要规章制度。

8. 问:您是否赞同"幼儿道德"这种提法,若赞同,幼儿道德主要表现在哪些方面? 若不赞同,请谈谈理由。

答：赞同。幼儿道德主要表现在幼儿的品德方面，如培养幼儿良好的行为举止、良好的待人处事能力等，把"幼儿道德"等价为"幼儿品德"，幼儿品德主要表现在相互合作、谦让、尊敬长辈、友好、感恩，培养幼儿品德不提倡通过故事来说教。

9. 问：作为幼儿园园长，在管理幼儿园过程中您遇到的困惑是什么？

答：遇到的最大困惑是：作为园长而不是民办园的老板，自己严重缺乏自主权，比如没有财权，激励机制也不足，民办幼儿园师资的稳定问题，教师缺乏学习机会，教师培训较少等，作为二级幼儿园，调动教师的工作积极性，工作状态比较重要，特别是40～50岁教师的工作积极性，办园理念、目标，尤其是年轻园长，要把日常工作落实到位有点困难，家园沟通，家长对孩子的重视。

10. 问：上级教育督导机构对您所在幼儿园进行过哪些督导评价工作？若有的话，请谈谈。

答：新办园2～3年左右时间，接受区里的评级工作，我们民办园被评为二级乙类，复评工作还没有进行，个人感觉上级对我们的督导工作主要还是按照公办幼儿园模式来要求，没有考虑到民办幼儿园的特殊情况，因而作用不是特别大。

11. 问：在幼儿园里，您认为幼儿学习活动主要有哪些？他们的学习成绩如何评价？

答：幼儿学习活动主要有：(1)课程学习活动，包括语言学科、计算机、美术等学习活动，(2)体育学习活动，主要是采用游戏的形式。幼儿学习活动包括6门课程（综合课程）：语言、英语、数学、科学探索、运动、美工。学习成绩通过宝宝成长发展手册和家园联系手册反馈，主要采用定性评价，分为好、较好、一般、差4个等级。

基本没有专门针对幼儿学习成绩的评价。我们有每月评估表，用鼓励性的语言对孩子表现予以评价。

12. 问：您是如何看待幼儿园教育质量评价的，它在幼儿园可持续发展中起着怎样的作用？目前你们是如何操作这种评价的，使用的评价指标体系是什么？有何利弊？希望政府部门对于幼儿园教育质量评价给予哪些支持？

答：幼儿园需要教育质量评价，但是，重要性程度不是特别高。因为我们主要是培养幼儿良好的行为习惯，让孩子学会学习并在游戏中快乐地学习。我们暂时没有具体的评价指标体系，所以希望政府部门为我们提供一套完整的评价指标。幼儿园教育质量评价在幼儿园可持续发展中起着监控指导的作用。根据上海市幼儿园质量评价指南、徐汇区幼儿园规范、科技幼儿园手册等进行评价。因为纲要太多,导致教师不知道重点,具体措施不清晰。

13. 问:在您的心目中,一所好的幼儿园应该是怎样的?

答:一所好的幼儿园可以让学生学到知识、塑造个性、养成良好行为习惯、学会生存和人际交往。总之,应该达到幼儿各方面的教育目标。同时,还要为教师提供良好的发展平台,激励和稳定师资力量。课程实施符合规范,有自己的特色。教师工作的积极性高,能从工作中得到乐趣。孩子愿意到园里来,快乐地学习,学生均衡发展,家长信任幼儿园。

(三)教师访谈信息整理

1. 问:您是以什么理念教育幼儿的?

答:以教育指导思想为基准,坚持幼儿园本园特色目标,重视学生智商的培养,但更注重幼儿的情感培养,重视德育,教导幼儿做人,有耐心,等待孩子长大,不拔苗助长,给孩子机会,培养孩子的安全感,爱孩子,并给予平等的机会,爱与包容,一切以孩子为中心,根据孩子的年龄特点,使他们养成良好的生活、学习习惯,关心每一个孩子的发展,注意孩子的情绪,孩子学得开心,家长放心,注重孩子交际能力,尊重幼儿发展的培养,注重孩子个人能力和思维的培养。

2. 问:请谈谈您的工作目标是什么?

答:培养儿童的动手能力与想象力,用本园的同汇教材,给幼儿传授知识的同时坚持特色教育,及时与家长联系沟通,培养孩子交际能力,关心孩子,让孩子快乐成长,在玩耍过程中学习,平等看待每一个孩子,注重主题教育,认真开展教育活动,给每个孩子平等的机会,让孩子有更大的发展空间,教育教学工作有提升,培养儿童交际能力,孩子开朗活泼,让孩子在不同阶段(小班、中班、大班)学习到不同层次的知识,注重孩子学习习惯和生活习惯的养成,注重教育孩子的过程,尽心地教孩子,让家长满意,希望自己教的孩子能够上重点小学;多给幼儿教点知识;让孩子开朗些,将来能适应社会,教不同年级的孩子,做好自己的工作,不同的幼儿能学到不同的东西。

3. 问:您认为幼儿园的教育质量应该体现在哪些方面?

答:重点体现在教学和安全和学生情商培养方面,让学生将来能很好地适应社会。体现在德育以及孩子的交际能力方面,私立幼儿园更多体现在设施条件改善,空间利用和教师培训方面,孩子生活自理能力的提高,学习、认知和情感等技能,孩子学习习惯、生活习惯的养成,保教工作的质量,对于私立学校来说,主要体现在幼儿园环境、学生能力和办园水平。

4. 问:在幼儿园里,哪些方面(如教学环境、教师素质、教师教学等)对幼儿的成长影响较大,请您尽可能的一一列举出来,并按对幼儿成长影响由大到小排列。

答:家园共育、教师教学、教师素质、教学环境、家长素质、家庭环境、幼儿健康。

5. 问:在小班里,您心目中的好孩子主要有哪些表现?

答:小班:3～4周岁,基本体现不出什么好坏。只有生活自理能力、适应能力和情感依赖度的差别。情绪比较稳定,与同学友好交往,主动,乖巧,愿意表达,自理能力较强,生活习惯、学习习惯较好,听老师话就比较好了。

6. 问:在中班里,您心目中的好孩子主要有哪些表现?

答:中班:4～5周岁,人际交往能力较好,动手操作能力较强,可以做老师的好帮手,学习上自觉听话,理解能力较强,语言表达较好,学习习惯上更注重一点,孩子有了一些自理能力,听老师话,不打架。

7. 问:在大班里,您心目中的好孩子主要有哪些表现?

答:大班:在中班基础上提升,特别是为小学入学有知识上的储备,逐渐有独立自主的精神,通过做游戏、学拼音、学加减法等形式,开一些与小学有关的主题活动,孩子要进小学了,能掌握一定知识,又要有一定交际能力和合作能力,个人行为、性格、能接受挫折的程度,会表达自己的想法,开始思考自己的问题。

8. 问:您是否赞同"幼儿道德"这种说法,若赞同,幼儿道德主要表现在哪些方面?若不赞同,请谈谈理由。

答:赞同。幼儿道德可以在素质教育、情感教育等方面得到体现,这个阶段的儿童处于模仿期,因此需要幼儿道德。具体表现在不与人挣抢、谦让、礼貌、不大声喧哗等。现在独生子女很多,要教会孩子礼貌待人,学会分享,有同情心,尊重他人。赞同大班学生的这种提法,表现在孩子尊重老师和同学。

9. 问:在幼儿园里,您认为幼儿学习活动主要有哪些?他们的学习成绩如何评价?

答:幼儿活动主要有主题教学、特色课程教学、英语教学、特色教材教学以及走、跑、跳等运动。学习成绩评价主要通过家长联系册、每月评语、教师和教研组长随机测评,语言、音乐、科学、运动、美工、数学,不对孩子的成绩进行评价,对能力弱的孩子表示鼓励,建议家长与幼儿园多沟通、交流,对孩子的评价没有分数,只有家长联系手册、每月评语,还有学生作业本上老师会写上孩子一天的状况,幼儿学习活动是一个多元的综合课程,包括语言、数学、人际关系、手工、小组互动、角色扮演等,国际学校还有专门的口语测试。

10. 问:小班阶段对幼儿的运动技能有何要求?

答:小班:基本参与走、跑、跳、爬、单杠、单脚往上跳、等简单平衡运动等。

11. 问:中班阶段对幼儿的运动技能有何要求?

答:中班:个人活动为主,小组活动开始增多,如排球、跳绳、倒立、走平衡木等。

12. 问:大班阶段对幼儿的运动技能有何要求?

答:大班:集体性游戏增多、合作要求增多,如接抛球等,耐力、速度、竞赛性游戏,在运动中学会合作,立定跳远,倒立时间更长,国际幼儿园有体育课,有专门的体育老师,每天都有一个小时的户外活动时间。

13. 问:在幼儿园里,有心理不健康的幼儿吗?若有的话,他们的表现是什么?大致的比例有多少?

答:有。表现为孤僻、自闭、有暴力倾向、漫无目的、脱离群体、咬人、抓人、仇视别人。在大约20人左右的班级一般只有一到两个幼儿有这种现象,有的班级没有。

14. 问:从小班到大班,幼儿在哪些方面成长较快?变化较大?

答:幼儿在思维能力、数字概念、生活自理能力和动手能力有很大发展,孩子的主见增强,自主性、合作性、运动量、运动技能、责任心,交际能力也有明显提高,语言表达能力、独立能力、合作性、接受能力、手部技巧和注意力得到增强,思维能力得到提高,知识得到增长。

15. 问:您以前开展过幼儿园教育质量评价活动吗?若有的话,请谈谈您的看法。

答:有。内部评价较多,外部每3年有验收,对幼儿园进行整体评估,如设施、环境、教师方面等。这种评价对幼儿园的整体改进有帮助,促进了教师教学水平和幼儿园质量的提高。内部有家长问卷调查,但是这种评价方式是有局限的,可能对教师不公平,科学性不强。每个月开展教育教学活动和技能性比赛,教师之间进行听课和评课,年级组长评价教师,幼儿园之间开展的交流活动。

16. 问:您所在幼儿园开展过哪些教育评价活动(如教师教学评价、幼儿教育质量评价、教师工作考核等)？请分别谈谈。

答:开展过教师教学评价,如教师的教态、目标设置、主题选择、互动环节、材料准备、课前准备等。开展每月亮点、大教研、小教研活动,技能比赛、教师之间互评、听课。开展一些课程讨论和课程介绍,一年举行2次,老师每个星期要交教学计划。

(四)家长访谈信息整理

1. 问:家长与幼儿园平时有哪些联系？

答:平时和老师有电话联系和家园联系册,有问题和老师当面沟通,平时都是由我直接接送孩子,所以有什么事情我都会直接跟幼儿园老师或办公室联系,我偶尔接送孩子,参加幼儿园的开放日活动。通过家园联系手册可以了解孩子在幼儿园的表现,家园联系手册用来沟通孩子在幼儿园以及家里的日常学习和生活情况,幼儿园通过发放通知以及墙报、电话等方式来进行有效的沟通,电话联系、见面沟通、媒介沟通(比如通过孩子传递纸条信息)。平时我们会和老师短信、电话联系,还有用家园联系手册来联系,通过幼儿园网站、家长会、亲子活动、老师家访、幼儿园公告栏和联络本来联系,如有比较紧急或不明白的问题通过电话或放学接孩子时直接与老师当面沟通,通过家长会与相关老师或园长直接交流沟通。

2. 问:您认为幼儿园的教育质量应该体现在哪些方面？

答:教育质量体现在教学环境、幼儿发展状况等方面。幼儿园的孩子说大不大、说小不小,在注重教学的同时,我觉得也应该注意孩子们的身心发展,寓教于乐,让孩子在一个轻松愉悦的环境里汲取知识。幼儿园的教育质量应该体现在以下几个方面:孩子的综合素质、对知识的渴求程度、性格的改善情况和生活能力提高程度。对幼儿的素质教育、能力培养等,软件方面:幼儿园的办学理念、教师专业素养、对幼儿日常生活的护理、课程设置等,硬件方面:幼儿园的场地情况、活动空间、教学器具等,幼儿园的教育质量应该体现在孩子的综合素质培育上:孩子的品德教育,让孩子学会做一个文明人,技能教育,如教会孩子识字、绘画、弹琴、人际交往、创造开放、动手能力等。作为家长,比较关心幼儿园的饮食状况,老师对小孩幼小心灵的有效启发,保护和适当惩戒的掌握,小孩德育、美育、性格的培养以及能否对小孩因材施教。幼儿园的办园理念,办一所怎样的学校,把孩子培养成什么样的人,提供给孩子喜欢的集体生活环境,不仅仅是教学设施、饮食卫生等硬件的水平,更重要的是软件,可以让孩子们自由展示其个性,同时给予孩子情操方面的指导,幼儿园应该发现和培养孩子的学习热情、好奇心、创造性和兴趣爱好,能提供一个适合幼儿的知识启蒙,比如动手能力、音乐舞蹈、逻辑等。保教人员的素质,坚持幼儿全面发展的宗旨,重视教育环境管理,保证幼儿身心健康。家园同步,应定期向家长开放,请家长参与幼儿园的教育活动。孩子的团队意识、纪律性以及德育、智力开发、良好行为习惯培养等方面,幼儿园教育质量应该体现在让孩子智商和情商同时获得良好培养。

3. 问:您平时配合幼儿园对孩子进行教育吗?若有的话,请谈谈。

答:经常配合幼儿园老师共同教育,如帮助老师收集教学资料、教具和幼儿需要的物品等。我平时在家对孩子的教育抓得不是很紧,孩子大班了,因此紧迫感逐渐大起来,适当加强教育还是很必要的,现在正在循序渐进地配合幼儿园教学,我平时会配合幼儿园对孩子进行教育,如孩子回家后听她讲幼儿园发生的事情等,作为家长都会告诉她正确的观点。有配合,如幼儿园要求的口头作文需要我们家长一起来配合,家长会之后,会根据老师提出的要求在家里有意识地对孩子进行相关教育,同时也会根据每天作业情况发现孩子的长处与不足,从而帮助改进。对于老师每次发的通知,我们都会积极认真配合,老师布置的各项任务也会协助孩子来完成。孩子中班时参加新年歌会,我作为家长代表第一个表演节目,调动孩子的积极性,经常登录幼儿园网站了解幼儿园动态,配合幼儿园体育方面的培养,经常带孩子拍皮球、跳绳等。幼儿园的老师经常会结合一些时事热点对孩子进行教育,当孩子回来讲述时,家长也会及时配合学校的教育对孩子进行再教育,如前段时间的"11.15"事件。如孩子当天在幼儿园与其他小朋友发生矛盾后,先会跟老师了解相关情况,再配合老师对孩子进行说服教育,也教孩子识字、阅读、思维练习和参加课外教学活动等。

4. 问:通过幼儿园的教育,您期望孩子在哪些方面得到提高?

答:希望孩子身体健康,各方面均衡发展,德、智、体、美等得到全方位提高。我的孩子自二岁半就放进幼儿园,是期望增强她的自理能力、自信心、团队合作精神、丰富知识技能,期望孩子的认知能力、综合素质、性格、体格等各方面都能有所提高或改善,沟通交往能力、动手能力、运动能力、生活自理能力、思维创造能力等有所提高,有集体观,通过幼儿园教育,我希望孩子的情商和智商都有所提高,加强小朋友之间的团结友爱,互帮互助,有效沟通。希望能提高孩子的道德品格方面,提高团队意识、学习方法,提高自主表达能力。期望孩子能掌握相关课堂知识,学会自己做力所能及的事情,学会群体相处,遵守简单规则、开阔眼界。

5. 问:您的孩子进了幼儿园后,哪些方面得到了明显提高？哪些方面几乎没有变化？

答:生活自理能力得到很大提高,认字、自理、动手、协调、合作方面都有提高,认知能力、生活自理、自立能力有明显提高,性格方面几乎没有变化,应该说幼儿园对幼儿的教育起到了很大的作用,如吃饭、睡觉等生活习惯的培养,各种文化知识的教育,溜冰、钢琴等能力有显著进步,对幼儿的道德教育也有很大作用,生活自理能力、语言水平、思维能力等都有所提高,动手能力还相对较弱。语言表达方面提升最为明显,孩子的动手能力、坐姿、语言沟通能力、性格培养、按时作息、衣物摆放等方面有明显提高,适应了集体环境,有了一定的独立性,表达能力以及与小朋友的交流能力有明显提高,孩子的自信心也有很大提高,进步不是很大的方面主要是孩子上课集中注意力,在遵守秩序和学习兴趣方面有所提高,在语言表达方面,中文和英文都有明显提升,但是孩子的动作速度还是很慢,几乎没有改进。

6. 问:您认为家庭在哪些方面对幼儿的成长影响较大？

答:家庭和睦、幸福对孩子成长发展影响较大。一个家庭的和睦与融洽、欢声笑语,对幼儿的成长影响很大,家长的性格、综合素质、感情是否融洽、对孩子的表扬和批评方式、在家中的行为表现、对孩子的重视程度、与孩子的沟通方式等;家庭环境和家长性格;良好的家庭氛围、家长的言谈举止、完整的家庭结构等。家庭教育对孩子影响很大。家庭环境是否温馨和谐,家长是否能够跟进时代发展都很重要,家长身体力行的榜样作用,对孩子在遵守公共秩序、学习习惯、兴趣培养、是非观、价值观、心理健康等方面的影响较大,家长做人方面对孩子影响较大。

7. 问:幼儿园是否邀请家长评价教师教育工作,若有的话,您是通过哪些途径了解教师教育工作并进行评价的？

答:有评价。通过问卷的形式对教师进行评价,每天与老师正面接触与交流,非常了解老师的能力水平。幼儿园每学期采取无记名投票的方式,让家长评价,评价结果应该也是很真实的。也可通过孩子的言语转达、行为及进步情况等了解认识老师,通过与老师的沟通以及与孩子的沟通,通过公开课、孩子的反馈以及自己的观察进行评价。幼儿园有家长问卷调查来对教师和幼儿园做评价,家长可通过幼儿园网站、孩子平时带回家的作业、手工、画画作品、家长会、家访等形式来评价教师教育工作。幼儿园也会邀请家长委员会的家长参与教育评价并每学期组织家长参加公开课,让家长了解孩子在校的表现情况,同时也了解老师的教育方式和方法。

8. 问:在影响幼儿成长的因素中,您认为家庭和幼儿园各自占的比重是多少?

答:家庭和幼儿园各占50%。

9. 问:在家里,哪些方面(如家庭环境、家长素质、家庭教育等)对幼儿的成长影响较大,请您尽可能的一一列举出来,并按对幼儿成长影响由大到小排列。

答:家庭环境、家庭教育、家长素质;家庭教育、家庭环境、家长素质;家长素质、家庭环境、家庭教育、家庭对孩子教育方面的投资情况;家庭环境、家长素质、家庭教育;家庭环境、家庭教育、家长素质、家长的价值观和道德观;家长素质、家长的生活习惯、家长待人接物的方式、家庭民主程度、家庭教育、个人的是非观、价值观、家庭环境、家庭经济情况;家庭和睦、家长文化素质、家长对子女提出的问题是否能具体解答将会在孩子心目中留下深刻的印象、家中学习氛围、家长个性;家庭教育方式和理念、家庭教育、家长素质、家长处事方式、家庭资源;家长的言传身教。

10. 问:在您的心目中,一所好的幼儿园应该是怎样的?

答:一所好的幼儿园应该是孩子今后学习与生活发展的启蒙地,培养孩子集体生活习惯、团队协作精神的教育场所,老师要以一种爱的心态培育孩子,而不是简单的教条和规矩。一所好的幼儿园应该拥有一批良好的师资,在传授知识的同时,更能提高幼儿的情商,幼儿园应该富有责任心和爱心,以幼儿的实际需求为工作目标,让孩子们爱上幼儿园,这是幼儿园最大的成功。一所好的幼儿园应该能让孩子喜欢,如孩子喜欢老师、同学和幼儿园的饭菜等,能让孩子在玩耍中培养认知和兴趣,能注重培养孩子的综合素质和性格,一所好的幼儿园应该关心幼儿各方面的素质和能力。经常与家长沟通,老师的素质尤为重要,每位老师都必须有颗爱幼儿的心;一所好的幼儿园应该具有良好的设施、场地、师资力量以及管理水平,孩子在幼儿园能开心、健康地成长,教师有爱心、耐心,寓教于乐,孩子在幼儿园能够获得多方面的发展。好的幼儿园应该做到教师心中有孩子,这一点最为重要,如果幼儿园人文环境和物质环境都好,就更加完美了。一所好的幼儿园就是一块欢乐的净土,可以充分发挥孩子想象力的快乐窝,有温馨童真的教室,充满爱心、威严的老师,小朋友之间团结友爱,互相帮助,老师在潜移默化中将道理告诉孩子们。一所好的幼儿园不仅要关心孩子,还要了解孩子的成长环境,最好能够经常主动和家长联系,适当地给孩子安排一些兴趣活动班,这样省得家长周末还要带孩子到外面去上课,一所好的幼儿园首先要有比较好的硬件设施,有孩子们学习、活动、休息的专用教室,有一群富有童心、爱心的老师,最重要的是孩子每天能高高兴兴地上学,开开心心地回家,回家后不停的说着学校发生的事,还要有良好的口才。好的幼儿园应该是爱孩子的,也是孩子爱的,好的幼儿园应该让家长感到满意,让孩子乐于上学,可以让孩子在平时劳逸结合,既能学习知识又能开心游戏,寓教于乐,一所好的幼儿园必须有为人师表的好老师,有爱心和责任心,对每个孩子平等对待,才能更好地树立幼儿园的形象,而不是只靠外观等吸引眼球的东西。一所好的幼儿园应该教会孩子如何做人,教育孩子学会分享和感恩,有素质良好并有耐心的老师,有可供选择种类繁多的特色课程、有安全和先进的设施,一所好的幼儿园应该有良好的风气,良好素质的教师,孩子在幼儿时期养成良好习惯比学到知识更为重要,孩子人格、习惯的培养需要好学校、好老师的教导,一所好的幼儿园应该是给孩子一生打下良好基础的源头。

三、调查问卷的设计

综合文献综述和访谈信息,设计了"幼儿园教育质量评价现状调查"的"教师问卷"和"家长问卷",其内容主要涉及3~6岁幼儿比较重要的需求、教师的教育理念、家长的期望和教育方式、幼儿园教育质量的主要体现、影响幼儿园教育质量的主要因素等。对幼儿园教育质量评价内容的调查,主要基于笔者对幼儿园教育质量评价概念的理解。为此,我们在幼儿园经常开展教育评价活动,调查对幼儿园分等定级评价活动的认同度、被调查者心目中满意的幼儿园的主要表现等。两张问卷的问题类型包括封闭式和半封闭式,不同问卷在一些问题的设计上有一定重叠,以利于相互印证。问卷初稿设计完成以后,为了确保质量,我们在一定范围内进行了试测,并做了修改和完善。

(一)教师调查问卷

1. 基本信息

(1)您的年龄是:(单项选择)

A. 20岁以下　　　　B. 21~30岁　　　　C. 31~40岁

D. 41~50岁　　　　E. 50岁以上

（2）您的教龄是：(单项选择)

　　A. 3 年以下　　　　B. 3~5 年　　　　C. 6~15 年

　　D. 16~25 年　　　　E. 25 年以上

（3）您的职称是：(单项选择)

　　A. 暂无　　　　　　B. 小教二级　　　C. 小教一级

　　D. 小教高级　　　　E. 中教高级　　　F. 特级

（4）您的身份是：(单项选择)

　　A. 教师　　　　　　B. 保育员　　　　C. 行政管理人员

（5）您目前所教年级是：(单项选择)

　　A. 小班　　　　　　B. 中班　　　　　C. 大班

　　D. 蒙氏混龄班

2. 幼儿园的教育质量

（1）您的教育理念是：(可多项选择)

A. 重视学生智商的培养,但更注重幼儿的情感培养

B. 爱与包容,一切以孩子为中心

C. 孩子学得开心,家长放心

D. 注重孩子个人能力和思维的培养

E. 帮助每一个幼儿在原有水平上得到提高

F. 培养幼儿的独立性和自力更生精神

G. 注重幼儿良好行为习惯的养成

H. 尊重不同幼儿间的差异

I. 重视德育,教导幼儿学会做人

J. 重视家长与学校的配合

K. 其他_____

（2）您认为 3~6 岁幼儿比较重要的需求是：(可多项选择)

　　A. 饮食营养　　　　B. 人际交往　　　C. 学习知识

　　D. 玩具娱乐　　　　E. 快乐游戏　　　F. 运动健身

　　G. 环境卫生　　　　H. 安全保障　　　I. 择校要求

　　J. 开心欢乐　　　　K. 其他_____

（3）您认为幼儿园教育质量主要体现在：（可多项选择）

A. 幼儿的认知水平　　　　　　B. 幼儿的语言表达能力

C. 幼儿的交际能力　　　　　　D. 幼儿良好的行为习惯

E. 幼儿的身体发育水平　　　　F. 幼儿的运动技能

G. 幼儿的生活自理能力　　　　H. 幼儿的各种考级证书

I. 教师的学历　　　　　　　　J. 教师的责任心

K. 教师的爱心　　　　　　　　L. 教育教学水平

M. 园内管理水平　　　　　　　N. 幼儿园环境质量

O. 伙食营养　　　　　　　　　P. 对幼儿生活照顾周到

Q. 幼儿健康检查和疾病防治　　R. 幼儿园的设施和玩具

S. 幼儿园的安全工作　　　　　T. 家园工作

U. 其他_____

（4）您认为影响幼儿园教育质量的主要因素有：（可多项选择）

A. 幼儿的先天条件　　　　　　B. 教师的学历

C. 教师的责任心　　　　　　　D. 教师的爱心

E. 教育教学水平　　　　　　　F. 园内管理水平

G. 幼儿园环境质量　　　　　　H. 伙食营养

I. 对幼儿生活照顾周到　　　　J. 幼儿健康检查和疾病防治

K. 家园工作　　　　　　　　　L. 幼儿园安全工作

M. 幼儿园的设施和玩具　　　　N. 家长的学历

O. 家长的职业　　　　　　　　P. 幼儿家庭的经济条件

Q. 家庭教育水平　　　　　　　R. 家庭生活环境

S. 园长水平　　　　　　　　　T. 其他_____

（5）您对自己所教（带）幼儿的表现感到：（单项选择）

A. 很满意　　　　　　　　　　B. 满意

C. 一般　　　　　　　　　　　D. 不太满意

E. 不满意

3. 幼儿园的教育质量评价

(1) 您所在幼儿园经常开展的教育评价活动有:(可多项选择)

A. 教师教学评价　　　　　　　B. 教师科研评价

C. 教师工作考核　　　　　　　D. 教工每月考核

E. 幼儿生活习惯评价　　　　　F. 幼儿运动技能评价

G. 幼儿学习评价　　　　　　　H. 幼儿品德评价

I. 自制教学玩具评选　　　　　J. 幼儿园环境评价

K. 幼儿园分等定级　　　　　　L. 其他_____

(2) 您认为以下有关幼小衔接的评价指标哪些比较重要:(可多项选择)

A. 教育经费　　　　B. 场地园舍　　　　C. 设备设施

D. 人员配置　　　　E. 管理水平　　　　F. 教育计划

G. 教学方式　　　　H. 学习方式　　　　I. 幼儿知识

J. 卫生习惯　　　　K. 生活习惯　　　　L. 交往习惯

M. 规则意识　　　　N. 学习习惯　　　　O. 认知水平

P. 运动技能　　　　Q. 能力水平　　　　R. 教育环境

S. 卫生保健　　　　T. 其他_____

(3) 您认为一所您自己满意的幼儿园主要表现在:(可多项选择)

A. 幼儿园分等定级高　　　　　B. 拥有良好的师资队伍

C. 孩子喜欢　　　　　　　　　D. 经常与家长沟通

E. 具有较高的管理水平　　　　F. 较好的设施和场地

G. 家长感到满意　　　　　　　H. 充足的特色课程

I. 能让幼儿学到知识　　　　　J. 能帮助幼儿塑造个性

K. 能让幼儿养成良好行为习惯　L. 能提高幼儿自理能力

M. 能让幼儿学会人际交往　　　N. 幼儿园文化

O. 其他_____

(4) 您认为开展幼儿园分等定级评价活动:(单项选择)

A. 很有必要　　　　B. 有必要　　　　C. 一般

D. 不太有必要　　　E. 没有必要

(5) 您认为幼儿园分等定级的评价过程：(单项选择)

A. 很规范   B. 规范   C. 一般

D. 不太规范   E. 不规范

(6) 您对幼儿园分等定级评价标准：(单项选择)

A. 很了解   B. 了解   C. 一般

D. 不太了解   E. 不了解

(7) 您认为幼儿园分等定级评价结果：(单项选择)

A. 很客观   B. 客观   C. 一般

D. 不太客观   E. 不客观

(8) 您认为幼儿园分等定级评价活动对于促进教育质量提高：(单项选择)

A. 作用很大   B. 作用大   C. 一般

D. 作用不太大   E. 作用不大

4. 其他意见和建议

答：

(二) 家长调查问卷

1. 基本信息

(1) 平时与孩子(指样本幼儿,以下同)在一起共同生活的有：(单项选择)

A. 2 人   B. 3 人   C. 4 人

D. 5 人   E. 5 人以上

(2) 每年家庭总毛收入是：(单项选择)

A. 2 万以下   B. 2～5 万   C. 6～10 万

D. 11～15 万   E. 15 万以上

(3) 每月花在孩子身上的钱是：(单项选择)

A. 1000 元以下   B. 1000～2000 元   C. 2001～5000 元

D. 5000 元以上

(4) 您孩子的年龄：(单项选择)

A. 3 周岁以下　　　　B. 3 周岁　　　　C. 4 周岁

D. 5 周岁　　　　　　E. 6 周岁及以上

(5) 目前家庭住址在：(单项选择)

A. 徐汇区　　　　　　B. 黄埔区　　　　C. 卢湾区

D. 长宁区　　　　　　E. 杨浦区　　　　F. 虹口区

G. 静安区　　　　　　H. 宝山区　　　　I. 浦东新区

J. 闵行区　　　　　　K. 松江区　　　　L. 金山区

M. 青浦区　　　　　　N. 奉贤区　　　　O. 崇明县

P. 普陀区　　　　　　Q. 闸北区　　　　R. 嘉定区

(6) 孩子父亲目前从事的工作是：(单项选择)

A. 无业人员

B. 国家机关、党群组织、企业、事业单位负责人

C. 专业技术人员

D. 办事人员和有关人员

E. 商业、服务业人员

F. 农、林、牧、渔、水利业生产人员

G. 生产、运输设备操作人员及有关人员

H. 军人

I. 学生

J. 其他_____

(7) 孩子母亲目前从事的工作是：(单项选择)

A. 无业人员

B. 国家机关、党群组织、企业、事业单位负责人

C. 专业技术人员

D. 办事人员和有关人员

E. 商业、服务业人员

F. 农、林、牧、渔、水利业生产人员

G. 生产、运输设备操作人员及有关人员

H. 军人

I. 学生

J. 其他_____

(8) 孩子父亲的文化水平是：(单项选择)

A. 文盲　　　　　　B. 小学　　　　　　C. 初中

D. 高中　　　　　　E. 大专　　　　　　F. 本科

G. 研究生　　　　　J. 其他

(9) 孩子母亲的文化水平是：(单项选择)

A. 文盲　　　　　　B. 小学　　　　　　C. 初中

D. 高中　　　　　　E. 大专　　　　　　F. 本科

G. 研究生　　　　　J. 其他

2. 幼儿园的教育质量

(1) 通过幼儿园的教育，您期望孩子在哪些方面得到较大提高？（可多项选择）

A. 卫生习惯　　　　　　　　B. 生活习惯

C. 学习习惯　　　　　　　　D. 交往习惯

E. 规则意识　　　　　　　　F. 认知水平

G. 生活自理能力　　　　　　H. 语言表达能力

I. 交往能力　　　　　　　　J. 学习能力

K. 幼儿运动技能　　　　　　L. 身体健康

M. 其他_____

(2) 您认为家庭在哪些方面对幼儿的成长影响较大？（可多项选择）

A. 父母的学历　　　　　　　B. 父母的职业

C. 家庭和睦　　　　　　　　D. 家长的性格

E. 家庭教育　　　　　　　　F. 家庭环境

G. 家长的举止言行　　　　　H. 家庭经济条件

I. 家长对孩子的重视程度　　J. 家长与孩子的沟通方式

K. 其他_____

(3) 您认为3~6岁幼儿比较重要的需求是：(可多项选择)

A. 饮食营养　　　　　　　　B. 人际交往

C. 学习知识　　　　　　　　　　D. 玩具娱乐

E. 快乐游戏　　　　　　　　　　F. 运动健身

G. 环境卫生　　　　　　　　　　H. 安全保障

I. 择校要求　　　　　　　　　　J. 开心欢乐

K. 其他_____

（4）上学期，您与幼儿园联系的主要方式是：（可多项选择）

A. 家园联系册　　　　　　　　　B. 电话或短信

C. 家长委员会　　　　　　　　　D. 接受家访

E. 家长会　　　　　　　　　　　F. 亲子活动

G. 见面沟通　　　　　　　　　　H. 听讲座

I. 问卷调查表　　　　　　　　　J. 幼儿园网站

K. 观摩幼儿园教育活动　　　　　L. 幼儿园公告栏或发放的通知

M. 参与幼儿园的教育教学　　　　N. 其他_____

（5）上学期，您与幼儿园联系或参与幼儿园活动的主要内容有：（可多项选择）

A. 学习幼儿教育知识　　　　　　B. 学习幼儿教育方法

C. 了解幼儿园的教育工作　　　　D. 了解自己孩子的在园情况

E. 交流家庭教育经验　　　　　　F. 对幼儿园工作提出建议

G. 参加亲子活动　　　　　　　　H. 到园做教师助手

I. 参与幼儿园教育教学改革　　　J. 其他_____

（6）您认为幼儿园教育质量主要体现在：（可多项选择）

A. 幼儿的认知水平　　　　　　　B. 幼儿的语言表达能力

C. 幼儿的交际能力　　　　　　　D. 幼儿良好的行为习惯

E. 幼儿的身体发育水平　　　　　F. 幼儿的运动技能

G. 幼儿的生活自理能力　　　　　H. 各种考级证书

I. 教师的学历　　　　　　　　　J. 教师的责任心

K. 教师的爱心　　　　　　　　　L. 教育教学水平

M. 园内管理水平　　　　　　　　N. 幼儿园环境质量

O. 伙食营养　　　　　　　　　　P. 幼儿生活照顾周到

Q. 幼儿健康检查和疾病防治　　　R. 幼儿园的设施和玩具

S. 幼儿园的安全工作　　　　　　T. 家园工作

U. 其他_____

(7) 您认为影响幼儿园教育质量的主要因素有：(可多项选择)

A. 幼儿的先天条件　　　　　　B. 教师的学历

C. 教师的责任心　　　　　　　D. 教师的爱心

E. 教育教学水平　　　　　　　F. 园内管理水平

G. 幼儿园环境质量　　　　　　H. 伙食营养

I. 对幼儿生活照顾周到　　　　J. 幼儿健康检查和疾病防治

K. 家园工作　　　　　　　　　L. 幼儿园安全工作

M. 幼儿园的设施和玩具　　　　N. 家长的学历

O. 家长的职业　　　　　　　　P. 幼儿家庭的经济条件

Q. 家庭教育水平　　　　　　　R. 家庭生活环境

S. 园长水平　　　　　　　　　T. 其他_____

(8) 您在家里教育孩子较为常用的方式是：(可多项选择)

A. 顺其自然　　　　　　　　　B. 说服教育

C. 打骂吓唬　　　　　　　　　D. 哄骗手段

E. 寓教于玩　　　　　　　　　F. 表扬鼓励

G. 批评惩罚　　　　　　　　　H. 手把手教

I. 平等交流　　　　　　　　　J. 包办一切

K. 其他_____

3. 幼儿园的教育质量评价

(1) 作为家长您参加过孩子所在幼儿园开展的哪些教育评价活动？(可多项选择)

A. 教师教学评价　　　　　　　B. 教师科研评价

C. 教师工作考核　　　　　　　D. 教工每月考核

E. 幼儿生活习惯评价　　　　　F. 幼儿运动技能评价

G. 幼儿学习评价　　　　　　　H. 幼儿品德评价

I. 自制教学玩具评选　　　　　J. 幼儿园环境评价

K. 幼儿园分等定级　　　　　　L. 没参加过

M. 其他_____

（2）您认为一所您自己满意的幼儿园主要表现在：（可多项选择）

A. 幼儿园分等定级高　　　　　　B. 拥有良好的师资队伍

C. 孩子喜欢　　　　　　　　　　D. 经常与家长沟通

E. 具有较高的管理水平　　　　　F. 较好的设施和场地

G. 家长满意　　　　　　　　　　H. 充足的特色课程

I. 能让幼儿学到知识　　　　　　J. 帮助让幼儿塑造个性

K. 能让幼儿养成良好行为习惯　　L. 能提高幼儿自理能力

M. 能让幼儿学会人际交往　　　　N. 幼儿园文化

O. 其他_____

（3）作为家长，您较为了解幼儿园哪些方面的情况？（可多项选择）

A. 幼儿的认知水平　　　　　　　B. 幼儿的语言表达能力

C. 幼儿的交际能力　　　　　　　D. 幼儿良好的行为习惯

E. 幼儿的身体发育水平　　　　　F. 幼儿的运动技能

G. 幼儿的生活自理能力　　　　　H. 教师的学历

I. 教师的责任心　　　　　　　　J. 教师的爱心

K. 教育教学水平　　　　　　　　L. 园内管理水平

M. 幼儿园环境质量　　　　　　　N. 伙食营养

O. 对幼儿生活照顾周到　　　　　P. 幼儿健康检查和疾病防治

Q. 幼儿园的设施和玩具　　　　　R. 幼儿园的安全工作

S. 家园工作　　　　　　　　　　T. 其他_____

4. 其他意见和建议

答：

第三节 幼儿园教育质量评价现状调查的统计分析[①]

笔者采用编制好的"教师调查问卷"和"家长调查问卷",于2011年5月至8月在上海地区做了问卷调查。此次调查对象为分布在上海14个区中49所幼儿园的保教人员和幼儿家长。调查共发放教师问卷1591份(覆盖公办、民办和公办转制幼儿园的保教人员),回收有效问卷1363份,回收率为86%,发放家长问卷2104份(覆盖公办、民办和公办转制幼儿园幼儿的家长),回收有效问卷2035份,回收率为97%。本次调查结果引发了笔者对目前幼儿园教育质量评价若干问题的思考。

一、幼儿园教育质量评价现状调查分析

(一)幼儿园教育质量主要体现

由表2-5可知,保教人员认为幼儿园教育质量主要体现在幼儿良好的行为习惯、教师的责任心、幼儿的生活自理能力、幼儿的语言表达能力、幼儿园的安全工作、幼儿的交际能力、教育教学水平、教师的爱心、幼儿的认知水平和园内管理水平,在这10个方面中,涉及幼儿发展状况的有5个,涉及教师素质和行为的有3个,园内管理工作的有2个。而家长则认为主要体现在幼儿良好的行为习惯、教师的责任心、幼儿的语言表达能力、教师的爱心和幼儿的生活自理能力,其中涉及幼儿发展状况的有3个,涉及教师素质和行为的有2个。可见,保教人员和家长均认为幼儿园教育质量主要体现在幼儿发展状况和教师素质和行为两大方面。当问到"影响幼儿园教育质量的主要因素"时,保教人员的回答是:教师的责任心(78%)、教育教学水平(74%)、园内管理水平(64%)、教师的爱心(61%),而家长的答案是:教师的责任心(82%)、教师的爱心(65%)、教育教学水平(60%),这说明教师的责任心和爱心比教师的学历更重要。

表2-5 幼儿园教育质量主要体现调查统计表

选项	调查对象	
	教师	家长
1. 幼儿良好的行为习惯	86%	78%

[①] 吴钢.由幼儿园教育质量评价调查结果引发的思考[J].早期教育(教科研版),2012,(7-8).

(续表)

选项	调查对象	
	教师	家长
2. 教师的责任心	77%	75%
3. 幼儿的生活自理能力	76%	63%
4. 幼儿的语言表达能力	74%	66%
5. 幼儿园的安全工作	71%	59%
6. 幼儿的交际能力	70%	59%
7. 教育教学水平	68%	45%
8. 教师的爱心	65%	64%
9. 幼儿的认知水平	62%	54%
10. 园内管理水平	61%	48%
11. 幼儿园环境质量	58%	46%
12. 家园工作	57%	24%
13. 幼儿的身体发育水平	56%	32%
14. 幼儿的运动技能	56%	39%
15. 幼儿健康检查和疾病防治	50%	45%
16. 伙食营养	50%	46%
17. 幼儿园的设施和玩具	49%	32%
18. 对幼儿生活照顾周到	44%	35%
19. 教师的学历	30%	16%
20. 幼儿的各种考级证书	16%	8%

（二）幼儿园经常开展的教育评价活动

从表 2-6 可以看出，幼儿园经常开展的教育评价活动主要有教师工作考核、教师教学评价、教工每月考核、幼儿生活习惯评价、幼儿园环境评价等，可见，目前幼儿园对教师教育行为的评价还是比较重视的，但是对幼儿发展状况的评价比较欠缺。当问到"作为家长您参加过孩子所在幼儿园开展的哪些教育评价活动"时，家长的答案是：幼儿学习评价(37%)、幼儿生活习惯评价(37%)、教师教学评价(33%)。显然，目前家长参与幼儿园教育评价活动的程度不高。

表 2-6 幼儿园经常开展的教育评价活动调查统计表

选项	调查对象
	教师
1. 教师工作考核	84%
2. 教师教学评价	82%
3. 教工每月考核	73%
4. 幼儿生活习惯评价	61%
5. 幼儿园环境评价	60%
6. 幼儿学习评价	55%
7. 自制教学玩具评选	53%
8. 教师科研评价	53%
9. 幼儿运动技能评价	52%
10. 幼儿品德评价	38%
11. 幼儿园分等定级	31%

(三) 教师和家长心目中满意的幼儿园的主要表现

由表 2-7 可知，教师心目中满意的幼儿园的主要表现为拥有良好的师资队伍、能让幼儿养成良好行为习惯、孩子喜欢上幼儿园、具有较高的管理水平、家长感到满意、较好的设施和场地、能让幼儿学会人际交往和经常与家长沟通，这些表现与表 2-5 中保教人员认同的幼儿园教育质量的主要方面基本是一致的。而家长心目中满意的幼儿园的主要表现是拥有良好的师资队伍、能让幼儿养成良好行为习惯、孩子喜欢上幼儿园和经常与家长沟通，这也与表 2-5 中家长认同的幼儿园教育质量的主要方面基本一致。且在表 2-7 中无论是保教人员还是家长都认为"经常与家长沟通"是心目中满意的幼儿园的主要表现之一。目前幼儿园与家长的联系方式比较单一，当问到"上学期，您与幼儿园联系的主要方式"时，家长的答案是：电话或短信(72%)、家长会(66%)，这必须引起我们的重视。当问到"上学期，您与幼儿园联系或参与幼儿园活动的主要内容"时,家长选择较多的项目是了解自己孩子在园情况(79%)和参加亲子活动(74%),可见,现在家长十分关心自己孩子的成长,并且较愿意参加亲子互动项目。

表 2-7 教师和家长心目中满意的幼儿园的主要表现调查统计表

选项	调查对象	
	教师	家长
1. 拥有良好的师资队伍	84%	73%
2. 能让幼儿养成良好行为习惯	79%	73%
3. 孩子喜欢上幼儿园	77%	69%
4. 具有较高的管理水平	71%	53%
5. 家长感到满意	66%	36%
6. 较好的设施和场地	62%	46%
7. 能让幼儿学会人际交往	62%	54%
8. 经常与家长沟通	61%	69%
9. 幼儿园文化	30%	47%
10. 能让幼儿形成个性	47%	31%
11. 充足的特色课程	46%	45%
12. 能让幼儿学到知识	43%	49%
13. 能让幼儿学会生存	43%	29%
14. 幼儿园分等定级高	22%	13%

二、对目前幼儿园教育质量评价若干问题的思考

(一)要重视和加强幼儿发展状况评价

本次调查结果显示,保教人员和家长都认为"幼儿发展状况"是幼儿园教育质量的主要体现之一。《规程》指出:"幼儿园是对三周岁以上学龄前幼儿实施保育和教育的机构,是基础教育的有机组成部分,是学校教育制度的基础阶段。"其任务是"实行保育与教育相结合的原则,对幼儿实施体、智、德、美诸方面全面发展的教育,促进

其身心和谐发展。"可见,幼儿园工作的最终目标是要促进幼儿身心的和谐发展,那么如何来评价这个目标的实现程度,这是值得我们深入研究的问题。

如前所述,幼儿园教育质量是指幼儿园教育活动满足幼儿身心健康发展的程度。这种满足程度从理论上来说,受教育的幼儿较有发言权,但3～6岁幼儿的判断能力较低,判断结果极其不稳定,客观性和准确性较低。因此,笔者认为,由保教人员和家长对满足程度做出判断是比较合适的。幼儿在幼儿园的时间一天大约是8小时,剩余的时间是在园外度过的,由于这个年龄段的幼儿较为依赖家庭,因此幼儿大多数时间在家里度过,他们与教师、家长接触的时间较长,教师和家长较为了解幼儿园教育活动满足幼儿身心健康发展的程度。要评价幼儿身心健康发展的满足程度,必须要有评价的参照依据,这就是我们常说的评价标准。譬如,《规程》指出对幼儿进行体、智、德、美诸方面全面发展的教育,那么幼儿是否在体、智、德、美诸方面得到了全面发展,就是评价幼儿园教育成功与否的标准。评价标准有宏观和微观之分,宏观标准是思路性、方向性的,其特性是较为普遍和相对稳定的,而微观标准是具体的、可操作的,具有针对性和易变性的特点。有些学者经过研究提议"我国幼儿园分级分类标准应该尽早地将儿童发展水平这一指标领域废除"。[①] 笔者认为,这种研究结论是不全面和不科学的,这一问题虽然在理论上还有争议,但是在具体的评价活动中,人们认识到,如果没有儿童发展水平的评价指标,某些学者提倡的"在教育过程的评价标准中,要求教师将幼儿发展评定作为自己日常工作"[②]可能会流于形式。对于这种理论上有争议,而实践过程又不可缺少的指标,我们可以采取以下对策:一是地方政府可以制定宏观指标,指明评价的思路和方向。在这个基础上,各个幼儿园可以根据实际情况,自己定义微观指标,为教师评价幼儿发展状况提供可操作的工具,其评价目的往往是为教师改进教育工作提供信息,是发展性和诊断性的评价。二是如果要进行终结性评价,这类指标的判断尺度一般设置合格线,即提出绝大多数幼儿均能做到的要求,而不是选优线,即只有少数幼儿能做到的。譬如,对于"生活习惯"这一指标,我们可以提出幼儿饭前洗手的要求,而不要求幼儿能洗手帕。

(二)要注重教师的责任心和爱心

本次调查结果显示,教师的责任心和爱心比学历更重要。所谓责任,就是分内

[①][②] 郭良菁,何敏.儿童发展水平应该作为幼儿园质量评价的标准吗?[J].上海教育科研,2006,(10).

应做的事。① 顾名思义,教师的责任就是教师分内应做的事情。唐代韩愈说:"师者,所以传道受业解惑也。"《中华人民共和国教师法》第三条明确规定:"教师是履行教育教学职责的专业人员,承担教书育人、培养社会主义事业建设者和接班人、提高民族素质的使命。"可见,幼儿教师的责任主要体现在认真履行岗位职责上,具体说来,一是要对孩子负责,平等对待身边的每一位孩子,切不可助长他们的自负或伤害他们的自尊,二是对家长负责,像父母一样呵护、关爱和帮助孩子,三是对幼儿园负责,努力把工作做好,认真落实园务计划,努力完成领导布置的任务,为幼儿园发展尽心尽责,四是对社会负责,不让一个孩子掉队,培养社会发展所需要的人才。所谓爱,就是对人或事物有很深的感情。② 陶行知先生说:"捧着一颗心来,不带半根草去。"表达了教师要有真诚的爱心和无私奉献的精神。前苏联教育家赞科夫说:"漂亮的孩子人人爱,爱难看的孩子才是真正的爱。"说明了教师要爱每一个孩子,对他们要一视同仁。现代幼儿教育在一定程度上是建立在师幼互动基础之上的,如果没有"爱",师幼互动就没了情感润滑剂,处处会遇到阻力、产生摩擦,教育效果是可以想见的,因此从这个角度来说,没有"爱"就没有幼儿教育。爱与责任是紧密相连的,爱源于责任,没有责任的爱是无法生存的,反过来,爱是责任的驱动力,能强化教师的责任心。

至于教师责任心和爱心的评价问题,我们要深入研究,这是一个难题,但是又必须逐步解决的问题。从国外的实践经验来看,教师责任心和爱心的评价渗透于教师的外显行为之中,研究结果表明,教师的适宜性行为,如教师倾听儿童的频度与儿童的情绪情感交流、参与儿童活动的频度等均与儿童发展呈正相关关系。③ 从我国的国情出发,教师岗位职责完成的情况较能反映教师的责任心和爱心,结合教师平时与幼儿互动的表现,判断其责任心和爱心的外显信息还是较为充分的,但问题是这些信息在外部专家进驻幼儿园进行评价时不易观察得到,较难做出准确的判断,这也是目前幼儿园教育质量评价存在的缺陷。要克服这一问题,笔者认为应该建立园内外评价的联动机制,一方面外部专家要帮助幼儿园建立发展性评价平台,即从教师评价能力的培训,到教师自我评价或自己组织评价的指导均应留有外部专家的身

---

①② 中国社会科学院语言研究所辞典编辑室.现代汉语词典[Z].北京:商务印书馆,1979:1430,4.
③ 刘焱.美国 NAEYC 关于高质量幼儿教育机构的评价标准(下)[J].学前教育,1998,(4).

影,使他们充分了解幼儿园教师的责任心和爱心,另一方面幼儿园要自觉开展教师责任心和爱心的评价活动,并把评价结果存档,作为外部专家驻园评价时帮助分析和判断的信息。

(三)家长要广泛参与幼儿园评价活动

本次调查结果提醒我们,目前家长参与幼儿园教育评价活动的程度不高。正如笔者前面阐述的,3~6岁的幼儿较为依赖家庭,而且大多数时间是在家里度过的,其行为习惯的养成受家庭的影响较大,不仅如此,由于与幼儿有较长的相处时间,家长较为了解幼儿的发展状况,并且随着教育制度改革的深入发展,家长要负担孩子一定比例的教育费用,因此,他们比以往任何时候都关心自己孩子的教育问题。[1] 幼儿园应该充分利用家长资源,共同教育幼儿。时刻关注幼儿的变化和发展,及时调整教育策略,在鉴定幼儿园教育质量等方面发挥他们的作用。

2001年教育部颁布的《纲要》指出"幼儿园教育工作评价实行以教师自评为主,园长以及有关管理人员、其他教师和家长等参与评价的制度"。要有效建立这种评价制度,首先,幼儿园要做好家园互动工作,使家长的关注点从"自己孩子的在园表现"拓展到"幼儿园的教育工作"上。要达到这种转变,幼儿园不仅要真心实意地听取家长对幼儿园教育工作的意见和建议,而且要把落实情况及时反馈给家长,他们由此就会产生一种"成就感",能动地促进其继续提出自己的意见和建议,久而久之,这种良性循环就会催生家长关注点的拓展。其次,要有效拓展家长参与幼儿园教育活动的途径,使他们了解和熟悉幼儿园的实际情况。除了现行的家委会、教育活动开放日、家长会、亲子活动等工作外,是否还可以考虑更加宽泛和灵活的家园互动工作,譬如,有教师资格的家长可以作为志愿者参与幼儿园教育工作,家委会能定期听取幼儿园工作汇报等。最后,家长要参与幼儿园的各种评价活动,帮助幼儿园进行诊断和鉴定工作。幼儿园在完成办学等级自评报告时,除了园长、管理人员和教师参与其中之外,家长也是不可忽略的重要主体。美国在对幼教机构教育质量进行评价时,非常重视幼儿家长的作用,[2] 这是值得我们学习的。另外,幼儿园内部进行的各种评价活动也应该让家长积极参与,由于家长与园长、教师价值取向的差异,从而

---

[1] 吴钢.中小学课堂教学评价系统探析[J].课程·教材·教法,2010,(11).
[2] 美国NAEYC关于高质量幼儿教育机构的评价标准(上)[J].学前教育,1998,(2).

他们对"事实"往往会作出不同的判断,这对呈现真实的事实是非常有好处的。园长和教师可以根据家长的评价信息有针对性地反思自己的教育和管理工作,主动调整自己的工作策略,提高工作效率。

(四)鼓励教师自己组织开展评价活动

《纲要》提倡"幼儿园教育工作评价实行以教师自评为主"的自我诊断、自我反思和自我完善的发展性评价观念。但是从上述调查结果来看,实际情况的确不尽如人意。教师自评活动开展不够广泛,致使诸如"幼儿发展状况评价"这样重要的评价活动无法常态化开展,幼儿的行为表现和发展变化得不到准确把握,影响了教育质量的提高。

教师自我评价能激发教师的自尊心和自信心,如果态度端正,会有较高的准确性,有利于教师根据评价结果自觉改进工作,同时,也可为外部评价提供丰富的、在较短时间内不易得到的评价信息和资料,便于评价工作顺利进行,是一种发展性较强的评价。根据目前幼儿园教育质量评价工作的需要,我们应该提倡由"教师自我评价"转变"教师自行组织的评价"活动。教师自我评价就是教师自己对自己的评价,其评价主体和评价客体均是教师本人,显然是单一的评价主体,而教师自行组织的评价是教师根据自己工作的情况制定评价标准,可以有目的、有针对性地去组织评价,获取评价信息,诊断工作中存在的问题,自觉提高工作效率。它的价值主体是教师本人,而评价主体可以是教师本人,也可以是其他教师和家长等,它是一种评价主体多元化的评价活动。从这个意义上说,"教师自行组织的评价"要优于"教师自我评价"。其特征为:一是自主性。在教育过程中,幼儿园或保教人员自觉自愿地组织同行(包括保教人员自我)和家长等对自己的教育质量进行评价,旨在发现存在的问题,以及时加以改进。二是针对性。幼儿园或保教人员根据自己教育活动的特点和幼儿的实际情况,编制评定标准,并付诸实施,从而获得有针对性的信息,进行有效调整或改进。三是日常性。由于这种评价活动是教师自觉自愿的行为,它可以经常进行,这对于及时发现问题是十分有效的。四是发展性。这种评价是以诊断和改进教育工作为直接目的的,能较好地促进教师的专业发展。这种评价活动如果能制度化并持续开展,不仅教育的效率和效果会大大提高,而且教师自身的教育水平也会不断提升,不仅如此,前面所提到的幼儿发展状况、教师责任心和爱心等的评价问题,也会因为这种评价所积累的诸多评价信息,使外部专家能分析出教师的教育行为与幼儿发展状况之间的适宜性以及教师教育行为中流露的"责任心和爱心",从而能做出较为客观和准确的判断。

【本章小结】

本章首先对国内外幼儿园教育质量评价的相关文献进行了综述,归纳了有助于本研究的三方面内容:一是从评价标准来说,其指标体系一般由客观性指标(比如园所的环境、设备和保教人员的学历结构等)和主观性指标(比如园所的管理、教育和保健水平等)组成,配备的评定标准类型绝大多数是评分标准。二是从评价存在的问题来看,评价标准过于抽象笼统,可操作性差,关注园(所)管理评价,轻视班级教育工作评价,评价主体单一,主要由政府行政人员担任,在评价方式上重视量化评价,而忽视量化与质性评价的整合,缺乏家长对于幼儿园教育质量评价工作的参与,对验收评价的信度、效度缺乏监控等。三是从幼儿发展状况评价指标体系的幼小衔接来谈,在我国还是比较顺畅自然的,由直观、感性和较低的要求过渡到具体、理性和较高要求。由单一观察评价方式过渡到学科考试与行为观察评价等相结合的方式。由倡导形成性评价过渡到强调把形成性评价与终结性评价结合起来,由只导向保教人员教育行为的评价结果过渡到要对幼儿的表现做出以档案形式保存的评价结果等。其次,根据文献综述和访谈信息,设计了幼儿园教育质量评价现状的调查问卷,即教师问卷和家长问卷。最后,对调查问卷的数据进行了统计分析,得出了以下主要结论:保教人员和家长均认为幼儿园教育质量主要体现在幼儿发展状况、教师素质和行为两大方面,对幼儿发展状况的评价比较欠缺,目前家长参与幼儿园教育评价活动的程度不高,现在家长十分关心自己孩子的成长,并且较愿意参加亲子互动项目等。

【文献导读】

1. 邱白莉.中美高质量托幼机构评价标准之比较[J].早期教育,2005,(12).

2. 戴双翔,刘霞.我国现行托幼机构教育质量评价工具研究[J].学前教育研究,2003,(7-8).

3. 郭良菁,何敏.儿童发展水平应该作为幼儿园质量评价的标准吗?[J].上海教育科研,2006,(10).

4. 吴钢.我国儿童发展状况评价中幼小衔接的探讨[J].教育参考,2014,(2).

5. 吴钢.美国儿童发展状况评价中的幼小衔接研究[J].上海教育科研,2012,(7).

6. 吴钢.由幼儿园教育质量评价调查结果引发的思考[J].早期教育（教科研版）,2012,(7-8).

 思考与练习

1. 你认为我国幼儿园教育质量评价取得了哪些主要成绩？
2. 你认为国外幼儿园教育质量评价哪些经验值得我们借鉴？
3. 你认为幼儿园教育质量评价现状的调查问卷应该包括哪些主要内容？
4. 你认为幼儿园教育质量评价现状的调查数据还可以进行哪方面的统计分析？
5. 由幼儿园教育质量评价现状的调查统计数据还可以得出哪些调查结论？
6. 幼儿园教育质量评价现状的调查结果对幼儿园教育质量评价标准的制定有什么作用？

第三章 幼儿园教育质量评价标准的编制

 学习目标

学习本章后，你应该能够：
1. 认识幼儿园教育质量评价标准的要素。
2. 理解编制幼儿园教育质量评价标准的依据。
3. 掌握和应用设计指标体系以及制定评定标准的程序和方法。

【本章概要】 本章阐述了幼儿园教育质量评价标准的要素、编制幼儿园教育质量评价标准的依据、设计幼儿园教育质量评价指标体系的程序和方法、制定幼儿园教育质量评定标准的程序和方法等，其中设计指标体系的程序和方法是本章的重点。

幼儿园教育质量评价本质上是对幼儿园教育的价值进行判断的过程。如何使评价标准准确地表现幼儿园教育的价值，作为这是教育质量评价工作的关键环节。由教育评价的一般过程可知，只有评价标准制定得科学、客观、可行，评价结果才会有效和可靠。决定评价标准的基础是主体的需要和利益以及客体的现实本性和规律。在编制评价标准时，首先要以客体的现实本性和规律为依据，其次是要考虑主体的需要。但是，所有评价标准最终都要经受主体实践和客体发展的检验。

第一节 幼儿园教育质量评价标准的含义

幼儿园教育质量评价标准的要素有两个：一是指标体系，二是评定标准。指标体系是指幼儿园教育质量评价的角度，它主要是根据幼儿园教育目标、评价对象和

条件以及人们的愿望、需要和意图、现有相关的各种规章制度和科学理论等要考虑的评价内容的集合。而评定标准是指规定对应于相应的指标，评价对象达到什么程度，才可获得相应的分数、等级或评语。不难看出，它和评价标准概念都是从"标准"一词派生出来的。辞海中对"标准"一词的解释是"衡量事物的准则。如：取舍标准。引申为榜样；规范。孙绰《丞相王导碑》：'信人伦之水镜，道德之标准也。'杜甫《赠郑十八贲》诗：'示我百篇文，诗家一标准'"。我们知道，"评价"的含义是判断事物价值的高低，那么"评价标准"的直接解释就是"衡量事物价值高低的准则"。这当然应该包括从哪些方面去衡量事物的价值和衡量事物价值高低的尺度两个内容。"评定"的含义是经过评判或审核来决定。它的主要意思是根据评定尺度对事物进行评判。那么，"评定标准"的直接解释是"对事物进行评判的具体尺度"。可见，"标准"一词与不同的词进行组合，其组合后的含义可能不同。

一、指标体系的结构

所谓指标，就是评价内容集合中的元素。它有定量的，也有定性的，这要看评价对象的具体情况。要对一个评价对象进行评价，按照一条指标进行评价往往是不行的，这是因为评价对象的数量和质量要求是多方面的。一条指标往往不能涵盖所有的要求，要全面反映评价对象数量和质量要求必须要用多条指标，这就形成了指标体系。用系统的观点进行分析，指标体系具有一般系统所拥有的3个特性：一是多元性。由上述分析可知，指标体系一般至少有两个以上的指标构成，具有多元性。二是相关性。指标体系当中的指标反映的是同一个评价对象数量或质量要求，具有共同的属性，因此，指标与指标之间按一定的方式联系着，即相关性。三是整体性。指标的多元性与相关性之和就产生了整体性，这种整体性使指标体系能够科学地、可操作地、全面地、突出重点地反映评价对象的数量或质量。

既然指标体系是一个系统，那么它的演变和运行必然符合系统科学所揭示的规律。一个指标体系要从不完善到完善，即从无序到有序，或从低级有序到高级有序，必须满足4个条件：第一，指标体系必须是开放的，即指标体系要与环境有物质、能量和信息的交流。系统科学告诉我们，系统开放是该系统形成有序结构的必要条件。系统必须与环境不断地交换物质、能量和信息，通过这种交换，从环境引入负熵流来抵消自身的熵增加，使系统的总熵逐步减小，使系统从无序走向有序，或从低级有序走向高级有序。遵循这一规律,需要根据社会发展对评价对象提出的新要求定期修改指标体系,在动态中进行调整,以适应社会和评价对象的发展。第二,指标体系必须远离平衡态。由指标体系的多元性可知,指标体系是由一系列指标组成的。对于评价对象来说,这些指标中总是有重要指标和非重要指标之分,因此,我们不能同等看待每一条指标,要把它们的重要性区分出来,想要科学地体现指标体系必须远离平衡态。就目前来说,区分指标重要性最有效的方法是计算指标的权重。第三,指标体系内部必须存在非线性的相互作用。所谓非线性作用,就是指相互作用的自变量和因变量的变化不成比例。它是曲线的和有多值解的,其中既有稳定解,也有不稳定解。这表明系统演变可能呈现不同的结果,体现出它的复杂性和多变性。根据这一理论,指标体系中的每一条指标对于评价对象来说应该是公平的,即指标体系要求的达成对于评价对象来说几率是均等的。第四,指标体系内部有涨落放大,形成"巨涨落"。由系统科学可知,系统有序结构的形成是要通过涨落放大的。涨落是指系统中某个变量或某种行为对平衡值的偏离,使系统离开原来的状态或轨迹。如前所述,非线性作用使得系统的演化可能有几个分支解。系统跃迁到稳定有序的解上去,靠的就是涨落。系统所处状态不同,涨落的作用也不同。当系统处于稳定状态时,涨落是一种干扰,此时系统迫使涨落衰减,当系统处于不稳定的临界状态时,涨落则可能不仅不衰减,反而放大形成"巨涨落",使系统从不稳定状态跃迁到一个新的稳定有序状态。这表明涨落对系统是否有利,要看系统本身是否处于从稳定到不稳定的临界状态。可见,涨落是系统形成有序结构的偶然因素,这种偶然因素必定受内在的、隐含着的必然性所支配。如果我们细心地观察分析,就能在一定程度上把握这种偶然因素,从而促进系统有序结构的形成。在指标体系中,涨落往往体现在既对评价对象导向性强,而权重又较大的指标上,这类指标我们要特别注意,这是增强指标体系整体性的主要因素。

鉴于评价对象数量和质量要求的复杂程度不同,与之相适应的指标体系结构一般可分为直线式和树状式两种。直线式指标体系结构可直接根据评价对象数量和质量的要求得到,其结构可用图 3-1 表示。

图 3-1 直线式指标体系的结构图

树状式的指标体系结构由评价对象数量和质量要求得到一级指标体系,某些一级指标又可分解为二级指标,甚至细化为三级指标。其结构可用图 3-2 表示。

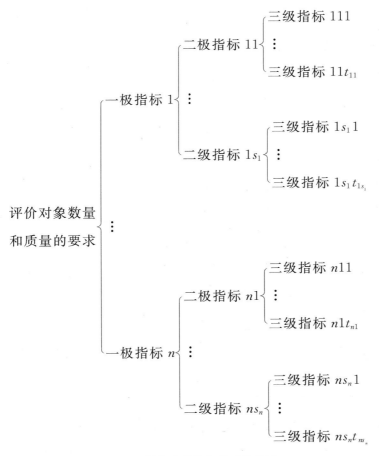

图 3-2 树状式的指标体系结构图

二、评定标准的含义

（一）评定标准的要素

1. 强度和频率

强度是指达到指标体系中各指标要求的程度或各种规范化行为的优劣程度。频率是指达到指标体系中指标要求的数量或各种规范化行为的相对次数。它们是评定标准的具体内容和主要组成部分。

2. 标号

它是不同强度和频率的标记符号，这是评定标准的辅助部分。

3. 标度

这是评定的档次，是评定标准的基础部分。

（二）评定标准的种类

1. 评分标准。

它是用数量来表示评价对象的各项指标达到要求的程度。一般形式如表 3-1 和表 3-2 等。

表 3-1　评分标准实例摘要（一）

序号		指标	满分	评定分
一		计划制订	5	
1		保教人员能够根据本园课程要求及班级幼儿发展实际，预设学期、月、周、日的教育计划	2	
2		班级内各教师的计划相互衔接，体现计划的整体性和循序渐进性	2	
3		每日活动计划能体现一日活动皆课程的理念	1	

表 3-2　评分标准实例摘要（二）

指标（分值）	评分标准	得分
幼儿年生长合格率（即年身高增长 5cm，体重增长 2kg 的人数比例）达 80% 以上（3 分）	达到要求，得 3 分，项目每低 10% 扣 1 分，直至扣完为止	

2. 评定等级标准

它是用（赋予一定意义的）标号来表示评价对象的各项指标达到要求的程度。一般形式有表 1-1 和表 3-3 等形式。

表 3-3　评定等级标准实例摘要

优等标准	合格标准
活动室内幼儿生活和学习所必需的各种设备、用品较为齐全、适用。有适合幼儿身高的桌椅、开架的玩具柜、饮水设备、茶杯箱等家具，能根据不同年龄班幼儿的特点配置玩具和教具，玩具种类、数量丰富，能够满足幼儿游戏和学习活动的需要。教具（黑板、钢琴或电子琴、多媒体设备等）较为齐全，能够满足教育教学需要，玩具使用率高	有适合幼儿身高的桌椅、开架的玩具柜、饮水设备、茶杯箱等家具，教具、玩具种类、数量能够基本满足幼儿游戏和学习活动的需要

注：介于合格和优等之间为良，合格以下为不合格。

表 1-1 这种形式的评定等级标准具有以下 3 个特点：一是能把共性指标和个性要求有机地结合起来。由编制教育评价标准的依据可知，教育目标、有关制度和科学理论决定指标的共性内容，而教育实践中积累的经验、评价对象和条件制约着评价标准的个性要求。为了使两者统一，这种评定等级标准是较好的选择。二是评定等级标准内容具有较强的导向作用。由于这种评定等级标准体现着评价对象的个性要求，针对性较强，而且内容又较为具体，因此它有较好的导向作用。三是这种评定等级标准可比性较强，评价较为客观和有效。另外，它可分为以下 3 种类型：一是阶梯型。这种等级标准由三个、四个或五个要求组成，不同要求之间形成梯度（表 3-4），而且评价对象不同时期（如年级等）的要求也可形成梯度（表 3-4 和表 3-5）。二是发散型。有些指标的内容包含两层以上的含义，这时评定等级标准的内容也要与之相适应（见表 3-6）。三是简单型。有些指标的内涵很难再分解，为此可用简单方式处理（见表 3-7）。

表 3-4　幼儿园小班幼儿发展状况评价标准实例摘要(家长评价时用)

指标体系	评定标准	
	等级内容	评定等级
洗漱方面	①不吃手指,不咬指甲 ②早晚刷牙、洗脸 ③愿意定期修剪指甲 ④在大人的帮助下定期洗澡	

表 3-5　幼儿园大班幼儿发展状况评价标准实例摘要(家长评价时用)

指标体系	评定标准	
	等级内容	评定等级
洗漱方面	①不吃手指,不咬指甲 ②早晚刷牙、洗脸 ③定期修剪指甲 ④初步做到自己独立定期洗澡	

表 3-6　幼儿园教师自评用的标准实例摘要

指标体系	评定标准	
	等级内容	评定等级
教态、教学语言方面	①教学态度自然 ②教学态度亲切,具有较强的亲和力 ③教学语言通俗易懂 ④教学语言有一定的艺术性和创造性	

表 3-7　幼儿园教育质量评价标准实例摘要(教师评价时用)

指标体系	评定标准	
	等级内容	评定等级
幼儿两餐间隔 不少于 3 小时,按时就餐	①完全达到(A) ②较好达到(B) ③基本达到(C) ④没有达到(D)	

3. 评分标准和评定等级标准的混合

它是把评分标准和评定等级标准综合在一起,其一般形式见表 3-8。

表 3-8　评分标准和评定等级标准的混合实例摘要

序号	指标	评定标准			
一	教学目标	达到 (85~100)	基本达到 (70~84.9)	部分达到 (55~69.9)	没有达到 (54以下)

4. 评语标准

它是用语言来描述评价对象的各项指标达到要求的程度。其一般以概括性问题的形式出现,采用个别访谈和集体座谈等方法搜集评价信息,为此具有效度较高等优点。但是,这种评定标准也有信度较低和操作性较差等缺点。这里以"LY 幼儿园教育质量评价教师座谈会调查记录格式"(摘要)为例。

(1)座谈会召开的时间和地点:

(2)参加座谈会教师人数和所在的班级:

(3)参加座谈会的评价人员:

(4)座谈会内容记录人员:

(5)具体座谈内容

①问:目前该幼儿园教育工作较为出色的方面是什么?还存在哪些不足?

答:

②问:对该幼儿园的发展有何建议?

答:

第二节　幼儿园教育质量评价标准编制的依据

按照发展性目标评价模式,幼儿园教育目标、有关的制度、相关的科学理论、幼儿园教育质量评价实践中积累的经验、评价对象和条件等五大方面是制定幼儿园教育质量评价标准的依据,下面逐一进行阐述。

一、幼儿园教育目标

《规程》明确规定了幼儿园保育和教育的主要目标。《纲要》指出健康、语言、社会、科学、艺术等5个领域的教育目标,1999年上海市教委颁布的《上海市学前教育纲要》的第二部分明确地阐述了教育目标,2004年上海市教委发布了《上海市学前教育课程指南(试行稿)》,它规定了课程6个方面的具体目标。

从上述4个文件的规定来看,幼儿园教育目标的主要内容:

一是促进幼儿身体正常发育,激发其参加体育活动的兴趣,在走、跑、跳、爬、钻、投掷、平衡、攀登等活动中,增强动作的协调性、灵敏性与耐力。培养良好的睡眠、排泄、盥洗、饮食等生活卫生习惯,接触衣、食、住、行需要的基本物品,学会合理利用,形成基本的生活自理能力。传授安全保健常识,使幼儿了解身体器官,学会关心与保护自己的身体,能配合疾病的预防和治疗。

二是发展幼儿智力,培养幼儿乐观与人交谈,倾听对方讲话,能听懂和会说普通话,理解日常用语,并能清楚地说出自己想说的事,喜欢听故事、看图书。能从生活和游戏学习中逐步形成数、形、时空等概念,会进行简单的分类、排序、测量、比较、推理等智力活动。爱护动植物,接触水、土、沙、石、木等自然物质,观察感受风、雨、雷、雪、电等自然现象,了解它们与人们生活的关系,有初步的环保意识。接触不同职业的人,了解他们的职业与自己生活的关系,尊重他们的劳动,了解不同地域、不同种族的人以及他们的风俗和文化,熟悉生活中常见的符号、标志、文字等,初步理解它们所表达的意思。初步了解人类取得的科学成果,尝试用简单的科学方法探究问题,喜欢动手操作与实验,并能用适当的方式表达、交流探索的过程和结果。

三是能主动参加各类游戏,爱护玩具和用具,能共同使用和参与整理,在集体生活中情绪安定和愉快,爱老师和同伴,乐意与人交往,学习互助、合作和分享,有同情心,理解并遵守日常生活中基本的社会行为规范,努力做好力所能及的事,不怕困难,有基本的责任感,乐于参与参观、游览、远足等活动,了解周围自然、文化景观和设施,爱父母长辈,爱家乡,爱祖国。四是培养幼儿留意和感受生活中的声、形、色及音乐、舞蹈、美术作品中的美,在唱歌、舞蹈、演奏、绘画、制作、构造、戏剧表演、角色游戏等活动中,自然地表达自己的情感,自主地选择各种材料、器具以多种形式进行表达和创造。

二、有关的各种制度

《规程》对幼儿园经费、园舍、设备、班级规模、工作人员的任职资格和职责、教育活动等均做了明确的规定。《纲要》和《上海市学前教育纲要》具体规定了教育活动的组织、实施和评价等。它们既是开展幼儿园教育工作的行动指南,又是衡量幼儿园教育质量高低的重要标准之一,所以在制定评价标准时要以此作为依据。

三、有关的科学理论

由文献研究可知:一是上海、广东、浙江、重庆和湖北等地的幼儿园分级分类验收标准均由指标体系和评定标准构成,其中绝大多数指标体系包括设备设施、场地园舍、人员配置、保教工作、幼儿发展水平等内容,概括地说可划分为三大块,即教育条件、教育过程和教育效果,绝大多数评定标准为评分标准。二是班级规模和师幼比、教师的行为与师幼互动、物质空间和设备、日常生活护理、课程、教师的资格和发展等因素对幼儿园教育质量有重要影响。[1] 拉夫(J. M. Love)等人的实验研究比较了幼儿与教师比例在8∶1、9∶1和10∶1时幼托机构的保教质量,发现随着幼儿与教师比例的升高,幼托机构的保教质量也随之下降。[2] 克拉克·史都华(C. Stewart)等的研究表明,教师的倾听、友好适宜的回应、与幼儿的情感交流等都与儿童发展呈正相关关系。[3] 师幼互动等过程变量直接影响儿童获得的经验和他们的发展,结构变量则要通过过程变量作用于儿童发展。[4] 潘月娟等认为教师学历是影响幼儿园教育环境质量的首要结果变量。三是幼儿园教育质量评价结果大多数用于幼儿园等级划分。

---

[1] 中央教育科学研究所学前教育研究室.幼儿园教育质量评价手册[M].北京:教育科学出版社,2009:3.
[2] Love,J. M,Ryer,P.,& Faddis,B. Caring Environments:Program Quality in California's Publicly Funded Child Development Programs[M]. Portsmouth,NH:RMC Research,1992:69.
[3] Clarke-Stewart. A.,& Fein,G. G. Early Childhood Programs. In Haith M. & Campos J. (Eds.),Handbook of Child Psychology. Infancy and Developmental Psychobiology[M]. New York:Wiley. 1983:917-1000.
[4] Phillipsen L. C.,Burchinal M. R.,Howes C.,& Cryer D. The Prediction of Process Quality from Structural Features of Child Care[J]. Early Childhood Research Quarterly,1997,(4).

四、幼儿园教育质量评价实践中积累的经验

这些经验主要通过访谈和问卷调查上海14个区49所幼儿园的园长、教师和家长获得。

（一）访谈调查信息

访谈的问题和所获得的信息见第二章第二节，归纳起来，分述如下。

1. 幼儿园的工作目标

能顺利招生，有特色课程，准确贯彻执行二期课改精神，确保幼儿安全，提高课程和保教质量。

2. 好孩子的标准

（1）有优秀的品德，较好的适应能力，身心健康，愿意表达，并形成良好的行为习惯，关心他人。

（2）3～4周岁，只有生活自理能力，适应能力和情感依赖的差别，情绪比较稳定，与同学友好交往，主动，愿意表达，自理能力较强，生活习惯、学习习惯较好，听老师的话，乖巧。4～5周岁，人际交往能力较好，动手操作能力较强，可以做老师的好帮手，学习上自觉听话，理解能力较强，语言表达较好。学习习惯上更注重一点，孩子有了一些自理能力，听老师话，不打架。5～6周岁，在中班基础上提升，特别是为小学入学做好知识上的储备，有独立自主，非好孩子的标准，参与做游戏，学拼音，学加减法，孩子要进小学了，能掌握一定知识，又有一定交际能力和合作能力，个人行为、性格、承受挫折的程度，会表达自己的想法，开始独立思考问题。

3. 影响孩子成长的因素

（1）园内对幼儿成长影响较大的因素有教师素质、环境、幼儿之间的相互影响、师资队伍、园长的管理能力、硬件设施等。

（2）家园共育、教学环境、教师素质、教师教学、家长素质、家庭环境、幼儿健康等。

4. 目前幼儿园开展的教育评价活动

（1）教师教学评价、教育环境评价、教师工作考核、幼儿教育质量评价等。

（2）基本没有针对幼儿学习成绩的评价，只有每月评估表，用鼓励性的语言对孩子表现予以评价。

（3）教育质量评价在幼儿园可持续发展中起着监控作用，指导园长和老师的行为，现行的上海市幼儿园质量评价指南、徐汇区幼儿园规范、科技幼儿园手册等项目内容太多，教师不知道重点，具体措施也不清晰，希望政府部门为我们提供一套完整的评价指标体系。

5. 幼儿园教育质量标准

（1）学生学到知识、塑造个性、养成良好行为习惯、学会生存和人际交往，同时，还要让老师有良好的发展平台和较高的工作积极性，课程实施符合规范，有自己的特色，孩子愿意到园里来，快乐地学习，家长信任幼儿园。

（2）教学和安全、情商培养、德育、交际能力和生活自理能力的提高、孩子学习习惯和生活习惯的养成等。

（3）幼儿发展状况、孩子的综合素质、对知识认知的渴求程度、孩子性格的改善情况、孩子生活能力提高程度、办学理念、教师专业素养、对幼儿日常生活的护理、饮食状况、课程设置、场地情况、活动空间、教学环境、教学器具、孩子的品德教育、技能教育、孩子的团队意识、纪律性以及智力开发、良好行为习惯培养等。

（4）孩子今后学习与生活发展的启蒙地，培养孩子集体生活习惯和团队协作精神的教育场所，老师要以一种爱的心态培育孩子，而不是简单的教条和规矩。

（5）拥有一批良好的师资，在传授知识的同时，更能提高幼儿的情商，富有责任心和爱心，以幼儿的实际需求为工作目标。

（6）能让孩子喜欢上幼儿园，如孩子喜欢老师、同学和幼儿园的饭菜等，能让孩子在玩耍中获得知识和培养兴趣，能注重培养孩子的综合素质性格。

（7）关心幼儿各方面的素质和能力，经常与家长沟通。老师的素质尤为重要，每位老师都必须有颗爱幼儿的心。

（8）具有良好的设施、场地、师资力量以及管理水平，孩子在幼儿园能开心、健康成长，教师有爱心、耐心，寓教于乐，孩子在幼儿园能够获得多方面的发展。

（9）教师心中有孩子，这一点最为重要，如果幼儿园人文环境和物质环境都好，就更加完美了。

（10）一块欢乐的净土，可以充分发挥孩子想象力的快乐窝，有温馨童真的教室，充满爱心、威严、和睦并存的老师，小朋友之间团结友爱，互相帮助，老师在潜移默化中将道理告诉孩子们。

（11）不仅要对孩子关心，还要了解孩子的成长环境，最好能够经常主动和家长联系，适当地给孩子安排一些兴趣活动班，这样省得家长周末还要带孩子到外面去上课。

（12）有一群富有童心、爱心的老师，孩子每天能高高兴兴地上学，开开心心地回家，回家后不停地说着学校发生的事，幼儿园要有良好的口碑。

（13）让家长感到满意，让孩子乐于上学，可以让孩子在平时做到劳逸结合，既能学习知识又能开心游戏，寓教于乐。

（14）必须有为人师表的好老师，老师要有爱心和责任心，平等对待每个孩子，才能更好地树立幼儿园的形象，而不是只靠外观等吸引眼球的东西来成为好的幼儿园。

（15）教会孩子如何做人，教育孩子学会分享和感恩，有素质良好并有耐心的老师，有可供选择种类繁多的特色课程和安全、先进的设施。

（16）有良好的风气，高素质的教师，孩子在幼儿时期养成良好习惯比学到知识更为重要，孩子人格、习惯的培养需要好学校、好老师的教导，给孩子一生打下良好基础。

（二）问卷调查结果

1. 幼儿园教育质量的主要体现

保教人员和家长均认为幼儿园教育质量主要体现在幼儿发展状况、教师素质和行为两大方面。当问到"影响幼儿园教育质量的主要因素"时，保教人员回答：教师的责任心（78％）、教育教学水平（74％）、园内管理水平（64％）、教师的爱心（61％），而家长答道：教师的责任心（82％）、教师的爱心（65％）、教育教学水平（60％），这说明教师的责任心和爱心比教师的学历更重要。

2. 教师和家长心目中满意的幼儿园的主要表现

教师心目中满意的幼儿园的主要表现为拥有良好的师资队伍、能让幼儿养成良好行为习惯、孩子喜欢上幼儿园、具有较高的管理水平、家长感到满意、较好的设施和场地、能让幼儿学会人际交往、经常与家长沟通。家长心目中满意的幼儿园的主要表现是拥有良好的师资队伍、能让幼儿养成良好行为习惯、孩子喜欢上幼儿园、经常与家长沟通。

五、评价对象和条件

2008年上海市教委教研室发布的《上海市幼儿园保教质量评价指南（征求意见稿）》对其试行的意义、基本要求和评价标准做了阐述，其中评价标准由课程和幼儿发展2个一级指标构成。一级指标课程又划分为课程实施方案（方案编制、方案内容、时间安排、资源支持）、环境创设和利用（园所环境、班级环境）、生活活动（安全与保育、行为观察、自我服务、交往机会）、运动（运动时间与运动量、器械与材料、资源利用、运动保护）、游戏活动（条件提供、游戏观察、游戏的支持）、学习活动（目标的价值、内容的选择、方法的运用、师幼的互动）、保健与特殊照料（卫生保健、特殊保育）、家庭与社区互动（家园共育、资源开发和共享）8个二级指标和25个三级指标。一级指标幼儿发展又划分为体能（生长发育、运动兴趣、动作协调与平衡）、习惯（生活习惯、学习习惯、文明习惯）、自我意识与自理（自我概念、情感表达、自理与自立）、认知（观察与探索、概念与关系）、语言能力（倾听、表达、前阅读与前书写）、社会性（交往合作、责任感、同情与关爱）、美感与表达（感受与体验、表达表现）7个二级指标和19个三级指标。课程的三级指标均配上优秀、良好、合格、不合格4等级评定标准，其中对优秀和合格2个等级还提出了更为细致的要求。幼儿发展的三级指标只配上了合格标准，并且对其阐述了更为细化的要求。我们在设计幼儿园教育质量评价指标体系时将考虑目前的基础。

第三节　幼儿园教育质量评价标准编制的程序和方法

编制幼儿园教育质量评价标准不仅要有理论指导，而且还要有与之相配套的方法体系，在此介绍与发展性目标评价模式相配套的幼儿园教育质量评价标准编制的程序和方法。

一、幼儿园教育质量评价指标体系的设计

（一）设计指标体系的原则

1. 指标的直接可测性和可观察性原则

指标的直接可测性是指指标作为评价内容集合中的元素，应是可用操作的语言加以定义，所规定的内容是可以通过现有的如量表、仪器等工具加以直接测量以获得明确结论的。譬如，用尺子测量幼儿的身高等。这类指标是可以量化的。指标的可观察性是指指标规定的内容可以用眼睛通过直接观察获得明确的结论。譬如，幼儿的责任意识是反映幼儿发展状况的一个重要方面，在评价工作中，可以通过按时完成老师布置的任务、犯错时不推卸责任或指责他人等表现来进行判断。当被观察对象的行为结果是收敛的，即行为结果可被判断分等的，这种指标也可以定量化，用定量方法来处理，如"幼儿的责任意识"这一指标，当被观察对象的行为结果是发散的，即行为结果不可被判断分等的，这类指标是不可量化的，只能用定性方法来处理，如"幼儿的性格特点"。

2. 指标间相互独立性原则

所谓指标间的相互独立是指指标体系中的各条指标必须不相互重叠，不存在因果关系，不能从一条导出另一条。这是因为：一是指标间如不独立，说明其中有些是冗余的，它的存在既对指标体系没有意义，而且加大了整个评价的工作量，降低了评价的可行性，二是指标间如不独立，则在指标体系中，重复的指标被重复地进行评分，实际上是加大了它的权重，这种偏差的出现，会极大地影响整个评价的科学性。

3. 指标体系的整体完备性和本质性原则

所谓指标体系的整体完备性指的是指标体系内指标能够全面和系统地反映对评价对象数量和质量的要求。它要求指标体系不遗漏任何重要指标，各条指标能在相互配合中全面地体现评价对象数量和质量要求。指标体系的本质性原则是指指标体系中的指标应该反映评价对象数量和质量要求的主要的、本质的和切合实际的方面，它要求指标体系不仅要全面反映评价对象数量和质量的要求，而且要突出重点，反映本质。这样既有利于在搜集和统计处理评价信息时省时、省力、省物、省财和减小误差，而且有利于普及和推广。

4. 指标的可比性原则

指标的可比性指的是指标必须反映评价对象共同的属性，反映对象属性中共同的东西。只有在同质的前提下，我们才能实际地比较两个具体评价对象在这方面的差异。

5. 指标的公平性原则

这一原则主要是指指标体系中的每一条指标对于评价对象集合中的每一个体都是公平的,换句话说,评价对象集合中的每一个体对于达成指标要求的几率是相同的。这就要求增加指标体系设计过程的透明度,重视与评价活动有关人员的愿望、需要和意图,特别要重视反对意见。

6. 指标的可接受性原则

指标的可接受性包含着两层含义:一是符合我国教育事业发展实际水平的、从实际出发提出的指标才是可接受的。只有切合实际情况而又为广大与评价活动有关人员所接受的指标体系才是有效的,才能发挥良好的作用。二是按指标进行评价是可行的。指标体系不仅要为广大与评价活动有关人员所接受,它的实施还要考虑人力、物力和财力等现实条件。设计得再好的指标体系,如果没有必要的人力、物力和财力保证其实施,也是没有用的。

(二)设计指标体系的程序和方法

1. 提出初拟指标体系

根据本章第二节中制定评价标准的五大方面的依据,提出了初拟指标体系(见表 3-9),然后运用征询意见、理论论证、专家评判、实验修订等方法修订和完善指标体系。

表 3-9 列出了幼儿园教育质量评价初拟指标体系。调查对象为幼儿园保教人员和幼儿家长,让他们根据所了解的实际情况,对这些指标反映幼儿园教育质量是"很重要""重要""一般""可要可不要",还是"不要"作出判断。判断时,综合考虑两方面的因素:一是这些指标对幼儿园教育质量评价的重要程度,二是指标之间的相对重要程度,并用"√"进行单项选择,多选无效。如果被调查者认为还有其他指标对于该评价也很重要的话,可填写在"备注"栏中。此外,如果被调查者对指标的表述有修改意见的话,可在指标上直接修改。

表 3-9　幼儿园教育质量评价初拟指标体系表

评价对象	一级指标	二级指标	三级指标	征询意见				
				很重要	重要	一般	可要可不要	不要
幼儿园教育质量	教育条件	教育经费	1.生均教育经费					
			2.经费的使用					
		场地园舍	1.生均占地面积					
			2.绿化覆盖率					
			3.建筑与用房					
		设备设施	1.生活设施					
			2.保健设备					
			3.教育设施					
			4.活动设施					
			5.办公设备					
		人员配置	1.人员资格					
			2.人员比例					
			3.班级规模					
			4.人员培训					
		管理水平	1.规章制度建立					
			2.制度实施效果					
			3.档案管理					
	教育过程	教育计划	1.计划的前瞻性					
			2.计划的切合性					
			3.计划的操作性					
幼儿园教育质量	教育过程	教育活动	1.课程教学					
			2.幼儿行为习惯养成指导					
			3.活动组织					
			4.师幼互动					
			5.家园联系					
			6.教育环境					
			7.教育评价					
		卫生保健	1.日常护理					
			2.营养膳食					
			3.安全防护					
			4.疾病防治					
			5.健康检查					

(续表)

评价对象	一级指标	二级指标	三级指标	征询意见				
				很重要	重要	一般	可要可不要	不要
幼儿园教育质量	教育效果	幼儿行为习惯	1. 卫生习惯					
			2. 生活习惯					
			3. 学习习惯					
			4. 交往习惯					
			5. 规则意识					
		幼儿认知水平	1. 空间认知					
			2. 数量认知					
			3. 时间认知					
			4. 类比推理					
		幼儿运动技能	1. 身体健康					
			2. 大动作					
			3. 精细动作					
			4. 运动习惯					
		幼儿能力水平	1. 生活自理能力					
			2. 语言表达能力					
			3. 交往能力					
			4. 学习能力					
		备注						

2. 筛选和修订

（1）征询意见

我们在2011年9月至2012年2月把表3-9分发给上海14个区49所幼儿园的保教人员和家长（保教人员样本1363，家长样本2035）。随后对数据进行了探索性因子分析和验证性因子分析，并对指标体系进行筛选。

因子分析（也称因素分析）是一种降维的相关分析方法，用来考察一组变量之间的协方差或相关系数结构，并用以解释这些变量与为数较少的因子之间的关联。目前因子分析包括探索性因子分析和验证性因子分析。这两种因子分析都是以普通因子分析模型作为理论分析基础，其主要目的都是压缩数据，通过对诸多变量的相关性研究,用假想的少数几个变量来表示原来变量的主要信息。[①] 在进行研究的过程中,探索性因子分析和验证性因子分析的方法不能分开,探索性因子分析形成比较简练的维度。但是,由这些维度构成的量表稳定性需要进行验证。正如安迪森(Anderson)建议,在发展理论的过程中,利用探索性因子分析建立模型,再用验证性因子分析检验模型,这样可以保证量表所测特质的确定性、稳定性和可靠性。但值得我们注意的是,探索性因子分析和验证性因子分析所用的数据必须是分开的两组数据。如果研究者直接把探索性因子分析的数据用到验证性因子分析中,那就仅仅只是拟合数据,而不是检验理论结构,比较合理的做法是用一半数据进行探索性因子分析,然后把分析取得的因子用剩下的另一半数据做验证性因子分析。[②]

在进行探索性因子分析和验证性因子分析时,我们对由表 3-9 搜集得到的信息进行量化,赋予"很重要、重要、一般、可要可不要、不要"的分值分别为"5、4、3、2、1"。

• 供教师使用的指标体系

我们把保教人员调查样本随机分半,一半进行探索性因子分析($N=682$),另一半进行验证性因子分析($N=681$)。

• 探索性因子分析

运用 SPSS 统计软件计算得表 3-10、表 3-11、表 3-12、表 3-13。

表 3-10　KMO 检验和 Bartlett 球形检验表

KMO 系数		0.968
Bartlett 球形检验	近似卡方分布	37090.33
	自由度	1176
	显著性水平	0.000

由表 3-10 可知,KMO 值为 $0.968>0.9$,Bartlett 球体检验的 X^2 值为 37090.33,自由度为 1176,显著性水平 $Sig=0.000<0.05$。本次问卷调查数据适合做因子分析。

[①] 周晓宏,郭文静. 探索性因子分析与验证性因子分析异同比较[J]. 科技和产业,2008,(9).
[②] Neil Anderson, Filip Lievens, Karen van dam. et. Future perspectives on employee selection: Key directions for future research and Practice[J]. Applied psychology: an international review,2004,53,(4).

表 3-11 探索性因子分析中因子个数的参数表

因素个数	特征值			旋转前累计平方负荷		
	总分	方差百分比	累计贡献率	总分	方差百分比	累计贡献率
1	26.694	54.478	54.478	26.694	54.478	54.478
2	3.498	7.138	61.616	3.498	7.138	61.616
3	1.827	3.728	65.344	1.827	3.728	65.344
4	1.467	2.994	68.337	1.467	2.994	68.337
5	1.246	2.544	70.881	1.246	2.544	70.881
6	1.090	2.224	73.105	1.090	2.224	73.105
7	0.961	1.961	75.066			

根据表 3-11 可知,幼儿园教育质量评价指标体系(供教师评价用)由 6 个因素组成较为适宜,因为前面 6 个因素的特征值大于 1,并且,这 6 个因素的累加变异量已达 73%以上,具有较好的解释率。

表 3-12 供教师用的评价指标体系探索性因素分析结果表

项目	因子				
	1	2	3	4	5
6. 生活设施					0.822
7. 保健设备					0.839
8. 教育设施					0.743
10. 办公设备					0.685
15. 规章制度建立				0.614	
18. 计划的前瞻性				0.804	
19. 计划的切合性				0.822	
20. 计划的操作性				0.786	
28. 日常护理	0.689				
29. 营养膳食	0.768				
30. 安全防护	0.763				
31. 疾病防治	0.784				
32. 健康检查	0.740				

(续表)

项目	因子				
	1	2	3	4	5
36. 交往习惯			0.684		
37. 规则意识			0.703		
38. 空间认知		0.816			
39. 数量认知		0.810			
40. 时间认知		0.820			
41. 类比推理		0.834			
46. 生活自理能力			0.711		
47. 语言表达能力			0.654		
48. 交往能力			0.720		
解释变异量(%)	56.20	7.90	6.71	5.31	4.34
总体解释变异量(%)	80.46				

表 3-12 中罗列了因子负荷量大于 0.50 的项目,负荷量越高表示该项目在共同因子中的重要性越高,故幼儿园教育质量评价指标体系(供教师评价用)最终由 5 个因素组成较为适宜。

表 3-13 各因子及总量表的 Alpha 系数表

因子	因子 1	因子 2	因子 3	因子 4	因子 5	总量表
Alpha 系数	0.9167	0.9610	0.9235	0.9192	0.8806	0.9617

Alpha 系数越高,则代表其测试的内容越趋向于一致。在研究中,一般认为,既要提供总量表的信度系数,也要提供各分量表的信度系数。一份信度系数比较好的量表,其总量表的信度系数要在 0.80 以上,如果在 0.70～0.80 之间也是可以接受的。如果是分量表,其信度系数要在 0.70 以上,0.60～0.70 是可以接受的范围,如果分量表的内部一致性 Alpha 系数在 0.60 以下或总量表的信度系数在 0.80 以下,

则应考虑重新修订量表或增删题项。① 通过表 3-13 可以看出，Alpha 系数在 0.8806~0.9617 之间，都达到了要求。已有的研究表明：一份信度系数好的量表，其总量表的信度系数最好在 0.80 以上，分量表的信度系数最好在 0.70 以上。可见，本指标体系具有较好的内部一致性。

- 验证性因子分析

研究认为，仅仅通过探索性因子分析就确定"因子结构的构成"还不够科学，除了进行探索性因子分析外，我们还需要用另一批数据进行验证。只有通过验证的模型才能被接受。于是，笔者用教师问卷中的另一批数据做验证性因子分析（$N=681$）。

常用的评价模型对数据拟合程度的指标和标准如下②：

一是卡方自由度的比值（X^2/df）越小，则模型拟合度越好，反之就越差。在实际研究中，当 $X^2/df<5$ 时，可以认为模型的拟合度比较好。

二是 GFI 表示假设模型解释观察变量的比例，其值>0.90 认为有较强的解释力。

三是 AGFI 表示考虑模式复杂度后的 GFI，其值>0.90 认为有比较大的解释力。

四是 NNFI 是比较假设模型与独立模型的卡方差异，差值>0.90。

五是 RMSEA 是比较理论模型与饱和模型的差异，差值<0.05 认为有很好的解释力，而差值<0.08 是可以接受的。

六是 CFI 代表假设模型与独立模型的非中央性差异，说明模型较虚无模型的改善程度，比较适合于小样本，一般认为其值要>0.90。

上述这些指标有部分相似的地方，如果全部指标同时用于评价一个模型就会重复，一般地模型拟合度应该至少报告 CFI 和 RMSEA 两个指标。本研究主要报告 X^2、df、X^2/df、RMSEA、CFI、NNFI、GFI 和 AGFI 等指标。

在运用结构方程模型进行验证性因子分析时，一般遵循以下几个步骤：一是提出几种供比较的假设模型，二是按照假设模型运用 LISREL 软件得到各拟合指标，三是比较几种假设模型的拟合指标和差异性，四是选择可以接受的模型或者最优的模型。③ 运用 LISREL 软件统计得出模型拟合指标（见表 3-14）。

---

① 夏镜航.大学生节能意识量表开发及应用研究[D].大连：大连理工大学硕士学位论文，2007：31.
②③ 张辉华.管理者的情绪智才及其与工作绩效的关系研究[D].广州：暨南大学博士学位论文，2006：57,59.

表 3-14 供教师评价用的指标体系 3 种假设模型的各种拟合指标表

模型	X^2	df	X^2/df	RMSEA	CFI	NNFI	GFI	AGFI
三因素模型	3429.49	207	16.57	0.151	0.93	0.92	0.69	0.62
四因素模型	1942.80	203	9.57	0.112	0.97	0.96	0.79	0.74
五因素模型	982.81	199	4.94	0.076	0.98	0.98	0.88	0.85

从表 3-14 反映的拟合指标可以看出，五因素结构模型的拟合指数分别为 $X^2/df=4.94<5$，RMSE$=0.076$，CFI$=0.98$，NNFI$=0.98>0.90$，GFI$=0.88$，AGFI$=0.85$，其中 GFI、AGFI 指标均接近 0.90，可以接受。通过这 3 种模型结构的比较可以得到，五因素结构模型是较合理的。

通过因子分析，征询意见后得到的指标体系见表 3-15。

表 3-15 征询意见后供教师评价用的指标体系表

评价对象	一级指标	二级指标	三级指标
幼儿园教育质量	教育条件	设施设备	生活设施
			保健设备
			教育设施
			办公设备
	教育过程	教育计划	规章制度建立
			计划的前瞻性
			计划的切合性
			计划的操作性
		卫生保健	日常护理
			营养膳食
			安全防护
			疾病防治
	教育效果	幼儿行为习惯	交往习惯
			规则意识
			生活自理能力
			语言表达能力
			交往能力
		幼儿认知水平	空间认知
			数量认知
			时间认知
			类比推理

• 把供家长使用的指标体系调查样本随机分半，一半进行探索性因子分析（$N=1017$），另一半进行验证性因子分析（$N=1018$）。

• 探索性因子分析

运用 SPSS 统计软件计算得表 3-16、表 3-17、表 3-18、表 3-19。

表 3-16　KMO 检验和 Bartlett 球形检验表

KMO 系数		0.977
Bartlett 球形检验	近似卡方分布	46262.29
	自由度	1176
	显著性水平	0.000

由表 3-16 可知,KMO 值为 0.977＞0.9,Bartlett 球体检验的 X^2 值为 46262.29,自由度为 1176,并且显著性水平 Sig=0.000＜0.05。本次问卷调查数据适合做因子分析。

表 3-17　探索性因子分析中因子个数的参数表

因素个数	特征值			旋转前累计平方负荷		
	总分	方差百分比	累计贡献率	总分	方差百分比	累计贡献率
1	26.255	26.255	53.582	26.255	53.582	53.582
2	3.157	26.255	60.024	3.157	6.442	60.024
3	1.660	3.388	63.412	1.660	3.388	63.412
4	1.326	2.707	66.119	1.326	2.707	66.119
5	1.122	2.289	68.408	1.122	2.289	68.408
6	0.943	1.925	70.333			
7	0.900	1.837	72.170			

根据表 3-17 可知,指标体系由 6 个因素组成较为适宜,因为前面 5 个因素的特征值均大于 1,第 6 个因素的特征值为 0.943,接近 1,并且这 6 个因素的累加变异量已达 70%以上,具有较好的解释率。因此可以初步假定,供家长用的指标体系由 6 个因素组成较为合理。

表 3-18 供家长用的指标体系的探索性因素分析结果表

项目	因子					
	1	2	3	4	5	
3.生均占地面积					0.794	
4.绿化覆盖率					0.804	
5.建筑与用房					0.778	
6.生活设施					0.581	
16.制度实施效果				0.619		
18.计划的前瞻性				0.722		
19.计划的切合性				0.778		
20.计划的操作性				0.759		
23.活动组织						0.627
25.家园联系						0.688
26.教育环境						0.687
27.教育评价						0.720
30.安全防护			0.745			
31.疾病防治			0.784			
32.健康检查			0.766			
33.卫生习惯			0.534			
38.空间认知		0.721				
40.时间认知		0.728				
41.类比推理		0.757				
43.大动作		0.710				
46.生活自理能力	0.777					
47.语言表达能力	0.814					
48.交往能力	0.774					

（续表）

项目	因子					
	1	2	3	4	5	
49.学习能力	0.762					
解释变异量(%)	54.51	7.82	4.59	3.96	3.41	2.96
总体解释变异量(%)	77.27					

表 3-19　各因子及总量表的 Alpha 系数表

因子	因子1	因子2	因子3	因子4	因子5	因子6	总量表
Alpha 系数	0.869	0.870	0.883	0.913	0.917	0.931	0.961

由表 3-19 可以看出,本指标体系具有较好的内部一致性。

• 验证性因子分析

运用 LISREL 软件统计得出模型拟合指标(见表 3-20)。

表 3-20　供家长用的指标体系的 3 种假设模型的各种拟合指标表

模型	X^2	df	X^2/df	RMSEA	CFI	NNFI	GFI	AGFI
四因素模型	3260.91	246	13.26	0.111	0.95	0.94	0.79	0.74
五因素模型	2178.94	242	9.00	0.089	0.97	0.96	0.85	0.81
六因素模型	927.23	237	3.91	0.054	0.99	0.98	0.93	0.91

从表 3-20 反映的拟合指标可以看出,六因素结构模型的拟合指数分别为 $X^2/df=3.91<5$,RMSEA$=0.054<0.08$,CFI$=0.99>0.90$,NNFI$=0.98>0.90$,GFI$=0.93>0.90$,AGFI$=0.91>0.90$,每一项拟合指数都达到了标准,说明六因素结构模型是合理的。

通过因子分析,征询意见后得到供家长用的指标体系见表 3-21。

表 3-21　征询意见筛选后的供家长用的指标体系表

评价对象	一级指标	二级指标	三级指标
幼儿园教育质量	教育条件	园舍设施	生均占地面积
			绿化覆盖率
			建筑与用房
			生活设施
	教育过程	教育计划	制度实施效果
			计划的前瞻性
			计划的切合性
			计划的操作性
		教育活动	活动组织
			家园联系
			教育环境
			教育评价
		卫生保健	安全防护
			疾病防治
			健康检查
			卫生习惯
	教育效果	幼儿认知水平	空间认知
			时间认知
			类比推理
			大动作
		幼儿能力水平	生活自理能力
			语言表达能力
			交往能力
			学习能力

(2) 理论论证

经过因子分析筛选所得的指标体系是否符合评价的要求，还必须从有关学科的科学意义进行论证，其主要依据是学前教育理论以及文献研究和调查研究成果。在明确指标内涵的基础上针对评价对象的实际情况逐一进行论证，以求得高质量的指标体系。下面就论证修订过程大致分述如下：

• 从指标体系的整体结构来看(见表 3-15 和表 3-21)。保教人员和家长均认同幼儿园教育质量评价指标体系应该由条件指标、过程指标和效果指标构成,这与本研究最初设想是一致的。

从条件指标来谈(见表3-15和表3-21),保教人员和家长的看法有明显不同。保教人员认为"生活设施""保健设备""教育设施"和"办公设备"是较为重要的教育条件,这可能是因为他们平时利用这些设施或设备的频率较高,因此感到这些设施或设备是办学必备的条件,而像"绿化覆盖率""生均教育经费""人员资格""规章制度建立"等指标,保教人员不能直接感受到它们的作用,对这些指标的认同往往与评判者的教育理念和素养等有关。家长较为认同教育条件的指标是"生均占地面积""绿化覆盖率""建筑与用房""生活设施",他们希望自己的孩子能在美观和宽敞的环境中生活,至于资源的利用率等其他方面的指标,家长可能了解不多,以致不太关注。

从过程指标来看(见表3-15和表3-21),保教人员和家长认同的指标也有明显的不同。保教人员认为"规章制度建立""计划的前瞻性""计划的切合性""计划的操作性""日常护理""营养膳食""安全防护"和"疾病防治"是较为重要的教育过程,但是没有认同教育活动方面的指标,这可能是教师以为自己是教育计划的执行者,教育活动开展得如何与教育计划的质量有着直接的关系,教育计划制订得好,教育活动就开展得好,似乎隐含着一种推脱责任的心理。家长较为认同教育过程的指标是"制度实施效果""计划的前瞻性""计划的切合性""计划的操作性""活动组织""家园联系""教育环境""教育评价""安全防护""疾病防治""健康检查"和"卫生习惯",它们不仅涉及教育计划和卫生保健两大方面,而且还包含教育活动方面。与保教人员相比,家长的看法较为全面,这可能与家长所处的位置有关。

从效果指标来说(见表3-15和表3-21),保教人员和家长的观点差异不大。保教人员认为"幼儿行为习惯"和"幼儿认知水平"是较为重要的教育效果,而家长较为认同的教育效果指标是"幼儿认知水平"和"幼儿能力水平"。相比较而言,保教人员的观点较为科学,对于3~6岁的幼儿来说,行为习惯的养成是非常重要的,这可能与他们接受过系统的幼儿教育方面的训练有关。在这大类指标里,初拟指标由于考虑不周,其内涵有较多的重叠现象,譬如,"交往习惯"和"交往能力"内涵有较多重叠。另外,还存在指标归类不合理等情况,这些将在修订时一并考虑。

(3) 专家评判

我们邀请了上海市的学前教育的专家对理论论证后的指标体系进行评判。专家认为,幼儿园的教师和幼儿家长对3~6岁幼儿的教育作用是一样重要的,为此把教师用的指标体系和家长用的指标体系合二为一较为妥当,只是在设定评定标准时加以区分,这对于评价结果的解释更加具有说服力。并且根据文献研究和调查研究成果,再做以下修改和补充:

- 加上"教育经费"指标,使得指标体系的内容较为完整,但是在具体运用时可以有所选择,如果被评对象这条指标已做得很好了,可以不评或去掉。同样道理,加上"活动设施""人员配置""档案管理""课程教学""师幼互动"等指标。

- 把有些三级指标合并起来,便于实施,使评价结果更加客观。譬如,"场地园舍""教育计划"等指标。

- 根据设计指标体系的依据,一级指标"教育效果"还应分解为"幼儿的体""幼儿的智""幼儿的德"和"幼儿的美"4个方面,从逻辑上来说比较妥当。

专家评判后的指标体系见表1-1。

(4) 实验修订

我们把表1-1中的指标体系配上四等级的评定标准(即A、B、C、D)在LY幼儿园进行了试评。该幼儿园的园长和保教人员全部参与评价,共18人,随机抽取幼儿家长21名,样本分布为小班、中班、大班各7名。在评价"教育效果"内容时,被评价幼儿的家长(至少1人)也要参与评价活动,不受21名幼儿家长的名额限制,其每一条指标的评价结果是每一个被评价对象得分的平均分。40条三级指标保教人员评价得分在2.3714至2.7667之间(见表1-2),家长评价得分在2.4906至2.9464之间(见表1-2),可见,评价得分分布较为合理。我们算得保教人员与家长对这40条指标评价得分的相关系数为0.743,在0.01水平(单侧)上显著相关。同时,我们运用三角互证法[①],即用不同来源的评价信息来证实同一结论(用领导、保教人员和家长等3方面的评价信息较好地验证了本次评价具有较高的效度)。由此得到以下结论:一是从40条三级指标保教人员评价和家长评价得分来看,评定标准(个性指标)的设置要求较为合适,对于一个二级幼儿园来说,保教人员评价得分和家长评价得分高低

---

① 吴钢.现代教育评价教程(第二版)[M].北京:北京大学出版社,2015:185.

较为适中,二是信度较高,具有较好的一致性,三是效度较高。这在一定程度上说明了表 1-1 中的指标体系具有较好的信度和效度。

(三) 指标体系权集的确定

权集就是权重集合的简称。所谓指标的权重,就是指反映指标在指标体系中重要性程度的数量。确定权重常用的方法有以下 4 种。

1. 定量统计法

先把设计成的指标体系制成调查问卷(见表 3-22,指导语省略)。依据发展性目标评价模式,在确定指标体系权集时考虑与评价活动有关人员的愿望、需要和意图等。把调查问卷发给有关专家、学校教师、学生或与评价活动有关的人员等,请他们对每一项指标反映评价对象数量或质量要求的重要性程度作出判断。

表 3-22 某一评价对象指标体系调查问卷表

指标体系	征询意见				
	很重要	重要	一般	可要可不要	不要
指标 1					
指标 2					
⋮	⋮	⋮	⋮	⋮	⋮
指标 n					

表 3-22 中,一般选择项分为 5 档,即很重要、重要、一般、可要可不要、不要,也可分为 4 档,即重要、较重要、不太重要、不重要,这要视具体情况而定。然后,收回问卷,统计"很重要""重要",或者"重要""较重要"两档的人数比例(百分比)。具体做法是把每一条指标选择"很重要""重要""一般""可要可不要""不要"的人数加起来作为"总人数",然后,分别统计出每一条指标选择"很重要"和"重要"的人数,其余选项的人数就不必统计了,这是因为只有"很重要"和"重要"选项才能较有效显示指标反映评价对象数量或质量要求的重要性程度。接着,把每一条指标选择"很重要"和"重要"的人数分别去除以相应指标的"总人数"就分别得到每一条指标"很重要""重要"两档选择人数的百分比 a_i、$b_i (i=1,2,\cdots,n)$(见表 3-23)。

表 3-23 某一评价对象指标体系调查统计结果表

指标体系	统计结果		
	很重要	重要	合计
指标 1	a_1	b_1	c_1
指标 2	a_2	b_2	c_2
⋮	⋮	⋮	⋮
指标 n	a_n	b_n	c_n

表 3-23 中,"很重要""重要"中的百分比表示被调查者对指标体系中指标反映评价对象数量或质量要求重要性程度的判断结果,百分比大说明被调查者认为指标的重要性程度高,由此这些指标在指标体系中的地位就高,它们的权重也应该大,反之,指标在指标体系中的地位就低,权重也就小。为此,是否可以用表 3-23 中"合计"的数值 $c_i(c_i=a_i+b_i)(i=1,2,\cdots,n)$ 进行归一化(即先求出 $\sum_{i=1}^{n}c_i$,其和数再去除每一条指标的 c_i 值)算出指标体系的权集呢?乍一看似乎是可行的,但是,仔细分析起来是不行的,譬如,假设表 3-23 中 $a_1=b_2$,$b_1=a_2$,并且,$a_1 \gg a_2$,那么用上述方法计算权重,指标 1 与指标 2 的权重是相等的,这就显得不合理了,因为根据上述假设,指标 1 的"很重要"选项值 a_1 大大大于指标 2 的"很重要"选项值 a_2。因此,应该先分别确定表 3-23 中"很重要"和"重要"的权重,然后,把"很重要"和"重要"的数值分别去乘以它们的权重,再把所乘得的积加起来进行归一化,就可算得指标体系的权集。但是,如何确定表 3-23 中"很重要"和"重要"的权重呢?我们先应该对"很重要""重要""一般""可要可不要""不要"五个等级进行量化。定量化的数据类型有多种,如何选择呢?一般地,定量化的数据类型有四种:一是类别数据类型。它是用数字来代表事物或把事物分类,说明事物特性的异同。这种类型的数字只是代表不同事物的区分性标签或代号,并无任何数量大小的含义。譬如,人们在抽样调查中常用 1、2 表示男性、女性,用 1、2、3 等表示不同的地区等。统计时,一般只能计算个数,属于离散的量。二是等级数据类型。这是用数值表示事物所具有某一特征的多少,它在分类的基础上,又增加了序列的特性,可排列大小。譬如,学生考试的名次(如第 1、2、3 名等)等。三是等距数据类型。这种数据类型除了具有分类、排序作用外,其数值单位

也相等,并人为确定了零点(测量的起点)。譬如,测量的零点是人为确定的,零分只能表示学生没有答对试卷上的任何一道试题,并不表明学生对这门学科一无所知等。四是比率数据类型。比率数据不仅数值单位相等,而且具有绝对零点。譬如:《国家体育锻炼标准》所测量的一些项目等。依照上述四种数据类型,因为表 3-22 中的"征询意见"具有区分等级高低和等级单位数值相等两个主要特性,因此,它属于等级数据类型和等距数据类型。为了使定量化的数据便于计算和解释,对于标度为 5 的"征询意见",用 5、4、3、2、1 数字来量化,于是,得到计算指标体系权集的公式:

$$\alpha_i = \frac{a_i \times 0.56 + b_i \times 0.44}{\sum_{i=1}^{n}(a_i \times 0.56 + b_i \times 0.44)} \tag{3-1}$$

式中:α_i 为指标的权重;a_i 是表 3-23 中指标 i 对应"很重要"栏的统计数据;b_i 是表 3-23 中指标 i 对应"重要"栏的统计数据。算得权重,然后按权重由大到小排列,给指标编上序号。这样能较好地提高评价结果的质量。对于树状式的指标体系结构同样可以用上述方法计算权集。

这种确定指标体系权集的方法具有以下几个特点:一是相关性。这是指被调查者对表 3-22 中"征询意见"选项的选择是依据指标体系中指标反映评价对象数量或质量要求重要性程度的高低,其判断结果实质上反映的是指标的内涵与评价对象数量或质量要求的相关程度。这个特性能确保指标权重反映评价对象数量或质量要求高低,从而也就确立了与之相对应的指标在指标体系中的地位,这与权重的定义是一致的。二是民主性。由上述可知,被调查者是有关专家、学校教师、学生或与评价活动有关的人员等,即凡是与评价对象有关的人员均有对指标权重的确定发表自己意见的权利和机会,体现了民主性。这样确定的指标权重,既反映了人们的价值取向,又能使他们信服,能较好地发挥指标体系的导向作用,提高评价工作的质量。三是模糊性。由表 3-23 可知,确定指标权重时统计的是"很重要"和"重要"两个选项的百分比,这是因为"很重要"和"重要"选项的边界是模糊的,如果只统计"很重要"选项的百分比,那么有可能会失掉很多有价值的信息,这对确定指标的权重不利。因此,在确定指标权重时能较好地考虑到这种模糊性,统计"很重要"和"重要"两个选项的百分比,确保有价值的信息不遗漏。用具有模糊性的方法处理模糊对象,可使运算结果更好地反映模糊对象的"本来面目"。四是科学性。由上述可知,在计算指标权重时,为了确保计算方法的科学性,先对"很重要""重要""一般""可要可不要""不要"五个选项进行分析,确定其数据类型,然后进行量化。接着,再分别确定"很重要"和"重要"两个选项的权重,把表 3-23 中"很重要"和"重要"的数值分别去乘以它们的权重,再把所乘得的积加起来进行归一化,就算得指标体系的权集,这种计算方法具有较好的科学性。

2. 专家评定法

这种方法是对已拟出的指标体系征询专家意见,给出相应的权重,经统计后取平均值加以确定。具体步骤是:

(1) 编制权重征询表

表 3-24 征询表

序号	指标体系(已知)	权重(未知)
1	z_1	q_{1j}
2	z_2	q_{2j}
⋮	⋮	⋮
n	z_n	q_{nj}

将此表发给 m 个专家填写权重栏。

(2) 算出每条指标 m 个专家所给权重的平均值

计算公式为:

$$\overline{q}_i = \frac{\sum_{j=1}^{m} q_{ij}}{m} \tag{3-2}$$

式中: $i=1,2,\cdots,n$。

(3) 作归一化处理

设: $\sum_{i=1}^{n} \overline{q}_i = D$,则指标 z_i 的权重为: $\frac{\overline{q}_i}{D}$, $(i=1,2,\cdots,n)$。

3. 对偶比较法

这是将同层次的各项指标,两两比较,按两者之间的相对重要性,给定比值,从而计算出各项指标的权重。例如:

表 3-25 对偶比较法实例

指标＼权重＼分项	对偶比较						比较得分总和	权重
教学态度	0.8	0.6	0.7				2.1	0.35
教学表达	0.2			0.3	0.4		0.9	0.15
教学内容		0.4		0.7		0.6	1.7	0.28
教学方法			0.3		0.6	0.4	1.3	0.22
合计	1	1	1	1	1	1	6	1

4. 层次分析法

这种方法是由美国学者萨蒂(T. L. Saaty)首先引入教育评价领域以解决权重的确定问题。它通过两两比较,区分出各级指标反映评价对象数量要求的相对重要程度,给出以数值表示的判断,构成判断矩阵,然后经过运算确定同级指标相对重要程度次序的权重。下面以幼儿园教育质量评价为例,阐述具体步骤。

(1) 运用发展性目标评价模式设计幼儿园教育质量评价指标体系。为了叙述方便,在此只阐述一级指标体系权集的计算,即:

图 3-3 幼儿园教育质量评价指标体系图

(2) 进行两两比较,建立判断矩阵。

表 3-26 判断矩阵标度及含义表

指标的相对重要程度	指标相对重要程度的赋值
同等重要	1
略微重要	3
重要	5
重要得多	7
极端重要	9

注:①在折中时可取两个相邻程度的中间值,即取 2、4、6、8。

②如指标 i 与指标 j 比较得出上述一个数值,那么指标 j 与指标 i 比较则为该数值的倒数。

表 3-27 判断矩阵表

j \ i	指标 1	指标 2	指标 3	…	指标 n
指标 1	1	a_{12}	a_{13}	…	a_{1n}
指标 2	$1/a_{12}$	1	a_{23}	…	a_{2n}
指标 3	$1/a_{13}$	$1/a_{23}$	1	…	a_{3n}
⋮	⋮	⋮	⋮	⋮	⋮
指标 n	$1/a_{1n}$	$1/a_{2n}$	$1/a_{3n}$	…	1

表 3-27 所示的判断矩阵有如下特点：①对角线上的数均为 1，表明指标自己与自己比同样重要，② $a_{ij} = \dfrac{1}{a_{ji}}$，即第 i 个指标与第 j 个指标比较的判断值，应等于第 j 指标与第 i 指标比较所得判断值的倒数。譬如，由上述幼儿园教育质量评价的例子可得表 3-28。

表 3-28 幼儿园教育质量评价判断矩阵表

j \ i	C_1	C_2	C_3
C_1	1	1/3	3
C_2	3	1	5
C_3	1/3	1/5	1

(3) 计算。

① 将判断矩阵（见表 3-28）的每一列元素作归一化处理，其元素的一般项为：
$a'_{ij} = \dfrac{a_i}{\sum\limits_{k=1}^{n} a_{kj}}, (i, j = 1, 2, \cdots, n)$，其中 a_i 为原始数据。譬如，由表 3-28 可得表 3-29。

表 3-29 幼儿园教育质量评价判断矩阵归一化处理表

j \ i	C_1	C_2	C_3
C_1	0.23077	0.21739	0.33333
C_2	0.69231	0.65218	0.55556
C_3	0.07692	0.13043	0.11111

② 将每一列经归一化后的判断矩阵按行相加：$\overline{w}_i = \sum_{j=1}^{n} a'_{ij}$，$(i=1,2,\cdots,n)$。譬如，由表 3-29 可得：$\overline{w}_1 = 0.78149$，$\overline{w}_2 = 1.90005$，$\overline{w}_3 = 0.31846$。

③ 对向量 $\overline{w} = (\overline{w}_1, \overline{w}_2, \cdots, \overline{w}_n)^T$ 作归一化：$W_i = \dfrac{\overline{w}_i}{\sum_{j=1}^{n} \overline{w}_j}$，$(i=1,2,\cdots,n)$，所得到的 $W = (w_1, w_2, \cdots, w_n)^T$ 为所求的特征向量。譬如，由上述幼儿园教育质量评价的例子可得：$w_1 = 0.2605$，$w_2 = 0.6333$，$w_3 = 0.1062$。因此，教育条件、教育过程、教育效果三条指标的权重分别是：0.2605、0.6333、0.1062。

④ $\lambda_{\max} = \sum_{i=1}^{n} \dfrac{(AW)_i}{nw_i}$ （3-3）

式中：$(AW)_i$ 表示向量 AW 的第 i 个元素。譬如，由上述幼儿园教育质量评价的例子可得：

$(AW)_1 = 0.7902$、$(AW)_2 = 1.9458$、$(AW)_3 = 0.3197$。为了达到对指标相对重要程度的判断相容，即一致性，可以对算出的幼儿园教育质量评价指标的权重进行检验，其步骤如下：由公式（3-3），$\lambda_{\max} = 3.0387$，于是，一致性指标：$CI = \dfrac{\lambda_{\max} - n}{n-1} = \dfrac{0.0387}{2} = 0.0194$（这里 $\lambda_{\max}$ 是 n 阶矩阵的最大特征根）。通过查表 3-30，可得出随机一致性变量：$RI = 0.58$。一致性指标与随机一致性变量之比，称为随机比值，即：$CR = \dfrac{CI}{RI} = \dfrac{0.0194}{0.58} = 0.0334$。随机比值小于 0.1 时，便可认为达到相容程度，超过这个比值时，建议对指标的权重加以重新修定。譬如，经检验，算得的幼儿园教育质量评价指标的权重达到了相容程度，是可以接受的。表 1-1 中指标体系的权重是由层次分析法算得的。

表 3-30 随机一致性变量表

n	1	2	3	4	5	6	7	8	9	10
RI	0.00	0.00	0.58	0.90	1.12	1.24	1.32	1.41	1.45	1.49

二、幼儿园教育质量评定标准的制定

(一) 制定评定标准的步骤

1. 拟定评定标准初稿

如前所述,评定标准有 4 种类型,即评分标准、评定等级标准、评分标准和评定等级标准的混合以及评语标准。根据评价目的和评价对象的具体情况,选用其中一种,或者各种类型混合使用。在编制标准时,首先要分析各个指标的内含,明确这些指标是否可以用数量来表示,或者是否可以区分出一定的等级。如果行的话,可选好标号,赋予其一定的数值,或确定等级个数,赋予标号。否则,只能用语言来描述其本质,同时要求语句规范化。

2. 对于草拟评定标准进行论证

对于制定评定标准的工作必须持慎重态度。对拟定好的评定标准,要请专家进行论证,必要时可在小范围内进行实验,以提高评定标准的质量。

3. 征询群众意见

这里的群众是指草案起草小组和论证小组以外的有关人员,特别是与评价工作有关的人员,如被评价者等。征询群众意见的目的在于使评定标准更加完善。征询群众意见,一般采用个别访谈、开座谈会或问卷调查等方式。

4. 定稿试行

草拟的评定标准初步确定之后,应选择有代表性的单位试行。在试行过程中,评定标准若有不妥之处,应进行修订,然后推广。

(二) LY 幼儿园教育质量评定标准的制定

在制定评定标准之前,我们对上海 LY 幼儿园的园长和保教人员(共 5 人)以及幼儿家长(5 人)进行了访谈调查,在此只介绍保教人员的访谈信息:

一是生均教育经费,以前每人 500 元,现在每人 1600 元。小班管理费每人 180 元,中班和大班管理费每人 150 元。

二是经费主要用于购买玩具、设施、设备、学习用具等,学校环境建设,教职工工资和奖励等。

三是绿化覆盖率正好达标。

四是建筑用地 1319 亩,生活用房 375 亩。

五是保健设备用于体检、安全教育、卫生安全、营养设定和分析等,保健室占地面积12平方米。

六是教育设施有录音机、钢琴、电脑、音乐室、游戏室、专用教室等,图书室共有1200册书,人均6册,户外运动场地有300平方米。

七是办公设备较为齐全,主要有电脑、打印机、复印机等。

八是教师学历均已达到大专以上水平,都有教师资格证,后勤人员有营养证。

九是人员比例,每个班级配备两位老师和一位保育员,小班25人、中班30人、大班35人,教师觉得小班化比较好,班级人数十几个比较合适,这样教师与幼儿互动的机会比较多。

十是教师参加"十一五"培训(240个学时),"十二五"培训(360学时),园本培训,市级科研培训,区教研组培训。

十一是规章制度比较健全,主要有管理制度、安全制度、党风制度、廉政制度、行政制度、教学制度、幼儿评估制度、课程实施制度、带班制度、教研制度、安全制度、卫生制度、财务制度、班主任制度、作息制度、晨检制度、传染病控制制度等。

十二是制度实施效果主要通过评估检测,主要有每月教学评估、学期评估、学期推优、工作考核等。

十三是档案管理比较健全,有专人负责,主要包括教师得奖情况和培训记录、学生保健、学生学籍和成长手册等。

十四是计划制订前会考察计划的前提和背景,根据幼儿园的实际情况制订计划,主要有园务计划、教研计划、后勤计划、年级计划、班级计划、个人计划等。

十五是幼儿园课程包括运动、学习、游戏、生活,占80%,园本课程包括早期阅读、亲子分享阅读等,占20%。关注课程实施、活动内容、环境创设、课程设置比例、评价机制等。

十六是幼儿行为习惯养成指导,主要有培养饮食习惯、如厕习惯、文明习惯、生活习惯、良好心理素质等,通过一日活动进行,指导形式主要包括小组、个别化、集体教育、分组、自我选择等,教师要备课,制订计划和反思等。

十七是活动组织多样化,一般以游戏活动为基本形式,此外还有春游、秋游、社会实践(环保宣传、慰问老人)、安全演练等。

十八是师幼互动非常重要,教师在教学过程中,可通过分组教学来加强师幼之间的互动,如果看到学生不愿意与别人互动,要寻找原因,让学生在互动过程中感受到成功,逐步改善,在互动过程中,要根据学生的需要、兴趣、性格等,遵循"跳一跳,摸得着"的原则,使每个学生都得到发展。

十九是家园联系的方式要多样化,主要包括电话、短信、网络、家园联系册、家长座谈会、LY小报、家长接送幼儿时联系交流、家长参加教师半日活动、主题菜单式家庭指导、亲子分享教育活动等。

二十是教育环境主要包括游戏环境、上课前的准备等,教育环境好,老师的幸福指数也高。

二十一是教育评价主要有制度评价、课程评价、教师绩效评价、业务评价等,其中对园长的评价有年终评价、教育党工委评价、业务评价、廉洁自律评价等,对幼儿的评价主要通过家园互动进行,每月一次,对教师的评价主要看教师一日活动的组织能力等。

二十二是日常护理主要包括打扫环境、玩具消毒、饭菜分发、幼儿的生活护理等,同时教师还要关注幼儿的精神状况,如幼儿害怕新环境、与同伴不合作、自卑等。

二十三是营养膳食每天都有规定,每天都有营养分析,每天三餐,午饭为一荤、一素、一汤搭配。

二十四是安全防护每月举行一次,演练内容包括防灾、防火、防爆等,每周一进行安全检查,每月都有安全教育。

二十五是定期进行消毒,若发现有传染疾病,对幼儿进行隔离,并且第一时间通知家长,幼儿园工作人员喂幼儿吃药,需要有医保证。

二十六是健康检查每学期进行一次。

二十七是对幼儿的卫生习惯培养是幼儿园教育的重点,也是养成教育的重中之重,主要内容有每天早上洗手、正确使用毛巾、面巾纸、学会叠被子、午睡等。在日常卫生习惯的养成中,老师自编儿歌,便于孩子们学习,要求小班幼儿会洗手等,中班幼儿会漱口和保持环境整洁等,大班幼儿会自理自身卫生等。

二十八是生活习惯主要包括卫生习惯、午餐、午睡、集体活动、脱衣等。

二十九是学习习惯主要包括集体活动规则、使用蜡笔、使用剪刀等。入小学的准备,如整理书包、不要遗忘东西、学会倾听、大胆表达、动手、动脑能力、思维能力等。

三十是交往习惯主要包括主动交往、尊重对方、有礼貌等,对于能力弱的学生,教师可加以引导,让能力较强的幼儿带着他们,使内向幼儿和外向幼儿较好地结合和互助。

三十一是规则意识主要包括遵守规则、遵守集体规则等,一日常规中该遵守的一定要遵守,不遵守的幼儿老师陪着一起再做一遍,教师采用自然后果法,即自己承担后果。

三十二是空间认知要求小班幼儿知道上、下、前、后,知道两个物品的区别等。中班幼儿知道上、下、前、后,有三个物品的比较等,大班幼儿知道左、右,以自身和他人为中心等。

三十三是数量认知要求小班幼儿知道圆形、三角形、正方形、长方形等,中班幼儿知道比1多1的数是几、排序等,大班幼儿知道圆柱、长方体、正方体、10以内的加减法、数的意义等。

三十四是时间认知小班幼儿知道白天、黑夜等,中班幼儿知道上午、下午、今天、明天等,大班幼儿知道时钟和作息等。

三十五是类比推理主要包括走迷宫、找不同、讲故事、计算课程、分类、集合概念、言语、逻辑、经验的迁移等。

三十六是身体健康主要指身心健康,愉快地参加活动。

三十七是大动作主要包括走、跑、跳、爬、平衡等。

三十八是精细动作主要指手指和小肌肉(用筷子,握笔,撕纸,用剪刀,折纸)等。

三十九是运动习惯主要包括整理衣服、换运动鞋、做准备动作、发展孩子思维能力的运动等,在运动过程中,要注意运动的密度和强度,运动的坚持性,孩子是否愿意运动,运动后脱衣要适当,用热毛巾擦脸等。

四十是小班幼儿能在老师的帮助下做到生活自理,中班幼儿做到几乎靠自己,大班幼儿做到自己的事自己做,穿衣、吃饭、喝水、漱口、物品整理等。

四十一是语言表达能力要求小班幼儿做到愿意说,中班幼儿做到能够说,大班幼儿做到乐于说、用流畅的语言说,能与同学讨论和辩论等。

四十二是交往能力主要指与人合作,适应集体,用自己的语言与人交往等。

四十三是学习能力主要指自主学习、倾听、独立思考、创造能力、想象能力、良好的情感等。

根据访谈信息和文献研究成果,制定了与指标体系相配套的评定标准。然后按照制定评定标准的步骤设计出 LY 幼儿园教育质量的评定标准(见表 1-1)。

为了操作方便,我们也可以制定教师和家长两个评价主体共用的评定标准,即在一个评定标准中,有些要求是教师评的,有些要求是家长评的,当然也可以有教师和家长都能评的要求,总之评价主体评定哪一个要求,要看评价主体是否知道幼儿达到要求的情况,谁知道,就由谁评。这种评定标准能较好地提高评价结果的信度和效度。在此以表 3-31 中教育效果的评价指标体系为例,阐述教师和家长两个评价主体共用的评定标准。

表 3-31 幼儿发展状况评价标准表

评价对象	指标体系(权重)			评定标准	
	一级指标	二级指标	三级指标	评定等级要求	评价主体
幼儿园教育质量	幼儿的体方面 (0.5122)	1. 运动技能 (0.3000)	(1)身体发育 (0.5550)	①坐姿正确	教师和家长
				②站立正常	教师和家长
				③身体各项指标达到合格	教师
				④身体各项指标达到优秀	教师
			(2)运动兴趣 (0.2516)	①愉快参加体育活动	教师
				②运动较为投入	教师
				③在父母的督促下能锻炼身体	家长
				④能持续锻炼身体	家长
			(3)大动作 (0.0967)	①走、跑、跳合格	教师
				②投掷、攀登、平衡合格	教师
				③能跳绳	家长
				④会玩滑滑梯	家长
			(4)精细动作 (0.0967)	①黏土造型合格	教师和家长
				②临摹图形合格	教师和家长
				③剪图形合格	教师和家长
				④穿珠子合格	教师和家长
		2. 卫生习惯 (0.3000)	(1)洗漱方面 (0.3333)	①不吃手指,不咬指甲	教师和家长
				②会用纸巾、手帕或毛巾擦嘴和鼻涕	教师和家长
				③早晚刷牙、洗脸	家长
				④在大人的帮助下定期洗澡	家长
			(2)饮食方面 (0.3334)	①饭前、吃东西前洗手	教师和家长
				②合理饮水	教师和家长
				③不吃不洁食物	教师和家长
				④不偏食、不挑食	教师和家长
			(3)用眼方面 (0.3333)	①书本与眼睛保持合理距离	教师
				②每次用眼不超半小时	教师和家长
				③看书、电视和电脑姿势正确	家长
				④定时望远处看	教师和家长

(续表)

评价对象	指标体系(权重)			评定标准	
	一级指标	二级指标	三级指标	评定等级要求	评价主体
幼儿发展状况	幼儿的体方面(0.5122)	3.生活习惯(0.3000)	(1)睡眠方面(0.3333)	①午睡前知道大小便	教师
				②睡觉保持安静	教师和家长
				③每天按时起床和睡觉	家长
				④无须大人陪伴、哄拍	家长
			(2)进餐方面(0.3334)	①独立、专心进餐	教师和家长
				②不剩饭	教师和家长
				③保持餐桌干净	教师和家长
				④饭后不做剧烈运动	教师和家长
			(3)排泄方面(0.3333)	①会自己大小便	教师和家长
				②有规律大便	教师和家长
				③大便时不看书	教师和家长
				④大小便后洗手	教师和家长
		4.生活自理(0.1000)	生活自理(1.0000)	①会脱穿鞋、袜和衣裤	教师和家长
				②取放玩具、图书	教师和家长
				③受伤立即告诉老师	教师
				④遇到困难会请求大人帮助	家长
	幼儿的智方面(0.2754)	5.语言能力(0.6334)	(1)倾听方面(0.2500)	①能听懂普通话	教师和家长
				②喜欢听人讲故事,并理解内容	教师和家长
				③别人说话时不随便插嘴,乐意回答别人提出的问题	教师和家长
				④能听清指令和要求,顺利完成任务	教师和家长
			(2)表达方面(0.7500)	①能在集体中有表情地朗诵儿歌等	教师
				②能连贯讲述自己经历的事和图片内容等	教师和家长
				③主动把幼儿园的事告诉父母亲	家长
				④能与邻居或亲戚交谈	家长
		6.认知水平(0.2605)	(1)基本知识(0.7500)	①知道日常空间概念	教师和家长
				②知道常用时间概念	教师和家长
				③知道常见数量概念	教师和家长
				④会进行简单的类比和推理	教师和家长

(续表)

评价对象	指标体系(权重)			评定标准	
	一级指标	二级指标	三级指标	评定等级要求	评价主体
幼儿发展状况	幼儿的智方面 (0.2754)	6.认知水平 (0.2605)	(2)思考探索 (0.2500)	①用画画等记录观察现象,并能交流展示	教师
				②能就地取材制作工具解决遇到的困难	教师和家长
				③对于自己的疑问,常向父母问为什么	家长
				④运用恰当的方法搜寻自己需要的相关信息	教师和家长
		7.学习习惯 (0.1061)	学习习惯 (1.0000)	①喜欢做游戏	教师
				②看书写字姿势正确	教师和家长
				③发言先举手	教师
				④会整理书包	教师和家长
	幼儿的德方面 (0.1377)	8.交往习惯 (0.6334)	交往习惯 (1.0000)	①喜欢上幼儿园	家长
				②愿意与同伴一起玩,分享玩具和材料	教师
				③与同伴发生矛盾能协商解决	教师和家长
				④有较为固定的玩伴	家长
		9.文明礼貌 (0.2605)	文明礼貌 (1.0000)	①不随地吐痰、不乱扔垃圾	教师和家长
				②按秩序喝水、用厕等	教师
				③走人行横道线	家长
				④过马路见到红灯停、绿灯行	家长
		10.责任意识 (0.1061)	责任意识 (1.0000)	①做值日生态度积极	教师
				②按时完成老师布置的任务	教师
				③能完成父母交给的家务	家长
				④做事较为专注	教师和家长
	幼儿的美方面 (0.0747)	11.感受与体验 (0.7500)	感受与体验 (1.0000)	①愿意参与美术、音乐、故事表演等活动	教师
				②看到自己喜欢的图画,能与父母分享	家长
				③有较好的音乐节奏和旋律感	教师和家长
				④绘画有较好的颜色搭配和构图	教师和家长
		12.表现与创造 (0.2500)	表现与创造 (1.0000)	①能自然大方地唱歌	教师和家长
				②能用不同的语气、语调和动作表现不同的故事角色	教师和家长
				③能用绘画、剪纸、泥塑等表现自己的想象	教师和家长
				④自己演奏乐器	教师和家长

填表说明:同表1-1。

三、幼儿园教育质量评价标准的信度和效度检验

幼儿园教育质量评价标准的信度检验见例 5-6,至于效度检验,我们把表 1-1 中的一级、二级和三级指标编制成类似于表 3-9 的"幼儿园教育质量评价指标体系征询意见表",所调查的三级指标共有 40 条,判断等级分为 5 档,即"很重要""重要""一般""可要可不要""不要"。我们在 2011 年 9 月至 2012 年 2 月实施的《幼儿园教育质量评价初拟指标体系征询意见表》调查样本的范围内,随机抽取 30 名园长和 30 位幼儿家长,要求父母至少一方学历是大专以上,而且所学专业或从事的工作与教育有关,同时考虑符合条件的家长在不同幼儿园的分布情况。这样确定调查样本主要基于以下几方面的考虑:一是一般来说,园长工作经验较为丰富,比较了解幼儿园的整体情况,对本次调查的 40 条指标反映幼儿园教育质量的程度能做出较为客观的判断,二是许多幼儿家长对于本次调查的 40 条指标反映幼儿园教育质量的情况不太了解,为了提高指标反映幼儿园教育质量程度的科学性和客观性,我们选取了符合条件的调查样本,三是从统计意义上说的大样本,其样本数量至少要达到 30,四是园长调查样本数量与家长相同,其依据是对于 3 至 6 岁的幼儿园幼儿的教育来说,家庭与幼儿园具有同样重要的作用。我们于 2013 年 1 月把"幼儿园教育质量评价指标体系征询意见表"分发给确定的 30 名园长和 30 位幼儿家长,有效问卷回收率 100%。随后,我们运用因子分析法,对表 1-1 中的 40 条指标做结构效度分析。

因子分析显示,Kaiser-Meyer-Olkin(KMO)统计量$=0.977$,Bartlett 球形检验 $P=0.000$,表明各变量存在潜在因子结构和相关性非常适合进行因子分析。

经过初步因子分析,应用主成分法提取公因子,前 3 个公因子的方差累计贡献率达到 79.802%,公因子的方差比都在 0.7 以上,旋转前因子 1 在所有原始指标上有较大的载荷,其他因子的意义不明显。对公因子作方差最大化旋转,旋转后因子能够很好解释 3 个公因子,并且各指标在相应因子上的因子负荷均大于 0.5(见表 3-32),说明该评价指标体系的结构效度清晰良好。我们把表 1-1 和表 3-32 进行对比,发现设计完成的幼儿园教育质量评价指标体系与运用问卷调查所获数据计算得到的结构效度基本一致:一是提取的 3 个公因子与 3 个一级指标一致,二是根据因子 1 的指标内涵,可以称为教育条件,包括 10 条三级指标,根据因子 2 的指标内涵,可以称为教育过程,包括 9 条三级指标,根据因子 3 的指标内涵,可以称为教育效果,包括

21条三级指标。

表 3-32　主成分正交旋转因子负荷量表

指标	因子1	因子2	因子3	单独贡献率(%)	累计贡献率(%)
教育经费	0.947			41.352	41.352
场地园舍	0.947				
人员配置	0.947				
规章制度	0.946				
生活设施	0.946				
保健设备	0.939				
教育设施	0.939				
活动设施	0.920				
办公设备	0.574				
档案管理	0.555				
营养膳食		0.913		22.183	63.535
师幼互动		0.845			
活动组织		0.824			
课程教学		0.811			
家园联系		0.805			
教育评价		0.796			
教育计划		0.747			
安全防病		0.732			
健康检查		0.633			
身体发育			0.973	16.267	79.802
运动兴趣			0.973		
大动作			0.937		
精细动作			0.954		

（续表）

指标	因子1	因子2	因子3	单独贡献率(%)	累计贡献率(%)
倾听方面			0.954		
表达方面			0.939		
饮食方面			0.939		
进餐方面			0.892		
交往习惯			0.892		
文明礼貌			0.892		
生活自理			0.892		
睡眠方面			0.885		
排泄方面			0.885		
洗漱方面			0.810		
用眼方面			0.810		
责任意识			0.810		
基本知识			0.810		
思考探索			0.743		
学习习惯			0.743		
感受与体验			0.743		
表现与创造			0.743		

【本章小结】

本章首先阐述了幼儿园教育质量评价标准的含义，由于评价标准由指标体系和评定标准两个要素所组成，为此分别阐述了指标体系和评定标准的含义。其次，较为全面和深入地叙述了编制幼儿园教育质量评价标准的五大依据，即幼儿园教育目标、有关的各种制度、有关的科学理论、幼儿园教育质量评价实践中积累的经验、评价对象和条件等。第三，介绍了幼儿园教育质量评价标准编制的程序和方法：一是指标体系的设计。根据幼儿园教育质量评价标准编制的五大依据，提出初拟指标体系，随后按照规定的流程依次筛选和修订指标，即征询意见→理论论证→专家评判

→实验修订,并且对于运用定量方法处理的指标,还要算出权重。二是评定标准的制定。根据设计出来的指标体系,选择评定标准类型,再按照规定的流程依次制定评定标准,即拟定评定标准初稿→对于草拟评定标准进行论证→征询群众意见→定稿试行。最后,对设计好的指标体系进行信度和效度的检验。

【文献导读】

1. 周晓宏,郭文静.探索性因子分析与验证性因子分析异同比较[J].科技和产业,2008,(9).

2. 张辉华.管理者的情绪智才及其与工作绩效的关系研究[D].广州:暨南大学博士学位论文,2006.

3. 夏镜航.大学生节能意识量表开发及应用研究[D].大连:大连理工大学硕士学位论文,2007.

4. 吴钢,薛建男.幼儿园教育质量评价的调查研究[J].现代基础教育研究,2012,(2).

5. 吴钢.对幼儿发展状况评价标准的探讨[J].幼儿教育(教育科学版),2012,(6).

6. 吴钢.确定教育评价指标体系权集的一种方法[J].教育测量与评价,2009,(10).

 思考与练习

1. 编制幼儿园教育质量评价标准的依据是什么?
2. 为什么说编制幼儿园教育质量评价标准是幼儿园教育质量评价工作的基础?
3. 试设计一个幼儿园教育质量评价指标体系。
4. 请编制一个幼儿园教育质量评价标准。
5. 简化幼儿园教育质量评价标准的实际意义是什么?
6. 评分标准的优点和缺点是什么?

第四章 幼儿园教育质量评价信息的搜集和处理

 学习目标

学习本章后,你应该能够:

1. 了解幼儿园教育质量评价计算机网络操作平台。
2. 掌握幼儿园教育质量评价信息搜集和处理的方法。
3. 初步形成应用搜集和处理评价信息的能力。

【本章概要】 本章阐述三方面的内容:一是幼儿园教育质量评价计算机网络操作平台的建立,二是幼儿园教育质量评价信息的搜集,三是幼儿园教育质量评价信息的处理。

幼儿园教育质量评价标准编制完成以后,就存在着如何实施的问题。由发展性目标评价模式可知,把幼儿园教育质量评价标准付诸实施,必须做好两项工作,一是搜集评价信息,二是处理评价信息。

第一节 幼儿园教育质量评价计算机网络操作平台的建立

由于幼儿园教育质量评价标准包含定量指标和定性指标,对于定量指标的评价信息,要用定量方法进行处理,而定性指标的评价信息就得用定性方法处理。为了让幼儿园教育质量评价成为幼儿园日常教育工作的一个部分,就必须建立计算机网络操作平台,使幼儿园的领导和保教人员都能方便和快捷地实施评价活动,促进教育工作,提高幼儿教育质量。所谓计算机网络操作平台,就是利用计算机网络(即用通信介质把分布在不同地理位置的计算机和其他网络设备连接起来,实现信息互通和资源共享的分布式系统)搜集和处理评价信息,并且,传输各种评价信息和结论。

在幼儿园教育质量评价活动中,常用的计算机网络有以下两种。

一、局域网

这是一种在幼儿园内部或办公楼范围内,通过高速传输线路连接计算机与终端、终端与终端的网络。它一般包括主机、工作站或 PC 机、文件服务器、打印服务器、通信服务器、传真服务器、数据库服务器、网络硬件(网卡、网线、网络通信设备等)、网络软件(网络操作系统、网络服务器软件等)等。这种计算机技术可以在计算机机房中搜集评价信息,譬如,在幼儿发展状况评价活动中,由于幼儿数量和评价信息的数量较多,于是,在运用计算机处理评价信息时,把幼儿信息输入计算机就成了一项较为繁重的工作。为了减轻这项工作,提高评价工作的效率,可以利用局域网搜集幼儿的信息。具体操作步骤是:把评价标准显示在计算机屏幕上,让保教人员或家长对幼儿在一周、一个月、一个学期或一个学年里的表现进行评价,评价信息很快在主机上生成,这样既可免除幼儿信息输入的繁重工作,又能减少评价误差,提高评价工作的质量。若把评价信息的统计处理软件和评价结果的输出软件安装在主机上,那么,幼儿发展状况的评价结果就会很快出来,幼儿园领导、保教人员和家长就能较早地知道幼儿的发展状况,尽快作出决策或改进工作,有利于教育质量的提高。这种搜集评价信息的方式最大的优点是可以面对评价者作宣传,较有效地控制评价过程,使得评价结果可信和有效。

二、因特网(Internet)

它诞生于 1969 年,是美国国防部一项实验的产物,最初是由美国政府出资将国家实验室和大学的计算机互连而成的阿帕网(ARPAnet),其宗旨是为教育、科研工作者提供先进的计算机网络环境,加强信息交流,促进资源共享和科技合作。20 世纪 80 年代初,美国国家科学基金会(NSF)对阿帕网进行重建,同时将大量的学术、教育、研究和非营利机构并入网内,并将网络改称为 NSFnet。随着计算机、远程通信技术的发展和社会对信息交流共享的需求的增长,大批各种各样的网络连接到 NSFnet 上,人们将这个以 NSFnet 为主干并连接了大量具有不同硬软件计算机的网络称为因特网。这种网络在诞生 20 年后热度骤升,主要得益于两大技术:一是在因特网上建立了万维网(WWW,即 World Wide Web,又叫 Web),二是出现了浏览器

(browser)软件。万维网是1989年由欧洲粒子物理实验室(CERN)提出的一种新型信息传播与处理技术,其目标是为高能物理界提供通报研究成果和交流观点、想法的手段,它是因特网诸项功能中最具特色和发展最快的一种信息传递方式。浏览器是一种在客户机端上用以访问万维网服务器的工具软件。有了它便可利用自己的计算机对万维网服务器进行检索、查询和采掘等,获取各种信息。事实上,在最初几年里,万维网发展并不快,关键是缺少浏览器。1993年年底,美国伊里诺斯大学超级计算机应用中心(NCSA)的开发人员发表了一个叫"马赛克"(Mosaic)的软件。这个软件就是万维网的一种浏览器,是一种在Windows环境中运行的用户端软件。运用因特网技术也能较有效地搜集和处理评价信息,与局域网技术不同的是因特网可以搜集距离较远的评价信息,譬如,家长评价幼儿发展状况的信息可以采用因特网技术。利用这种技术搜集评价信息往往不能与评价者面对面进行宣传和监控,因此,管理上较为麻烦,譬如,在网上进行评价时,家长不仅要输入用户名,而且,还必须要有一个密码,这样才能保证评价信息的可信性。

三、幼儿园教育质量评价计算机网络操作平台案例

在此以上海LY幼儿园教育质量评价计算机网络操作平台为例。先将该系统安装到服务器端,安装完毕后立刻就可以在客户端的浏览器上进行评价操作。

进入LY幼儿园教育质量评价系统主界面(图4-1)后,再点入LY幼儿园教育质量评价界面(图4-2)就可以进行评价了。

图4-1　幼儿园教育质量评价系统主界面图

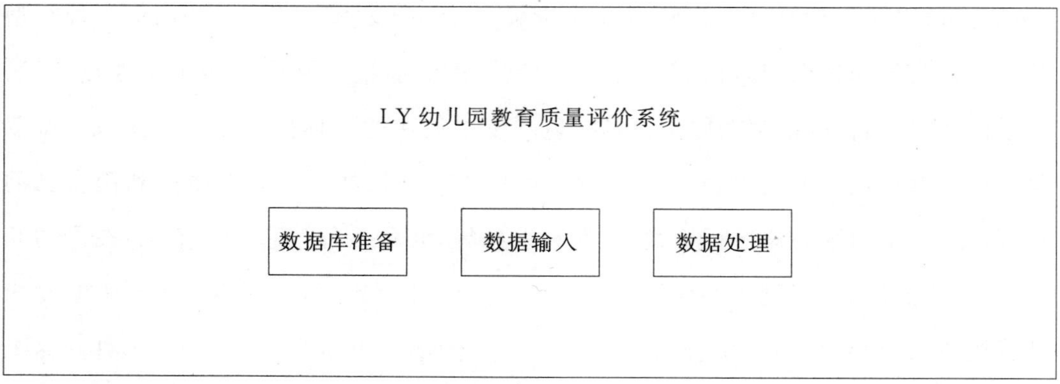

```
┌─────────────────────────────────────────────────────────┐
│                                                         │
│              LY 幼儿园教育质量评价系统                   │
│                                                         │
│                                                         │
│     ┌──────────┐    ┌──────────┐    ┌──────────┐        │
│     │ 数据库准备│    │ 数据输入 │    │ 数据处理 │        │
│     └──────────┘    └──────────┘    └──────────┘        │
│                                                         │
└─────────────────────────────────────────────────────────┘
```

图 4-2　课堂教学过程评价系统界面图

（一）数据库准备

在进行评价之前,管理员必须做好数据库准备工作。此时,管理员应当点击图 4-2 中的"数据库准备"按钮,系统会做出响应,询问密码,如图 4-3 所示。

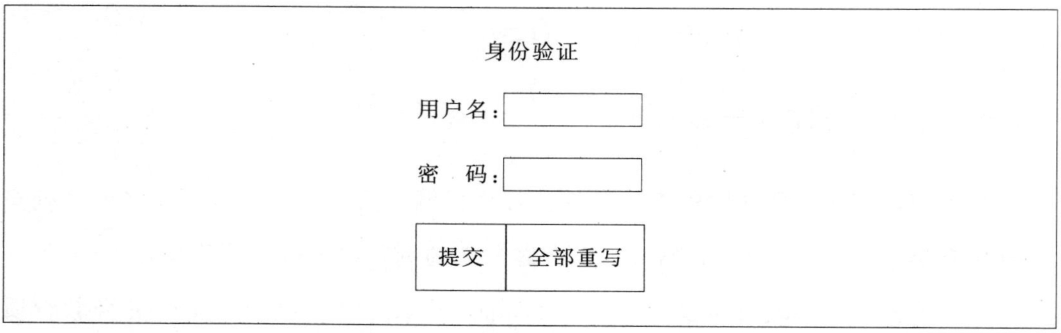

```
┌─────────────────────────────────────────────────────────┐
│                                                         │
│                      身份验证                           │
│                                                         │
│               用户名：┌──────────┐                     │
│                       └──────────┘                     │
│               密　码：┌──────────┐                     │
│                       └──────────┘                     │
│                                                         │
│                    ┌────┐ ┌────────┐                   │
│                    │提交│ │全部重写│                   │
│                    └────┘ └────────┘                   │
│                                                         │
└─────────────────────────────────────────────────────────┘
```

图 4-3　身份验证界面图

管理员进入后出现一个选择界面,如图 4-4 所示。

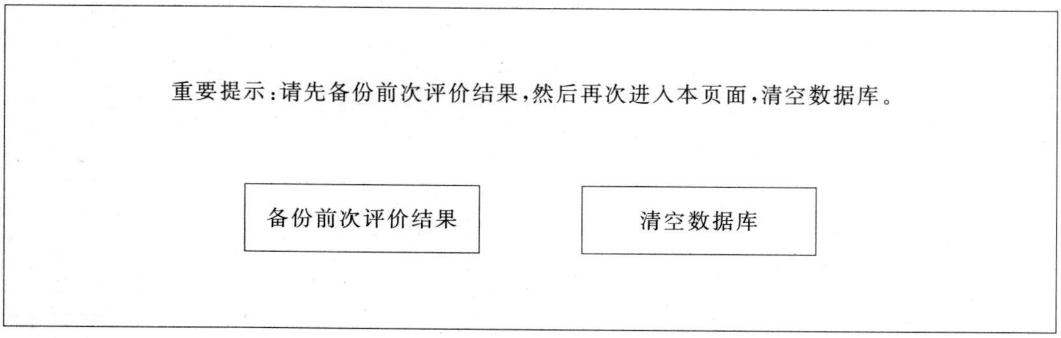

```
┌─────────────────────────────────────────────────────────┐
│                                                         │
│    重要提示:请先备份前次评价结果,然后再次进入本页面,    │
│    清空数据库。                                         │
│                                                         │
│                                                         │
│       ┌──────────────┐         ┌──────────────┐         │
│       │备份前次评价结果│         │  清空数据库  │         │
│       └──────────────┘         └──────────────┘         │
│                                                         │
└─────────────────────────────────────────────────────────┘
```

图 4-4　管理员选择界面图

此时按图 4-4 中提示依次点击按钮,先备份上次评价的数据,再回到该页面清空数据库即可,成功操作后屏幕会给予提示,成功清空数据库后会出现这样一段话:"记录删除成功！数据库已被清空,现在可以开始新一轮教育质量评价。"

（二）数据输入

在教育质量评价系统界面上,任何评价主体要进行评价只要点击"数据输入"按钮即可。点击"数据输入"后系统会显示如图4-5所示的选择画面。

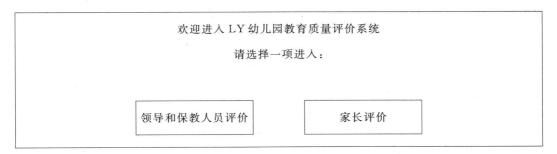

图 4-5　评价主体选择界面图

在该窗体中点击"领导和保教人员评价"按钮,即可进入领导和保教人员评价子系统。领导和保教人员输入密码后,首先看到的是评价指导语。点击"下一页",进入评价标准页面,其由三部分组成。

第一,评价对象的基本信息,包括班级和幼儿姓名。全部以下拉菜单的形式出现,供评价主体选择。此处需要特别说明的是,这些信息不能由评价主体自己输入,必须以选择的形式出现,否则会造成输入信息混乱,无法归类,给后续的数据处理造成困难,甚至会因为大量数据作废而使评价工作无效。

第二,定量评价界面。以表格的形式出现,见表1-1。评价时评价者只要根据评价对象的实际表现,对照每条指标的评定等级要求,做到的,就点击一下,没有做到,就不要点击。

第三,定性评价界面。以问题的形式出现,需要评价者输入回答内容。定性评价可以作为定量评价的补充。

除了以上三个主要部分,页面上还有查看说明、提交和重置等按钮。评价标准页面程序的特点是:①一次提交。定性评价与定量评价放在同一个页面上,评价主体只要按一次提交按钮就可以提交全部内容,避免了重复操作。②无评价主体的信息。提交的数据中没有评价主体的姓名、工号等信息,为评价主体保密,使评价过程客观和公正,保证了数据的真实性。

要进行家长评价时,只要点击图4-5中相应的按钮即可,各评价过程和程序特点与领导和保教人员评价相似,在此不再赘述。

（三）数据处理

当所有的评价主体输入数据完毕后,按照传统的评价程序,就应当进入复杂又耗时的数据处理阶段了,但对于这个系统来说,管理员只需在界面上轻点"数据处理"按钮,就可以立即显示出处理结果。首先,在图4-2中点击"数据处理"按钮后,需要管理员输入用户名和密码,然后显示如图4-6所示数据处理选择界面。

1. 显示单项定量评价结果

管理员只要点击定量评价中领导和保教人员评价结果或家长评价结果中的任意一项,就可以显示出对应的单项评价结果。根据LY幼儿园的要求,以表格的形式显示。定量评价结果以分数(或等级)表示,分数值的取值区间是[1,4],满分为4分(或优秀、良好、合格、待合格)。所有数据处理过程都由后台程序自动完成。

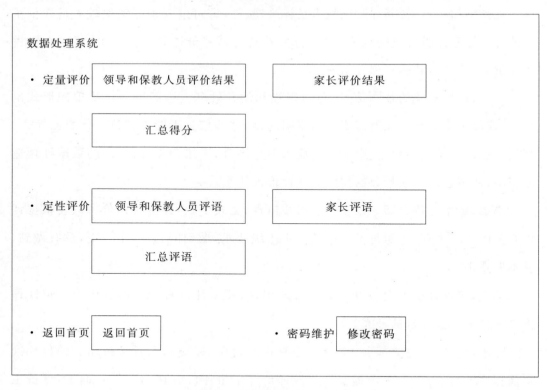

图4-6　数据处理选择界面图

该页面包含如下主要功能。

表 4-1　LY 幼儿园教育质量评价定量结果表（摘要）

评价对象	LY 幼儿园教育条件		评价日期		2012.5.8	
评价结果	领导和保教人员评价得分					2.5316
	教育经费	场地园舍	生活设施	保健设备	教育设施	
	2.5806	2.4643	2.5714	2.3929	2.4839	
	活动设施	办公设备	人员配置	规章制度	档案管理	
	2.5000	2.5000	2.6129	2.4571	2.5484	
	家长评价得分					2.6456
	教育经费	场地园舍	生活设施	保健设备	教育设施	
	2.7647	2.5211	2.7273	2.5161	2.5867	
	活动设施	办公设备	人员配置	规章制度	档案管理	
	2.6029	2.5893	2.8030	2.5195	2.6338	
	总分	2.5886		等级	中	

2. 显示汇总定量评价结果

汇总定量评价结果是指将领导和保教人员评价结果和家长评价结果两者结合起来，运用公式(4-6)求出总的评价结果（见"定量处理方法"部分）。这两个评价主体的权重采用对偶比较法算得（见表4-2）。数据处理过程由后台程序自动完成，管理员只需点击数据处理选择页面上的"汇总得分"按钮，即可显示出两类评价主体汇总后的总得分。

表 4-2　LY 幼儿园教育质量评价两个评价主体权重表

评价主体	领导和保教人员	家长	合计
权重	0.5	0.5	1

3. 显示定性评价结果

分别点击领导和保教人员评语、家长评语，就能看到相应的定性评语。可以直接打印,也可以复制为.doc 文件或.xls 文件进一步编辑。

表 4-3　LY 幼儿园教育质量定性评价结果表(摘要)

评价主体	定性评价结果	时间
领导和保教人员	幼儿园要在用房等方面进行整改,让幼儿有足够的活动空间。	2012.5.8.13:11:08
家长	幼儿园要在环境美化和绿化等方面进行整改,让幼儿生活在优美的环境中。	2012.5.8.13:17:06

(四)LY 幼儿园教育质量评价结果的分析和利用

1. 评价人员可以把表 4-1 和表 4-3 结合起来分析,制成表 4-4,便于反馈给相关人员或作为档案保存,这样做一方面能让幼儿园教职工或幼儿家长及时了解幼儿园教育质量情况,尽早有针对性地改进自己的教育工作,满足幼儿的需求,有效提高教育质量,另一方面作为档案保存,当资料累积到一定程度时,对幼儿园教育质量做出较为准确的判断,并可作为幼儿园等级评定的依据。

表 4-4　LY 幼儿园教育质量定量评价和定性评价结果表(摘要)

评价对象	LY 幼儿园教育条件		评价日期	2012.5.8	
定量评价结果	领导和保教人员评价得分				2.5316
	教育经费	场地园舍	生活设施	保健设备	教育设施
	2.5806	2.4643	2.5714	2.3929	2.4839
	活动设施	办公设备	人员配置	规章制度	档案管理
	2.5000	2.5000	2.6129	2.4571	2.5484
	家长评价得分				2.6456
	教育经费	场地园舍	生活设施	保健设备	教育设施
	2.7647	2.5211	2.7273	2.5161	2.5867
	活动设施	办公设备	人员配置	规章制度	档案管理
	2.6029	2.5893	2.8030	2.5195	2.6338
总分	2.5886		等级	中	

(续表)

评价对象	LY 幼儿园教育条件	评价日期	2012.5.8
定性评价结果	1. 领导和保教人员评语 　　幼儿园要在用房等方面进行整改,让幼儿享受优美环境,拥有足够的活动空间。 2. 家长评语 　　幼儿园要在环境美化和绿化等方面进行整改,让幼儿生活在优美的环境中。		
相关建议	幼儿园要在用房、环境美化和绿化等方面进行整改,让幼儿有足够的活动空间和优美的环境。 　　　　　　　　　　　　　　　　评价人员:××× 　　　　　　　　　　　　　　　　2012 年 5 月 12 日		

2. 可以对表 4-4 作以下分析:一是利用图形显示定量数据,迅速分析出某一条指标评价结果的分布情况,再参照常模(当评价数据积累到一定程度,就可以建立),确定每一条指标所获得的评价等级,使每一位幼儿园教职工和幼儿家长能较清楚地看出教育工作的长处和不足。二是分析定性评语,可以看出幼儿园教育工作的长处和不足,同时获得评价主体的具体意见和建议。三是了解幼儿的发展状况。

3. 完成评价报告,见第一章第三节中的"评价报告案例"。可以对幼儿园教育质量整体情况进行分析和把握,使得幼儿园领导能有的放矢地进行教育决策,提高幼儿园教育质量。

第二节　幼儿园教育质量评价信息的搜集

所谓评价信息搜集,就是评价主体运用科学的方法,按照评价标准,系统全面准确地搜集评价信息。这些信息将作为分析评价对象的主要素材。要搜集评价信息,首先,要明确信息源。其次,要确定信息源的数量。当信息源数量不多时,可采用逐一搜集评价信息的方法,当信息源的数量较多时,可运用抽样技术,确定评价信息源。最后,要选择搜集评价信息的具体方法。

一、幼儿园教育质量评价信息的主要来源

（一）自我评价

自我评价就是指被评价者根据评价标准，对自己的教育工作等方面进行自主评价。这种评价是建立在对评价对象的信任之上的，能激发被评价者的自尊心、自信心，使之自觉、主动地接受评价。评价对象对自己的情况最了解，如果态度端正，会有较高的准确性，同时，也可为外部评价，提供丰富的自我评价信息和资料，便于评价工作顺利进行，减轻工作负担。此外，自我评价还能增强被评价者自我评价意识和评价能力，有利于及时自我反馈和调节。但是，自我评价缺乏外界参照体系，不便进行横向比较，且主观性大，容易出现评价偏高或偏低的趋向，甚至"报喜不报忧"。就目前而言，当评价活动以奖惩为主要目的时，自我评价结果不太客观，当评价活动以诊断为直接目的时，自我评价结果较为客观。

（二）群众评价

在这里，群众是相对于领导来说的。一个单位的群众具有以下特点：一是他们对本单位、本部门的情况十分熟悉，对实际工作开展的状况有充分了解，二是他们了解社会对单位的特殊需要，了解本单位在社会中的地位与作用，因而在形成正确判断方面处于优势地位。对于判断教育价值的教育评价来说，需要真正了解社会实际的知情者，三是他们是教育活动的实际执行者只有得到他们的理解和支持，才能切实贯彻和执行评价工作。正因为群众有上述特点，因此在评价活动中，从群众那里获得的评价信息通常较为客观、准确。

鉴于上述情况，评价组织者要根据评价标准，有意识地组织或用抽样技术从群众中抽取一定数量的样本，对有关评价对象进行评价。

（三）同行评价

在教育事业中，同行有两方面的含义，一是指单位内的同行，二是指单位外的同行。

一般来说，同行评价比较切合实际，这是因为同行评价既是相互评价的过程，又是取长补短和互相学习的过程。从理论上说，在各种评价信息源中，同行评价的信度和效度较高。这是由于同行较为熟悉本行情况、工作和发展方向，评价失真度小。但是，要求同行参与评价，需要评价主体具备良好的职业道德和判断能力，避免由于

同行嫉妒或千篇一律影响评价结果的信度和效度。

（四）领导评价

领导评价在评价活动中分为两个层次：一是指上级管理部门与社会力量结合的评价组织的评价，二是指单位内部领导对本单位的评价。从理论上说，领导是不能参与评价活动的，这是因为领导往往就是决策者，如果他们参与评价活动，就会不知不觉地把将要作出决策的倾向性意见带入评价活动，从而影响评价结果的信度和效度。但就我国目前的现状来说，要完全取消领导评价是不现实的。只有等完善的社会评价机构建立起来以后，领导评价才有可能逐步退出。目前，领导评价具有相当的权威性，评价结果往往直接影响着被评价者的声誉和地位，也影响管理决策，它是一种关键性和实质性的评价，因此，必须要以严肃和认真的态度组织熟悉评价对象并具有公正品质的领导参与，这样才能使领导评价结果客观和有效。领导对于宏观信息掌握较多，但相对而言，微观信息知道得较少，为此，需要自我评价、同行评价和群众评价补充。可见，领导评价不宜单独进行，必须在综合评价中实现。切忌领导评价先行，定框框、定基调，使其他评价无法实施。

（五）社会评价

社会评价是较为重要的外部评价，这种评价信息较为客观和公正。就目前我国教育评价发展水平来说，社会评价是较为重要的信息源，值得高度重视。目前，社会评价大致可通过以下4种途径实现：一是聘请社会知识界的有关专家、学者组成社会评价组织，进行评价工作。二是进一步完善后的现有社会评价机构。三是征集上一级学校的意见。四是幼儿家长。随着教育制度改革的深入发展，家长要负担孩子一定数量的教育费用，由此，他们比以往任何时候都关心自己孩子的教育问题，因此，要重视家长对幼儿园教育质量的评价意见。

（六）有关的各种资料和数据

各种与评价对象有关的资料和数据也是重要的评价信息源，譬如往年的幼儿园教育质量评价资料等。在搜集评价信息时，一定要全面考虑各种评价信息源，有效搜集评价信息。

二、确定幼儿园教育质量评价信息源数量的抽样技术

所谓抽样技术，就是用总体当中一部分样本的特性作为代表去推断总体特性的方法。当评价信息源数量较大时，运用抽样技术不仅能省时、省物和省力，而且还能减少评价信息的误差，从而提高评价信息的质量。

(一) 简单随机抽样

它是按随机原则直接从总体 N 个单位中抽取 n 个单位作为样本，抽样时既不分组，也不排列，使总体中的单位有均等被抽取的机会，常用的方法是抽签法、随机数表法等。运用时要注意：一是它只适用于总体单位数目不大的情况。否则会因编码和搜集的工作量过大而失去应用价值。但是，单位容量较小时又易失去代表性，所以尽可能采用取样在 30 个以上（最好 50 个以上）的大样本，以确保抽样精度。二是总体内单位之间差异较大时不宜采用因为抽取的样本不一定具有代表性，可能抽样结果失真。

(二) 等距抽样

这是将总体按某一标志排列，然后以固定顺序和间隔来抽选单位的一种抽样方法。运用时应注意：①等距抽样要对总体内所有单位进行编码，需要搜集总体名单，工作量较大，所以不适用于大容量的总体。②当研究的个案类别间数量悬殊时，抽选样本经常缺乏代表性。③抽样间隔接近研究总体个案类别的分布间隔时，会形成周期性偏差。这种方法较为适合于幼儿园使用，如选取一定数量的幼儿进行发展状况评价等，这是因为幼儿都有学号，对他们进行编号的工作就可以省去了。

例 4-1：LY 幼儿园某一中班共有 30 名幼儿，采用等距抽样方法抽取 10 名幼儿进行发展状况评价，以了解该班幼儿的发展状况。

具体操作步骤是：

1. 运用抽样间隔计算公式 4-1，确定抽样间隔。

$$抽样间隔 = 总体数(N) / 样本数(n) \qquad (4-1)$$

即，已知调查总体 $N=30$，样本数 $n=10$，故抽样间隔 $=30/10=3$。

2. 确定起抽号。用 3 张卡片，从 1 号至 3 号编号，然后从中随机抽取 1 张作为起抽号，如 2 号。

3. 确定被抽取单位。计算方法是：2；2+3=5；2+3×2=8；…2+3×9=29。

(三) 分层抽样

它是先对总体各单位按主要标志分组（或分层），然后再从各组中按随机原则抽选一定单位构成样本。运用时应注意：一是要尽量缩小层次内的差异，增大层次间的差异。二是分层不宜过多,以免使层内单位数过少而无法抽样。三是在划分层次时做到分类明确,不发生混淆或遗漏。

分层抽样具体形式有两种:

1. 等比例分层抽样。即按各个层中的单位数量占总体单位数量的比例分配各层的样本数量。

例 4-2:承接例 4-1 的问题,按幼儿前次发展状况评价得分高低进行分类,其中幼儿发展状况评价得分高(80~100 分)的幼儿为 6 名,占总体的 20%;幼儿发展状况评价得分中等(60~79 分)的幼儿为 18 名,占总体的 60%;幼儿发展状况评价得分低(60 分以下)的幼儿为 6 名,占总体的 20%。则各分层应抽取的样本单位数为:

(1) 分数高的样本单位数目为:$10 \times 20\% = 2$

(2) 分数中等样本单位数目为:$10 \times 60\% = 6$

(3) 分数低的样本单位数目为:$10 \times 20\% = 2$

2. 分层最佳抽样。它不是按各层中单位数占总体单位数的比例分配样本单位,而是根据其他因素(如各层样本标准差大小),调整各层样本单位数,其计算公式为:

$$n_i = n \times \frac{N_i S_i}{\sum N_i S_i} \tag{4-2}$$

式中:n_i 为各分层应抽选的样本单位数;n 是样本单位总数;N_i 为各类型的调查单位数;S_i 是各分层调查单位的样本标准差。

例 4-3:以例 4-2 为例。各层样本标准差(可按幼儿发展状况评价得分算得)分布为高是 30,中等为 20,低为 10。见表 4-5。

表 4-5 调查单位数与样本标准差乘积计算表

各层次	各层调查单位数(N_i)	各层样本标准差(S_i)	乘积 $N_i S_i$
高	6	30	180
中	18	20	360
低	6	10	60
$\sum N_i S_i$	600		

按照分层最佳抽样计算公式(4-2),得出各分层抽选的样本单位数为:

(1) 分数高的样本单位数目为:10×(180/600)=3

(2) 分数中等样本单位数目为:10×(360/600)=6

(3) 分数低的样本单位数目为:10×(60/600)=1

三、搜集幼儿园教育质量评价信息的主要方法

(一) 测量法

这是指用各种测量工具(教育、心理测验和其他量表)测定评价对象的某些重要特性,从而搜集到评价信息的方法。所谓测量,就是按照一定的法则和程序给事物属性和特征分配数值。而测验是对行为团体或个体进行客观、科学、标准化测量的系统程序。测量常常通过量表来完成。对于3~6岁的幼儿来说,主要有以下测量工具。

1. 丹佛发育筛查测验(Denver Developmental Screening Test,简称DDST)

这种测验是美国丹佛学者弗兰肯堡(W. K. Frankenburg)与多兹(J. B. Dodds)编制的,是目前美国托儿所和医疗保健机构对婴幼儿进行检查的常规测验。DDST的检查对象为从出生到6岁的婴幼儿,如其不能完成选择好的项目,便认为该婴幼儿可能有问题,应进一步进行其他诊断性检查。必须注意的是DDST是筛选性测验,并非测定智商,对婴幼儿目前和将来的适应能力和智力高低无预测作用,只是筛选出可能的智商落后者。它也是我国的一种标准化儿童发育筛查的方法,由104个项目组成,分为四个能区:一是个人-社交能区,这些项目测定婴幼儿对周围人们的应答能力和料理自己生活的能力;二是精细动作-适应性能区,这些项目测定婴幼儿视觉功能以及用手取物和画图的能力;三是语言能区,测定婴幼儿听、理解和运用语言的能力;四是大运动能区,测定婴幼儿坐、步行和跳跃的能力。

2. 皮博迪(Peabody)图片词汇测验

这是一套为发声及听觉有困难的人设计的测量其"使用"词汇能力的工具,简称PPVT。这套工具共有150张黑白图片,每张图片上有4幅图,其中一幅图与某一词的词义相符。测验时拿出一张图片,主试说出一个词,要求被试指出图片上的4幅图中哪一个最能说明该词的意义。该测验适用的年龄范围为2.5~18岁。但每一个被试只做与其水平相接近的图与词。被试指对一个词得1分,在连续8个词中有6个

词指错时,被认为是达到了顶点中止试验,顶点数减去错误数为总得分,测验所得的原始分数可以转化为智龄、离差智商分数或百分位等级。测验每张图片时,整个测验则要求在10～15分钟内完成。该测验现已广泛应用于正常的、智力落后的、情绪失调的或生理上有障碍的儿童智力研究。其结果与其他智力量表分数的相关效度系数为0.60左右,而且与其他言语测验的相关又明显大于其他操作测验的相关。不过,相对比其他智力测验,该测验对文化程度较差的儿童来说稍困难。

3. 画人测验

画人测验又称为绘人测验,是一种简便易行的智能评估工具,有时也用来评估人格。1885年,英国学者库克(E. Cooke)首先描述了儿童画人的年龄特点。此后,许多学者开始探讨通过儿童绘画来了解其智能发展的可能。1926年,美国心理学家古迪纳夫(F. L. Goodenough)首次提出画人测验可作为一种智力测验,并将这一方法标准化,适用于4～12岁儿童的智力测量,其测验方法较为简单,指示被试在纸上画一个人即可。当被试画完以后,由主试按照标准化的量表评分。分数代表各年龄被试的智力水平。1963年,哈里斯(D. B. Harris)对画人测验进行了系统研究和全面修订,发表了"古氏-哈氏画人测验,其重点仍然放在测查儿童观察事物的准确性和概念思维的发展上,并不是测查儿童的艺术技能。

画人测验并不仅用来测量智力,也可用来评估人格等特征。测验方法为:在一张A4纸上,用一支带有橡皮擦的铅笔画一张任何人的画,可以画任何种类的人,但不是卡通、火柴人或木偶之类的人物。在画完第一幅画后,被测者可以再画另一个人,但要与前面所画人物的性别相反也可画被测者本人。

画人智力测验评分标准:

- 头的轮廓清楚,什么形状都可得分,无轮廓者不给分。
- 有眼即可,点、圈、线均算,只画出一只眼给0.5分。
- 只要能画出下肢,形状不论,但一定要看出有两条腿,若画穿长裙的女孩,只要腰与足之间有相当距离代表下肢部位,也可记1分。
- 只要能画出口来,形状无关,部位不正无关,但不能在脸的上半部。
- 有躯干即可,形状不论,卧位亦可。
- 上肢形状不限,只要能表示是胳膊,没有手指亦可。
- 头发不限发丝形状,只要有就行,一根也可。

- 有鼻即可,形状不限,只画鼻孔不给分。
- 眉毛或睫毛有一种即可。
- 上、下肢的连接大致正确,从躯干出来,即给分。
- 须有双耳,形状不论,但不能与上肢混同,侧位亦可,正位只画一耳算0.5分。
- 衣一件,有衣、裤、帽之一即可,表明有衣着,仅仅画纽扣、衣兜、皮带等亦可。
- 躯干的长度要大于宽度,长宽相等者不给分,要有轮廓,有纵、横的最长部位比较。
- 有颈部,形状不限,能将头与躯干分开。
- 有手指,能与臂或手区分开即可,数目及形状无关。
- 上、下肢连接方法正确,上肢从肩处或相当于肩处连接,下肢由躯干下边出来。
- 在头的轮廓之上画有头发,完全涂抹也可以。
- 颈的轮廓清楚,能将头与躯干连接起来,只画一根线的不算。
- 眼的长度大于眼裂之开阔度,双眼一致。
- 下肢比例:下肢长于躯干,但不到躯干的2倍,下肢的宽度应小于长度。
- 等等。

4. 瑞文标准推理测验(Raven's Standard Progressive Matrices,简称 SPM)

它是由英国心理学家瑞文(J. C. Raven)于1938年创制,在世界各国沿用至今,用以测验一个人的观察力及逻辑思维的能力。它是一种纯粹的非文字智力测验,所以广泛应用于无国界的智力/推理能力测试。SPM曾于1947年和1956年进行过两次修订,并且拥有两种类型,1938型适用于8岁以上的被试,有5个黑白系列。1947型为儿童彩色渐进测验,有3个系列。此外,还有适用于高智力水平者的高级推理测验。目前我国使用的SPM是由张厚粲教授于1985年修订的中国城市版,整个测验一共有60张图,由5个单元的渐进矩阵构图组成,每个单元在智慧活动的要求上各不相同,总的来说,矩阵的结构越来越复杂,从一个层次到多个层次的演变,要求的思维操作也是从直接观察到间接抽象推理的渐进过程。SPM施测无严格时限,一般可用40分钟左右时间完成,答对题目的总分可转化为百分等级。中国城市版的SPM分半信度达到0.95,间隔15天和30天的再测信度分别为0.82和0.79,与高考语文成绩、数学成绩、总分的相关系数分别为0.29、0.54、0.45,具有一定的信度和效度。由于瑞文标准推理测验具有一般文字智力测验所没有的特殊功能，可以在言语交流不便的情况下，用作各种跨文化的比较研究，5~75岁的儿童、成人、老人皆可借此量表粗分智力等级。

5. 斯坦福-比奈智力量表

比奈（A. Binet）-西蒙（T. Simon）量表传到美国后，由美国斯坦福大学教授推孟（L. M. Terman）于1916年进行了第一次修订，称为斯坦福-比奈量表。以后经过1937年和1960年两次修订，1972年出版了新的常模，1985年又以更具代表性的被试和试题取样进一步修订常模，使其成为当今很有影响力的智力测验，是很多其他智力测验的检验标准。该量表的突出贡献在于使用比率智商和离差智商来衡量个体的智力水平。1916年量表共90个项目，其中54个是比奈-西蒙量表中原有的，36个是新编的，可测验12个年龄组（3至14岁组），普通成人组和优秀成人组。其中除12岁组有8个测验项目外，其他各年龄组有6个测验项目。这个量表的最大优点在于用智力商数（IQ）代替智力年龄表示智力水平。1937年修订本由难度、信度和效度均相同的称为L和M的两个等值量表构成，每个量表有129个测验项目替换使用。这个量表适用于2岁~成人的被试，是当时最好的智力量表。1960年，推孟将1937年的L和M两个量表合而为一，成为单一量表（LM），可适用于2岁以上的20个年龄组的个别测验，主要包括定义、语文类推、适应问题、算术问题、记忆、一般知识、发现谬误、图画失全、空间问题和理解等项目。此测验的优点之一是用离差智商代替比率智商来衡量智商的高低。1972年出版的常模是根据来自不同地理环境，不同经济水平，不同民族的20万儿童测验结果制定的，因而具有很强的科学性。斯坦福-比奈量表的材料包括一盒标准玩具（用于测量幼儿）、两册图画卡片、一本测验指导手册和一个记录反应的本子。实施时，每个被试只接受适合年龄组程度的项目，不是所有的项目都去尝试，幼儿测验时间不超过40分钟，年龄大的不超过一个半小时。

6. 韦氏儿童智力量表（Wechsler Intelligence Scale for Children，简称WISC）

《韦氏儿童智力量表》是美国心理学家大卫·韦克斯勒（D. Wechsler）编制的，1949年出版，适合对象为6岁至16岁的儿童。韦克斯勒认为，智力是个人有目的地行动、理智地思考和有效地应对环境的综合能力。因此，他在量表中设计了11个分测验，包括语言量表和操作量表两个部分。语言量表包括常识、背数、词汇、图片排列、积木图案、拼图、译码、迷津等测验，其中译码分为译码甲和译码乙，译码甲为8岁以下儿童使用,译码乙为 8 岁和 8 岁以上儿童使用。译码测验和背数测验不是必须做的,只是作为替换测验,在某一类测验失效时使用。每个分测验题目的编排由浅入深,语言测验和操作测验交叉进行,使整个测验生动有趣,富于变化,便于儿童使用。测试时间通常为 46~60 分钟。WISC 的主要内容分述如下。

一是常识。包括 33 个一般知识性题目,内容很广,比如"谁发现了美洲?""某个国家的首都在什么地方?"等。韦克斯勒认为,人们在日常社会生活中接触到常识的机会应基本相同,但由于智力水平不同,每人所掌握的知识也有所不同。智力越高,兴趣越广泛,好奇心越强,所获得的知识就越多。常识也可以反映长时记忆的状况。常识还与早期疾病有关,自幼患病,会减少同外界接触的机会,获得的常识就较少。有情绪问题的被试,常表现出对常识分量的夸大和贻误,因而常识分测验具有临床的意义。常识测验能够测量智力的一般因素,容易与被试建立合作关系,不易引起被试的紧张和厌恶,通常将此测验安排为第一分测验。常识测验的缺点是容易受文化背景和被试熟悉程度的影响。

二是图画补缺。包括 27 张图片,每张图上都有意缺少一个主要的部分,要求被试在规定的 20 秒钟内,指出每张图上缺少了什么。该测验用来测量视觉敏锐性、记忆和细节注意能力。韦克斯勒认为,人们在心理发展过程中对所接触的日常事物形成完整的印象,这对于人们适应外界环境是十分重要的。图画补缺测验较容易有趣。该测验能够测量智力的一般因素,在临床上也有意义。具有病态观念的患者往往将自己的思想投射到测验中去,智力落后患者做图画补缺的成绩很差。该测验的缺点是易受个人经验、生长环境的影响。

三是数字广度。包括 14 个测题,主试读出一个 2~9 位的随机数字,要求被试顺背或倒背,两者分别进行。顺背从 3 位数字至 9 位数字,倒背从 2 位数字到 8 位数字,总分为顺背和倒背两者得分的和。该测验主要测定瞬时记忆能力,但分数也受到注意广度和理解能力的影响。韦克斯勒认为,数字广度测验对智力较低者可以测其智力,而对智力较高者实际测量的是注意力,智力高者在该测验上得分不一定会高。数字广度测验能够较快地测验记忆力和注意力,不会引起被试较强的情绪反应,也不大受文化教育程度的影响,且简便易行。但可靠性较低,测验受偶然因素的影响较大,对智力的一般因素负荷不是很高。

四是图片排列。包括 10 套图片,每套由 3~5 张图片组成。每道题中,主试展示一套次序打乱了的图片,要求被试按照图片内容的事件顺序,把图片重新排列起来,使它们成为一个有意义的故事,该测验用来测量被试的广泛分析综合能力、观察因果关系能力、社会计划性、预期力和幽默感等等。可用于各种文化背景,在临床上还具有投射测验的作用,但易受视觉敏锐性的影响。

五是词汇。包括37个词汇,每个词汇写在一张词汇卡片上。通过视觉或听觉逐一呈现词汇,要求被试解释每个词汇的一般意义,比如"美丽"是什么意思,"公主"是什么意思等。词汇测验用来测量被试的词汇知识和其他与一般智力有关的能力,在临床上也有很大作用。韦克斯勒认为,生活在同一文化环境中的人基本上共同接受这种文化。年龄大的人所接受的文化相对多一些,同年龄的人中,智力较高者相对接受的较多,经历丰富,受教育程度高的人,接受的也多些。该测验与抽象概括能力也有关。研究表明,该测验是测量一般智力因素的最佳测验,可靠性也较高。缺点是评分较难,测试时间较长,受文化背景及教育程度影响较大,有些人仅凭记忆力好也能得到高分。

六是积木图案。包括10个测题,要求被试用4块或9块积木,按照图案卡片来照样排列积木。每块积木两面为红色或白色,另两面为红白各半。积木图案测验用来测量视知觉和分析能力、空间定向能力及视觉-运动综合协调能力,它与操作量表的总分和整个测验的总分的相关度均很高,因此被认为是最好的操作测验。该测验效度很高,在临床上能帮助诊断知觉障碍、分心、老年衰退等症状,比较而言,该测验受到文化的影响较少。缺点是手指技巧有时可能会提高分数。

七是算术。包括15个测题,被试在解答题目时,不能使用笔和纸,而只能用心算来解答。算术测验主要测量最基本的数理知识以及数学思维能力。该测验能够较快地测量被试运用数字的技巧,缺点是容易产生焦虑和紧张,且易受性别影响。

八是物体拼配。包括4个测题,把每套零散的图形拼板呈现给被试,要求拼配成一个完整的物件。物体拼配测验主要测量思维能力、工作习惯、注意力、持久力和视觉综合能力。该测验与其他分测验的相关度相对较低,但在临床上可以测出被试的知觉类型及其对尝试错误方法的依赖程度。该测验任务单纯,可靠性较低,施测时间较长。

九是理解。包括18个测题,主试把每个问题呈现给被试,要求说明每种情境,比如"如果你在路上拾到一封贴上邮票、写有地址,但尚未寄出的信,你应该怎么办?"

等等。理解测验主要测量实际知识、社会适应能力和组织信息的能力,能反映被试对于社会价值观念、风俗、伦理道德是否理解和适应,在临床上能够鉴别患有脑器质性障碍的患者。该测验对智力的一般因素的负荷较大,与常识测验相比,受文化教育的影响较小。缺点是评分标准难以统一掌握。

十是数字符号。共有93对数字符号,要求被试在规定时限内,依据规定的数字符号关系,在数字下部填入相应的符号。该测验主要测量注意力、简单感觉运动的持久力、建立新的联系能力和速度。该测验评分快速,基本不受文化背景的影响。缺点是不能很好地测量智力的一般因素。

十一是类同。包括14组成对的词汇,要求被试概括每一对的词义相似点,比如"桌子和椅子在什么地方相似?""树和狗在什么地方相似?"等。该测验主要测量逻辑思维能力、抽象思维能力、分析能力和概括能力。类同测验简便易行,评分不太困难。在临床上鉴别脑器质性损害和精神分裂方面有较大意义。韦氏智力量表作为当今世界上使用最为广泛的智力测验工具之一,对于临床心理学和学校心理学领域有着杰出的贡献。

7. 韦氏学前儿童智力量表

它是由美国心理学家韦克斯勒制定的,适用于2岁6个月至7岁3个月幼儿的智力测量。该量表是韦克斯勒儿童智力量表的延伸,因为它的11个测验项目中有8项(常识、词汇、算术、类同、理解、图画补缺、迷津和积木图案)与学龄儿童智力量表的性质相同,只有背诵语句、动物房及几何图形等3项是新建立的。中国已有韦氏学龄前儿童智力量表的修订本。测查中应该注意的事项有:①室内要安静,室温适宜,幼儿坐得舒服。桌面要平坦,桌椅高度适合幼儿的身高。②与幼儿建立友好关系。测查者对幼儿的态度非常重要,应使幼儿愉快,对测验项目发生兴趣,自觉与测查者配合,测查者也应鼓励幼儿发挥最大的潜能。③幼儿在测试中感到疲劳或不耐烦,注意力不够集中时,允许测试中断。让孩子自由在房内玩一会儿,或者摆弄测试工具,可照顾孩子喝水和小便,绝大多数能一次完成任务。

8. 希-内学习能力测验(Hiskey-Nebraska Test of Learning Aptitude,简称 H-NLAT)

这种测验是美国心理学家海士凯(Hiskey)教授于20世纪50年代为聋哑人设计的,目前已成为国际流行的非语言智力测验之一。该测验适用于3~16岁儿童和青少年,也可用于成年人。H-NLAT 受文化和语言影响较小,不但可用于聋哑儿童,也可用于少数民族、语言交流困难以及正常听力儿童的智力测定与诊断。与目前国内使用的其他智力测验工具相比,希-内学习能力测验的特点是:①智力结构比较完整。②可以测出智力的下限,这对能力发展水平较低儿童的康复训练以及效果评价十分有利。目前国内使用的量表和常模是由山西医科大学与中国聋儿康复中心组织全国协作组于 1996 年修订的。

测量法的主要优缺点:

一是测量法的优点。测量法具有效率高(每单位时间可得到最多的信息),获得信息的种类较广和便于定量处理的优点。由于被测者愿意无保留地表现其最高水平,应试动机较强,因此,测量结果比较客观、可靠。

二是测量法的缺点。测量往往是根据被测者对测验题目所作出的反应,推断出其知识、技能和人格等方面的发展状况,具有间接性。此外,在进行书面测验时,对测验工具的编制要求较高,在进行操作测验时,对主试的要求较高。

(二) 问卷法

问卷法是以精心设计的书面调查项目或问题,向评价信息的提供者搜集信息的方法。它既可以了解评价对象的态度、动机、兴趣、需要、观点等主观情况,也可了解评价对象的客观性基本概况。

1. 问卷的类型

根据回答问卷的方式,问卷可分为结构式和非结构式两种。结构式问卷提供备择答案,供被调查对象进行选择或排序,非结构式问卷则要求被调查对象写出自己的情况或看法。在实际运用时,这两种类型常常结合起来,以结构式问题为主,辅以若干非结构式问题,以搜集到更加全面和完整的信息。

2. 问卷的设计

(1) 结构式问卷的项目类型

结构式问卷项目主要用于对评价对象的预期反应能较为准确把握的场合。其基本形式是在列出调查项目的同时,提供若干备择答案,供被调查者选用。有时也可增加其他一栏,以便包括被调查对象的非预期反应。它的项目或问题可归纳为:选择式、量表式、排列式等几种类型。

① 选择式

选择式项目要求调查对象从问卷提供的备选答案中选择符合自己想法的一项。备择项可以是两项(是/否、同意/不同意等)，也可以是多项。

② 量表式

量表式项目采用教育与心理测量中的量表形式，以了解被调查者特定反应的程度。经常使用的量表有利克特量表(Likert Scale)等。

③ 排列式

要求被调查者按照一定的标准(如重要性或时间序列等)，对问卷所提供的备择答案排出等级或序列。

(2) 非结构式问卷项目的类型

非结构式问卷项目的特点是只提出问题，不列出可能的答案，适用于答案不易收敛，或需要深入了解的场合。它的问卷项目可归结为填空式和自由回答式两种类型。

① 填空式

填空式项目要求被调查对象在有关栏目后填入实际情况或看法。由于所填写的内容只是几个词或一句话，程度有限，因此，又称为有限制的反应。

② 自由回答式

自由回答式项目让被调查对象畅所欲言，自由发表意见。因对答案的长度不作限定，故又称为无限制的反应。

3. 编制问卷的基本原则

判断问卷编制成功与否有两条基本标准：一是问卷能搜集到调查者所希望了解的信息，二是被调查者乐于回答。因此，在编制问卷时应当遵循以下基本原则。

(1) 重点突出

问卷中所提的问题应与调查目的一致，突出调查的重点。除了少数背景性问题外，不应列入可有可无的问题。

(2) 结构合理

问卷中所提的问题应当符合逻辑顺序和被调查者的思维程序。一般的安排是先易后难，先简后繁，先一般后具体。一些被调查者不愿回答的敏感性问题可放在问卷的最后。

(3) 问题明确,措辞得当

问卷中问题应当简明扼要,明确而无歧义。措辞力求通俗易懂,尽量不使用专业术语。语气要亲切,使被调查者愿意合作,乐于回答,还要避免使用带有导向性的问题。

(4) 问题的数量适当

对问卷的长度要进行控制,问题的数量应适当。问题数量过多,被调查者容易产生厌烦情绪,影响调查的质量,问题数量过少,则不能获得基本的信息。实践表明,回答问卷的时间一般不要超过30分钟。

(5) 便于处理

鉴于问卷调查所获取的信息量很大,通常要利用计算机进行处理。因此,问卷的编制应当有利于调查资料的编码、录入、汇总和处理。

4. 问卷法的优缺点

优点:一、取样具有广泛性和代表性。二、调查时间灵活、效率高、费用低、简便省时。三、格式比较客观统一、标准化,调查信息易作量化分析。四、实施简便,对使用者不必进行特别培训。五、可匿名调查,减少顾虑。六、具有间接性,被调查者可就不便当面交流的问题更加开放、真实地反映自己的态度和观点。

缺点:一、限制发挥、不够灵活。二、无法控制填写时的情境,不能进行正确引导。三、搜集的信息容易流于表面,难以深入了解内心的想法。四、被调查者需有一定的文化程度。五、回收率较低(尤其是通讯调查)。六、难以了解数据缺失的原因。七、被调查者在回答时会受到趋中现象、随机反应和社会性要求定势等因素的干扰,影响答案的可靠性。

5. 问卷法案例

在上海LY幼儿园的领导、保教人员和幼儿家长对幼儿园教育质量进行评价以后,为了检验领导、保教人员和幼儿家长对评价结果的认同度,我们开展了再评价活动。

首先,我们设计了LY幼儿园教育质量评价再评价的调查问卷,见表4-6。

表4-6 LY幼儿园教育质量评价再评价的调查问卷表

序号	问题	征询意见			
1	您对评价结果	满意	较满意	不太满意	不满意
2	您认为此次评价	科学	较科学	不太科学	不科学

其次,把评价结果反馈给幼儿园领导、保教人员和幼儿家长并搜集他们对评价结果的反馈。我们抽取了参与评价的幼儿园领导和保教人员 18 人以及幼儿家长 17 人作为调查样本。在评价结果反馈一周后,对评价结果的认同度和科学性进行调查,共发放问卷 35 份,其中有效问卷 35 份,统计结果见表 4-7。

表 4-7 对评价结果认同度统计结果表

	满意或较满意	不太满意	不满意
人数(人)	24	7	4
百分比(%)	68.57	20.00	11.43

运用 χ^2 检验,对表 4-7 中评价结果 3 种认同度间人数的差异性进行检验。经过计算,$\chi^2=19.943, df=2$,则 $\chi^2 > \chi^2_{0.001}$。说明认为"满意或较满意""不太满意""不满意"的人数之间存在高度显著差异。绝大多数领导、保教人员和幼儿家长对评价结果满意或较满意。

表 4-8 评价结果认同度 χ^2 检验表

	view
Chi-Square(a)	19.943
df	2
Asymp. Sig.	0.000

a 0 cells (0.0%) have expected frequencies less than 5. The minimum expected cell frequency is 11.7.

表 4-9 对评价的科学性再评价统计结果表

	科学或较科学	无意见	不科学
人 数(人)	20	12	3
百分比(%)	57.14	34.29	8.57

运用 χ^2 检验,对表 4-9 中评价活动 3 种认可度人数之间的差异性进行检验。经过计算,$\chi^2=12.400, df=2$,则 $\chi^2 > \chi^2_{0.01}$。由此表明:对评价活动,认为"科学或较科学""不太科学""不科学"的人数之间存在高度显著差异,绝大多数领导、保教人员和幼儿家长认为评价活动科学或较科学。

表 4-10　评价的科学性 χ^2 检验表

	view
Chi-Square(a)	12.400
df	2
Asymp. Sig.	0.002

a　0 cells (0.0%) have expected frequencies less than 5. The minimum expected cell frequency is 11.7.

（三）访谈法

访谈法又称谈话法，它是通过与被调查对象进行交谈而获取有关信息的方法，具有双向交流的特点。它与问卷法同属基本的调查方法，但更适用于调查对象较少的情况且对访谈人员的能力要求较高。

1. 访谈法的类型

根据被访谈人数的不同，访谈法一般可分为个别访谈法和集体访谈（座谈会）法两种。两者各有所长，个别访谈能减少被访谈者的顾虑，可深入交谈。而座谈会则有利于相互启发、补充和核实。参与座谈会的人数一般控制在6～12人为宜，并应把座谈的主题提前告诉与会者，以便其做好准备。

2. 访谈设计

访谈设计包括访谈对象和内容的确定。首先，要确定访谈的对象。毋庸置疑，被访谈者必须是知情者，能提供评价所需的信息。选择访谈对象时还要做到点面结合，既有典型性，又有代表性，以便全面获取信息。其次，要根据评价目的以及评价对象数量和质量要求确定访谈内容，拟定适当的访谈提纲、访谈表和访谈工作细则。访谈内容大致可分为：一是事实调查。要求被访者提供所了解的情况，二是意见征询。征求被访者的看法、意见和建议，三是了解被访者的个人情况和具体特征。

3. 访谈人员的选择和培训

首先，访谈的成功与否取决于访谈人员的基本素质，包括学识、处事经验、性格、品德等方面的特性。研究表明，访谈人员必备的基本素质包括仪表端正、举止得当、知识丰富、口才流利、诚实灵活和客观公正。应当根据这些要求选择好访谈人员。其次，访谈的成功与否取决于访谈人员的访谈技巧。因此，在访谈前，还必须做好访谈人员的培训。培训内容包括访谈注意事项、访谈表的内容、访谈技巧和具体要求。要提前了解被访者的背景，根据被访者的不同特点设计多种访谈方案。

4. 访谈的实施和记录

访谈是一项专业性较强的工作。首先,要编排好访谈的问题,先提出一些简单的、易激发兴趣的问题,再逐步深入到复杂问题,最后涉及较为敏感的问题。其次,要善于控制访谈的过程,措辞得当,有分寸,要注意掌握发问技术,一是直接法,即开门见山,二是间接法,即问的是甲,实际想了解的是乙,三是迂回法,即从各个不同侧面了解一个实质性的问题。再次,要有良好的人际关系协调技能,善于消除被访者的疑虑,建立融洽的访谈氛围,并能根据情境作灵活调整。

访谈的记录一般采用当场速记的方式。记录要突出重点,尽可能保持访谈的原貌。也可采用两名访谈人员参加访谈的方式,其中一人主要作记录。在访谈对象同意的情况下,可采用录音的方式,事后根据录音进行整理。

5. 访谈法的优缺点

(1) 优点

一是访谈法简便易行,便于双向交流信息,主客双方有交互作用。二是实施程序比较灵活,也便于控制,既可随时澄清问题,纠正对问题理解的偏差,又可随时变换问题或方式,捕捉新的或深层次的信息。三是可以有效地防止(在问卷调查中经常出现的)问题遗漏不答的现象。四是访谈法的适用面广,能有效地搜集关于态度、价值观和意见等信息。五是能在交谈的同时进行观察。六是能建立主客双方的融洽关系,消除顾虑,反映真实的想法。七是团体座谈时,可相互启发,促进问题的深入交流。

(2) 缺点

一是时间和精力花费较大,访谈样本小,需要较多训练有素的访谈人员,成本较高。二是访谈者的特性(价值观、信念、偏向、表情态度、交谈方式等)会影响被访谈者的反应。三是访谈者需要事先接受较严格和系统的培训。如被访谈者言不符实,或对某些问题有偏见,会导致所得信息失真。此外,对访谈结果的处理和分析也比较复杂。

6. 访谈法案例

访谈法案例见第二章第二节中的"访谈调查的信息"。

(四) 观察法

观察法是指评价者在一定时间内,对评价对象在自然状态下的特定行为表现进行观察、考察和分析,从而获得第一手事实材料的方法。它最适用于了解评价对象的行为、动作技能、情感反应、人际关系、态度、兴趣、个性和活动情况等。通常采用轶事记录、行为描写、检核表、评定量表等方式记录观察结果。

1. 观察法的类型

观察法一般分为自然观察法和实验观察法。前者是被观察者的活动和行为的产生,不受任何人为因素的影响,观察到的是各种活动场景中的真情实景,后者是事前确定观察范围,在严密的条件控制下,促使被观察者作出反应,以获取所需的信息。

2. 观察设计

观察设计包括确定观察对象和内容、选择观察方式和工具、培训观察人员。首先,要确定观察对象、时间和地点,观察的具体内容,即观察什么。其次,要确定观察方式并制定观察提纲和记录表格,即怎样观察。最后,对观察人员进行培训。包括对被观察对象、观察条件的了解、感知力、注意力、理解力的训练和记录表的熟悉等。

3. 观察记录

观察结果常以一定的方式记录下来。记录要力求真实,并标明时间、地点和事件发生的条件等。随着多媒体技术的发展,目前在观察时经常采用录像技术。记录方式主要有对行为或事件的描述和按记录表记录两种。

(1) 行为或事件的描述

描述的主要形式包括日记描述、轶事记录和连续记录等。描述方式所获得的信息一般做定性分析。

(2) 按记录表记录

记录表是一种事先拟定了各种需要观察的项目的表格,可供观察者详细记录事件或行为是否出现和出现的次数。有时,记录表还带有评定和判断栏目,要求观察者对观察到的现象进行价值判断。通过该方式获得的资料通常可作定量处理。

4. 观察信息的整理

观察结束后,观察者应当及时整理、补充或修正记录,若发现有遗漏或记录有误时,应尽可能凭记忆或参考其他观察者的记录进行补充和修正。在采用描述性记录方式时,观察者常常采用速记或简略、潦草的记录方式,此时,及时整理尤为重要。整理记录的时间若延迟太久,会因遗忘、难以辨认等原因造成信息的失真。观察信息整理时还可附注上观察者临时想到的解释和受到启发的问题,以便日后分析参考。但观察到实际情况的原始记录和观察者的推论应当明确分开。

5. 观察法的优缺点

优点：一是观察是在现场进行的，具有直接感受性。二是一般不需要通过任何其他中介环节，主要依靠观察者的感官和思维。三是可获得评价对象不愿意或没能报告的行为表现，以及短时出现的情况。四是通常不会妨碍被观察者的日常学习和工作。五是在行为发生的现场做即时记录，全面、准确、生动，具有真实性和客观性。

缺点：一是取样较小，在观察对象项目多且分散时较难应用。二是有时会对被观察者产生干扰。三是依赖观察者的能力和心理状况，主观因素的干扰会导致信息失真。四是观察者需经过严格的培训。五是时间和精力花费较大，实施成本高。六是信息记录和整理较难系统化，结论较难类推或判断因果关系。七是有时观察项目归类的推论性太强，影响调查的信度。

（五）文献法

这是依靠搜集和分析记载评价对象情况的现成资料来获得所需信息的方法。与上述其他搜集信息方法不同，文献法使调查者与被调查者在时空上完全隔离开来，不会产生相互作用，因而是一种相对隐蔽的信息搜集方法。

1. 文献类型

（1）按文献的外在形式分类，文献可分为：①书面文献。即用文字记载的资料。②音像文献。即用声音或图像记载的资料。③实物文献。即用实物记载的资料。

（2）按文献的内容分类，文献可分为：①政府、机构、组织、团体的文件和档案。②社会研究文献。③个人材料。

（3）按文献的加工程度分类，文献可分为：①一次文献。作者本人根据所见所闻而记录的材料。②二次文献。它是对一次文献进行初步加工整理得到的文献。③三次文献。在二次文献基础上继续进行加工整理得到的文献。

2. 文献法的实施

近年来，由于计算机技术的发展，不少教育机构都十分重视教育信息管理的科学化和规范化，把众多的教育文献输入计算机，并实现计算机管理，可减轻教育评价中搜集有关文献资料的负担。文献调查的实施步骤主要为：

（1）编写文献调查大纲

根据评价目的和对评价对象数量和质量的要求，事先拟定查阅资料、文件的范围,提出明确的要求和人员安排,做到科学地分工查阅,有分类,有统计,避免重复劳动。

(2) 筛选和分类

筛选就是根据评价目的和评价对象数量和质量的要求,从众多的文献中选择有用的材料。分类则是对选定材料根据主题进行分类。

(3) 复印或摘录

为了便于分析和讨论,评价者可对一些重要的档案材料复印后分发给评价小组的成员。对篇幅较长的材料可以摘录要点,以便集中讨论,节省时间,提高工作的效率。

(4) 文献核实和汇总

为了使评价结论具有可靠的材料基础,评价者还要对选定的材料进行核实,去粗取精,去伪存真。重要的结论一定要汇总来自不同渠道的材料,在相互验证的基础上才能得出,决不能根据孤证就草率地得出结论。

(5) 分析研究材料,写成报告

对汇总和核实过的材料进行分析研究,得出明确结论,并写成报告。

3. 文献法的主要优缺点

优点:一是不受时空的限制。评价者可通过文献了解不能亲自获得的材料。二是没有反应性问题。消除了被调查对象在访谈和观察时可能出现的掩饰或改变行为等反应性问题,文献也不会因为评价者的主观偏见而改变。三是方便和节省资金。可随时查询和摘录,费用不高。四是可克服评价者亲自调查的局限性。扩大视野,进行更全面的分析和概括。

缺点:一是现有的文献材料往往不是为评价工作特意准备的,具有不完全性,不能满足评价者的特定需要。二是原始材料可能带有原记录者的个人偏见和虚假成分,需要评价者认真地核实甄别。

(六) 网络法

运用网络法搜集幼儿园教育质量评价信息可参看本章第一节。

第三节 幼儿园教育质量评价信息的处理

教育评价信息搜集完成以后,存在着如何处理评价信息的问题。所谓评价信息处理，就是用科学的方法，对搜集到的评价信息进行整理、分类、统计和分析，理出头绪，寻找规律，使评价信息能系统而完整地反映评价对象的基本特征，进而得出有充分说服力的评价结论，并提出建议。搜集到的评价信息一般有两种，一是定性评价信息，二是定量评价信息。对于不同的评价信息，应该采用不同的处理方法，因此，处理评价信息的基本方法也有两种，一是定性处理法，二是定量处理。但是，从教育评价发展的趋势来看，应该把定性处理和定量处理有机结合起来。

一、幼儿园教育质量评价信息的定性处理方法

所谓评价信息的定性处理方法，就是指在处理评价信息中不采用数学的方法。其处理对象是不能定量化的评价信息，或者是评价信息定量化之前的定性分析和描述，或者是对评价信息定量处理结果的定性分析和解释。譬如对评价对象优缺点的详细描述，对典型个案的深入研究，对评价对象内隐的观念和意识进行分析等。在处理评价信息过程中，往往运用思辨的方法对评价信息进行分析、归纳、综合和推断，用语言形式表述评价结果。常用的方法有以下三种。

（一）哲学分析法

哲学分析法就是用马克思主义哲学的基本原理和方法来处理评价信息。人们生活在世界上，无时无刻不在接触周围世界的各种各样的事物和现象。开始是对个别的、具体的事物和孤立的、分散的现象产生一定的看法，随着，眼界的扩大，最终对世界的本质和事物之间的联系以及人与世界的关系等问题形成了总的看法，即世界观。世界观人人都有，只不过许多人没有把它系统化，没有自觉地用哲学语言把它表达出来。当人们把世界观系统化，上升为理论，形成体系，其便成为了哲学学说。可见，哲学是系统化和理论化的世界观。

马克思主义哲学是辩证唯物主义和历史唯物主义，它是人类哲学思想和科学知识发展的最高成果。辩证唯物主义认为，事物的矛盾运动是绝对的，一个矛盾解决以后，就会产生新的矛盾。正因为矛盾是绝对的，因而事物的发展也是绝对的。它揭示了许多规律，如对立统一规律、量变质变规律和否定之否定规律，等等。历史唯物主义是关于人类社会发展普遍规律的学说，它把辩证法和唯物论的原理应用于研究社会生活、社会现象和社会发展，具体地说，主要研究人类社会是由什么构成的、社会性质是由什么决定的、社会形态更替的原因是什么、社会发展的动力是什么、人

民群众在历史上起什么作用等。由于马克思主义哲学是科学的世界观和方法论,因此,用它来分析事物和现象,可以得出科学、客观和准确的结论。

在处理评价信息过程中运用辩证唯物主义和历史唯物主义,评价者能透过现象认识并揭示事物的本质,把认识从事物的外部深入到内部,并从偶然性事件中发现必然的规律,获得真知和科学的结论。

(二) 系统分析法

所谓系统分析法,就是指运用系统科学的原理和方法来处理评价信息。系统科学是研究系统的特征和演化规律的科学。可把教育活动视为一个系统,它的运行遵循着系统演化的规律。如果评价者认识了这些规律,就可以较为科学地分析评价信息,得出评价结论了。研究系统科学(包括系统论、信息论、控制论,以及耗散结构论、协同学、突变论等)可以得出以下3条基本原理。

1. 整体原理

这条原理的涵义是任何系统的整体功能 $E(整)$,等于系统内各部分功能的总和 $\sum E(部)$ 加上各部分相互联系形成结构产生的功能 $\sum E(联)$,可表述为:

$$E(整) = \sum E(部) + \sum E(联) \tag{4-3}$$

式中:$\sum E(联) > 0$ 或 $\sum E(联) < 0$。由于 $\sum E(联) = 0$ 的概率极小极小,所以,$E(整) \neq \sum E(部)$。

在古代,亚里斯多德(Aristotel)曾提出过:整体大于各孤立部分之总和。譬如,三个臭皮匠,赛过一个诸葛亮,这就是指一个系统在 $\sum E(联) > 0$ 时的情形。但是,如果各部分组合成一个彼此冲突的结构,产生内耗,整体功能就可能小于各部分功能的总和。譬如,一个和尚挑水喝,两个和尚抬水喝,三个和尚没有水喝,这是指一个系统在 $\sum E(联) < 0$ 时产生的结果。整体原理告诉我们,不仅应注意发挥各部分的功能,更重要的是要发挥各部分相互联系形成结构的新功能。

2. 反馈原理

反馈原理是指一个控制系统的控制部分既有控制信息输入到受控部分,也控制受控部分反馈信息回送到控制部分,形成一个闭合回路。没有反馈信息的非闭合回路,不可能实现控制。控制部分正是根据反馈信息的量才能比较、纠正和调整它发出的控制信息的量,从而实现控制。根据这一原理,我们往往把系统输出的信息返回到输入端,从而对系统的输入和再输出施加影响,使系统能稳定保持在某种状态或按照一定路径达到预定目标。反馈有正反馈和负反馈之分，起到增强输入作用的为正反馈，起削弱原输入作用的是负反馈。无论是正反馈还是负反馈，都被人们所需要，各有各的用途，这就需要把握住它们的特点，适当地运用。譬如，新的结构、模式和形态在开始时总是弱小的，需要靠系统的自我放大（自我激励）机制才能生长和壮大。这就是正反馈机制。但新结构不能一直生长下去，到一定程度就应稳定下来，不再增加规模，即系统应有自我抑制（自我衰减）机制。这就是负反馈机制。正反馈和负反馈适当结合，才能实现系统的自我组织。运用反馈来调节和控制一个系统时，应注意解决好以下六个问题：一是要确定出明确的目标变量，二是要确定出可靠的政策变量，三是反馈的速度要快，四是反馈的路径要短，五是要注意防止反馈过度的问题，六是要考虑输出端的反应对输入端的变化在时间上有一个滞后特性。

3. 有序原理（也称自组织原理）

它的基本涵义是一个系统只有在开放、远离平衡和内部不同元素或子系统之间存在非线性相互作用（或协同合作）的条件下，通过涨落放大才可能以自组织的方式，从混沌到有序，或者从低级有序到高级有序发展。所谓自组织，就是不存在外部的作用力或指令，系统内部不同元素或子系统按照某种特定的规则和条件形成一定的结构，协调地运行。[①] 这种理论是现代科学技术发展的产物，它虽然产生于自然科学，但是在社会科学领域里也得到了广泛应用，并取得了很大成效。

由有序原理可知，一个系统必须满足以下 4 个条件，才有可能形成新的有序结构：一是系统必须是开放的。任何系统内部均存在着熵产生，当它达到极大值时，系统就处于无序状态。而开放系统由于与环境有物质、能量和信息的交流，它的熵由两部分组成：

$$系统的熵(dS) = 熵产生(diS) + 熵流(deS) \qquad (4-4)$$

式中：$diS \geqslant 0$（热力学原理保证熵产生为非负量）；deS 反映的是系统与环境之间熵的交换，这部分可正、可负，也可为零。在熵流是负的情况下，只要它足够强，这样除了可以抵消掉系统内部的熵产生外，还能够使系统的熵减少，从而使系统进入有序状态。二是系统必须远离平衡态。处在平衡态和近平衡态的系统总倾向是趋于无序的，只有当环境驱动开放系统越出非平衡线性区，到达远离平衡态的非线性区域时，

---

① 吴钢.自组织理论在学校管理中的运用[J].教育探索,2000,(7).

系统才有可能发生非平衡相变,形成新的稳定有序的结构。这就是普利高津(I. Progogine)所说的"非平衡是有序之源"论断的含意。三是系统内部不同元素或子系统之间存在非线性相互作用(或协同合作)。系统内部不同元素或子系统之间的相互作用大体分为合作和竞争两种形式,它们都是系统产生自组织行为的动力。没有系统内部不同元素或子系统之间的合作,没有系统与环境之间的合作,就不会有新结构的出现。同样,没有系统内部不同元素或子系统之间的竞争,特别是没有系统与环境中其他系统的竞争,也不会有新结构的出现。合作与竞争本质上是非线性的。线性的相互作用至多能产生平庸的自组织,真正的自组织只能出现在非线性系统中,而且要有足够强的非线性才行。四是系统有涨落放大,形成"巨涨落"。涨落的特点是随机生灭,或大或小。按其来源,有内涨落和外涨落之分,按其规模,有小涨落、大涨落、巨涨落之分。一切真实的系统都存在涨落,它在自组织中起极为重要的作用。系统通过涨落触发旧结构的失稳,探寻新结构;系统在分叉点上靠涨落实现对称破缺选择,建立新结构。

(三)逻辑分析法

逻辑分析法就是用逻辑学的基本原理和方法来处理评价信息。常用的有以下几种方法。

1. 归纳和演绎

归纳是从个别事实推出一般结论的思维方法,大致相当于认识运动中从个别到一般的阶段。它又分为完全归纳和不完全归纳两种:一是完全归纳,考查一类对象的所有个体,根据它们具有或不具有某种属性而推出的该类对象都具有或不具有某种属性的一般结论,二是不完全归纳,即根据因果规律的特点,在前后相伴发生的一些现象中,通过其相关变化,如同时出现、同时不出现或同时成比例地发生变化等事实,归纳出现象间的因果联系。此法又分为简单枚举法和直觉法。前者指根据某类一些事物具有某种属性而未发现与此相矛盾的情况而推出该类全部事物都有此属性;后者指从感觉资料中运用洞察力直观本质,如从月亮发光一面总对着太阳而推论月亮发光是由于太阳光反射所致。归纳法在认识评价信息中主要具有两个方面的作用:一是帮助人们实现从感性认识到理性认识的飞跃。理性认识是对事物本质的认识。归纳法是从大量的个别事实得出一般性结论的推理,它提供的是共性知识。虽然关于共性的认识不一定都是关于本质的认识,但是,本质的东西,却一定是某种共性的东西。因此,运用归纳法,从个别上升到一般,就缩小了寻找本质的范围,有助于把握本质,形成概念。二是帮助人们在研究大量感性材料的基础上,发现自然规律。

演绎是从一般推出个别的思维方法,大致相当于认识过程中从一般到个别的阶段。它的结论带有必然性,因为结论蕴涵在前提之中,如果前提是真,结论必然为真。运用此法研究问题,首先要正确掌握作为指导思想或依据的一般原理和原则。其次要全面了解所要研究的课题、问题的实际情况和特殊性。最后才能推导出一般原理用于特定事物的结论。

归纳和演绎是互相密切联系的两个方面。归纳是演绎的基础,演绎是新的归纳过程的前导,二者相互补充。

2. 分析和综合

分析是把认识的对象在思维中分解成各个组成部分,然后对它们进行细致的研究,即把一个整体分解成若干部分然后逐个研究。它对认识对象的各个部分提供具体知识。分析方法的好处是可以比较精细和具体地了解事物的各个组成部分,避免泛泛的空洞了解。而且,对于一个混沌不清的对象进行分析,就有可能发现矛盾。但是,由于着眼于局部研究,人的眼光可能局限在狭隘的领域里,把本来互相联系的东西暂时割裂开来,孤立和片面地看问题。

综合是在思维活动中将分析所得的关于客观对象各个部分、方面、特征和因素的认识联结起来,形成对客观对象的整体认识。这种方法不是任意的拼凑,而是按客观事物的本质联系进行。它能把握事物本来的联系及其中介,能揭示出事物在分割状态下不曾呈现出来的特性。

分析和综合是两种不同的、相反的理性认识方法,但是,它们又相互依存、不可分割。它们统一的客观依据是由若干部分和方面组成的事物本身,事物既有多样性和复杂性,又有统一性和简单性。具体表现在:一是分析是综合的前提,没有分析就没有综合。综合的成果要提供对事物整体真实而全面的知识,就必须以分析为基础。没有分析为基础的综合认识是抽象空洞的认识。二是综合是分析的发展和提高。认识的任务不能仅仅限于分析,还必须有综合。这是因为事物虽可分成若干组成部分,但它本身是统一的整体。事物虽相对独立,但它本身又是普遍联系着的。如果只有分析,会使完整的事物在我们头脑中被肢解,不能完整地认识事物。必须在分析之后,把分析所得的关于事物各部分的具体知识综合起来,并且,这种综合不是把各方面和各部分知识简单地堆积,而是一个去粗取精的过程,与分析相比,综合更接近于对事物本质性、规律性和整体的认识。因此,综合是分析的发展和提高。

在处理评价信息过程中,要综合运用上述3种方法。作为实例,在此摘录LY幼儿园教育质量评价报告的部分内容:

- 从教育条件来谈,教育经费、场地园舍、设施设备、人员配置、管理水平等五条指标的得分由高到低的排列的顺序为人员配置、教育经费、设施设备、管理水平、场地园舍,由此可见,"人员配置"做得最好,而"场地园舍"做得最差,幼儿园要在用房及活动空间等方面进一步完善。

- 从教育过程来看,教育计划、教育活动、卫生保健等3条指标的得分由高到低的排列的顺序是教育计划、教育活动、卫生保健,由此可见,教育计划比保教工作做得好,这要引起幼儿园全体教职工的注意,做教育计划的目的是要把保教工作做得更好,计划不能只停留在纸上,而要落实到具体工作中去。

- 从教育效果来说,幼儿体、智、德、美等4个方面的得分由高到低排列的顺序为幼儿的德、智、体、美,由此可见,离预设的目标还有一定的差距,对于幼儿的教育,"体"是最重要的方面,幼儿园一定要加强这方面的工作,按照幼儿的成长规律培养。

- 从幼儿园教育质量整体来分析,教育条件、教育过程、教育效果等3条指标的得分由高到低的排列的顺序是教育效果、教育条件、教育过程,由此可见,虽然"教育效果"的得分较高,幼儿的发展状况得到了保教人员和家长的肯定,但是"教育过程"的得分较低。"教育过程"和"教育效果"之间是有必然联系的,它们互为因果,在一定条件下可以相互转化,具体地说,教育效果既是教育过程发展的自然结果,又是新教育过程的必要前提,因此,它们是统一的,任何试图把它们对立起来的行为都是错误的。若教育过程做得不好,长此以往必然会影响教育效果的提高。

二、幼儿园教育质量评价信息的定量处理方法

所谓评价信息的定量处理方法,就是指在处理评价信息中采用数学的方法。其处理对象是能定量化的评价信息。它的特点:一是受到分析人员的主观影响相对较

少,客观性强,处理结果有说服力,二是可借助计算机等现代化手段完成分析,效率较高,便于普及。常用的定量处理方法有累积分数法、统计分析法和模糊数学法等。

(一) 累积分数法

评价者按照评价标准对评价对象逐项进行评分,然后将各项所得的分数相加,就得出评价对象应得总分。它的应用非常广泛,是一种既简单,又实用的方法。其计算公式有以下两个。

1. 当指标没有相对应的权重时,计算公式为:

$$S = \sum_{i=1}^{n} S_i \tag{4-5}$$

式中:S 为累积分数;S_i 为评价对象第 i 个指标的评定值。

2. 当指标有相对应的权重时,计算公式为:

$$S = \sum_{i=1}^{n} \omega_i S_i \tag{4-6}$$

式中:S、S_i 同公式 4-5;ω_i 为对应于指标 i 的权重。

例 4-4:在幼儿园教育质量评价中,甲、乙两所幼儿园的教育条件、教育过程、教育效果等三项指标的得分分别为 95、70、60 和 70、90、62。请用累积分数法对以上数据进行处理(规定:谁累积分数高,谁教育质量高)。第一问:哪所幼儿园教育质量高?若 3 项指标的权重分配分别是 0.2605、0.6334、0.1061,第二问:甲、乙两所幼儿园的教育质量谁高?

解:(1) 由公式 4-5 得:

∵ $S_甲 = 95 + 70 + 60 = 225$

$S_乙 = 70 + 90 + 62 = 222$

∴ 甲幼儿园教育质量高。

(2) 由公式 4-6 得:

∵ $S_甲 = 95 \times 0.2605 + 70 \times 0.6334 + 60 \times 0.1061 \approx 75.45$

$S_乙 = 70 \times 0.2605 + 90 \times 0.6334 + 62 \times 0.1061 \approx 81.82$

∴ 乙幼儿园教育质量高。

例 4-5:在 LY 幼儿园教育质量评价中,21 名幼儿家长对 LY 幼儿园的"教育活动"指标(见表 1-1)的评价信息初步统计结果如表 4-11。

表 4-11 幼儿家长对 LY 幼儿园教育质量评价的信息初步统计结果表(摘要)

二级指标	三级指标体系	评价信息初步统计结果			
		A	B	C	D
教育活动	1.课程教学	0	14	7	0
	2.活动组织	0	11	10	0
	3.师幼互动	0	13	8	0
	4.家园联系	0	13	8	0
	5.教育评价	1	16	4	0

根据表 4-11 中的统计结果,如何算出每条三级指标的得分和 LY 幼儿园的"教育活动"指标的得分?

解:要计算表 4-11 中每条三级指标的得分,首先应该对 A、B、C、D 四个等级进行量化。根据第三章第三节中的相关内容,定量化 A、B、C、D 后,由表 4-11 中的统计数据就可以计算出每条指标的得分。其计算公式为:

$$S_i = \frac{A_i \times 4 + B_i \times 3 + C_i \times 2 + D_i}{A_i + B_i + C_i + D_i} \tag{4-7}$$

式中:S_i 为第 i 条指标的得分;A_i、B_i、C_i、D_i 分别为第 i 条指标 A、B、C、D 等级的统计值。

再运用表 1-1 中的权重和公式 4-7 算出 LY 幼儿园的"教育活动"指标的得分,见表 4-12。

表 4-12 幼儿家长对 LY 幼儿园教育质量评价得分表(摘要)

二级指标	三级指标体系	得分	总得分
教育活动	1.课程教学	2.6667	2.6302
	2.活动组织	2.5238	
	3.师幼互动	2.6190	
	4.家园联系	2.6190	
	5.教育评价	2.8751	

由公式4-7和公式4-6可知,每条三级指标的得分和"教育活动"指标得分均在1~4之间,若在数轴上表示出来,它们就是1~4闭区间上的连续点,因此,它们不仅有量的涵义,也有质的解释。如果把每条三级指标的得分和"教育活动"指标得分分别乘以25,则它们的乘积均在25~100之间。每条三级指标的得分和"教育活动"指标得分经放大后,它们量的涵义十分明显。至于质的解释,只要把每条三级指标的得分和"教育活动"指标得分分别标在数轴上就清楚了,如图4-7所示,"教育活动"指标得分在数轴上的位置。

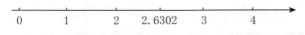

图4-7 "教育活动"指标得分在数轴上的位置图

由图4-7可知,如果4、3、2、1代表优、良、中、差的话,那么"教育活动"指标的家长评价结果是中等,更精确一点说是介于中等和良好之间,略偏向于良。一般地,得到3.5以上的评价结果是较为突出的,大多数指标家长评价结果均在2.5~3.5之间,评价结果在2.5以下的指标,急需幼儿园教职工认真反思,改进教育工作。

(二)统计分析法

这种方法就是在处理评价信息时采用数理统计的方法。教育现象内含着许多以数量形式存在的现象,其中有一些是随机性数量,这种数量需要用统计分析法来处理,常用的有:平均数、方差、标准分数、相关系数、Z检验、t检验、F检验和x^2检验等。除此以外,在教育评价中应用多元统计分析法已是一种趋势。因为教育现象是由多种因素决定的,对其价值进行判断,势必要对与教育相关的各种因素进行分析和推断,这远不是单变量统计分析法能解决的,所以,要运用多元统计分析法。常用的方法有主成分分析法、因子分析法和聚类分析法等。随着电子计算机的进一步普及,多元统计分析法在教育评价中应用的优势将会越来越明显。为了便于读者能把数理统计方法较好地运用于教育评价中,特在此列举一些经常碰到的实例,仅供读者参考。另外,通过学习这些实例,融会贯通,勇于创新。

1. 百分等级

百分等级是常用的表示评价结果的方法之一。一个分数的百分等级可定义为:在常模团体(即由具有某种共同特征的人所组成的一个群体或群体的一个样本)中低于该分数的人数百分比。譬如,在幼儿智力测验中,有一半人的分数低于80分,那么这个原始分数就相当于 50 百分等级。百分等级高于 50,表示高于一般水平,低于 50 意味着水平较低。25 和 75 百分等级代表分配中最低和最高 1/4 部分的分界点。可见,百分等级指出的是个体在常模团体中的相对位置,百分等级越低,个体所处的地位越低。

计算百分等级时需要决定在常模团体中分数低于某一值的人数比例。首先列出频数分布表,然后算出低于某一特定分数的累积频数,将此累积频数除以样本总人数,便可得到低于此分数的累积比例,再将这个比例乘以 100,即可将分数换成百分等级。

百分等级的意义是,无论幼儿智力测验分数的分布形态如何,都可以用百分等级表示某幼儿在团体中的相对位置。可以用百分等级来比较一个幼儿两次测验的成绩,也可以用来比较两个团体的测验成绩。

2. 正态分布

正态分布曲线是一种两头低中间高的单峰对称曲线。它是一种重要的连续性分布,不仅在自然中大量存在,在包括教育在内的社会现象中也很普遍。譬如身高、体重、人的智力和能力等都服从或近似服从正态分布。正态分布亦称"常态分布"、"高斯分布"。这种分布最初由德·莫佛尔(D. Moivre)发现,德国数学家高斯(Gauss)等对其推导也作过很大贡献。如图 4-8 所示正态分布曲线下的面积与平均数($\bar{X}$)、标准差(σ)的关系。

由图 4-8 可知,正态分布曲线至少具有以下两条性质:

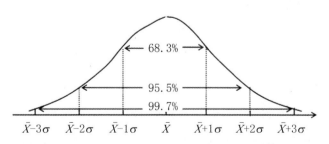

图 4-8 正态分布曲线下的面积与平均数、标准差的关系图

(1)正态分布曲线近似界于 $\bar{X}-3\sigma$ 和 $\bar{X}+3\sigma$ 之间;

(2)过平均数作数轴的垂线,这条垂线就是正态分布曲线的对称轴,即正态分布曲线的左、右两边关于这条垂线对称。作为正态分布的一个应用,在此研究五级评

定法、三级评定法和四级评定法中各个等级的比例分配。

① 五级评定法。由正态分布曲线的性质可知,只要以标准差为单位,作适当划分就能科学地得到五级评定法中各等级所占的比率。通常的划分是在5σ范围内以1σ为单位分配优秀、良好、中等、及格、不及格,或者A、B、C、D、E。如图4-9所示。

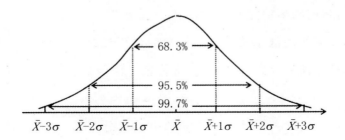

图4-9　五等级评定法的划分图

由图4-9可知,在平均数$\bar{X}\pm0.5\sigma$范围之内的为中等,约占总体的38%;在$\bar{X}+0.5\sigma\sim\bar{X}+1.5\sigma$之内为良好,约占总体的$24\%$;在$\bar{X}+1.5\sigma\sim\bar{X}+2.5\sigma$之内为优秀,约占总体的$7\%$(区间右端可以延伸至$\bar{X}+3\sigma$,以覆盖整个正态分布曲线,产生的误差较小,可以忽略);在$\bar{X}-1.5\sigma\sim\bar{X}-0.5\sigma$之内为及格,约占总体的$24\%$;在$\bar{X}-2.5\sigma\sim\bar{X}-1.5\sigma$之内为不及格,约占总体的$7\%$(区间左端可以延伸至$\bar{X}-3\sigma$,以覆盖整个正态分布曲线,产生的误差较小,可以忽略)。

根据图4-9的划分,对于任意个体数较多的群体,只要其个体属性理论上服从正态分布,并且算出平均数和标准差,就可以较为科学地采用五等级评定法判断该群体是否遵从正态分布。另外,运用五等级评定法,可以对群体中的个体进行较为科学的相对评价。

② 三级评定法。只要在6σ范围内以2σ为单位分配好、中、差,或者A、B、C,由图4-8可知,好约占总体的16%,中约占总体的68%,差约占总体的16%。

③ 四级评定法。只要在6σ范围内以1.5σ为单位分配好、较好、不太好、不好,或者A、B、C、D,由图4-9可知,好约占总体的7%,较好约占总体的43%,不太好约占总体的43%,不好约占总体的7%。

例4-6:假设从一所幼儿园里随机抽选出100名大班幼儿,对他们实施发展状况评价,已进行了3次,评价等级为四等级:优秀、良好、合格、待合格,评价得分由高到低排列见表 4-13,那么如何建立评价得分常模呢?

表 4-13　3 次幼儿发展状况评价得分由高到低排列表

幼儿序号	第一次评价得分	第二次评价得分	第三次评价得分	常模
1	3.88	3.90	3.85	
2	3.86	3.88	3.82	
⋮				优等≥3.6
7	3.60	3.61	3.59	
⋮				
100	1.92	2.10	1.90	

解:在这里以建立优等常模为例,其他等级的常模可参照制定。由上述可知,四等级的比例分配为:优秀约占总体的 7%,良好约占总体的 43%,合格约占总体的 43%,待合格约占总体的 7%。当数据积累到 3 个周期以上时,就可求出各等级的常模了。由表 4-13 可求得第 4 次评价得分优等常模:优等≥(3.60+3.61+3.59)÷3=3.6。这个常模可作为第 4、5 次评价得分优等标准,但是到了第 6 次评价,这个常模就要更新,因为幼儿发展状况在变化,评价者的评价能力也在变化。一般来说,当评价进行两次后就要更新一下常模,依此循环下去,使得常模趋于科学和客观。更新优等常模的具体方法是:把这个优等常模与第 4、5 次评价第 7 名的得分值取一个平均值,这个平均值就是新的优等常模。

(三) 模糊数学法

所谓模糊数学法,就是在处理教育评价信息中应用模糊数学的方法。模糊数学是研究和处理模糊性现象的数学,它对事物的不确定性质状态作数量描述,目的是要从模糊中求精确,获取与事物本来面目相接近一致的参数。这里介绍模糊综合评判法在处理评价信息中的运用。可预先将评定等级标准划分为 n 个水平,不妨设 $n=4$,如在表 4-11 中,评定等级标准划分为"A"、"B"、"C"、"D"四个等级,则这四个评价等级组成了评价集:

$$V=\{v_1,v_2,v_3,v_4\}$$

若评价对象的评价指标体系中有 m 个指标,则这些指标就组成了因素集:

$$U=\{u_1,u_2,\cdots,u_m\}$$

对评价对象的每一个评价指标 i 评定的结果为评价集 V 上的一个模糊子集：

$$B_i=\{b_{i1},b_{i2},\cdots,b_{i4}\}$$

分别对评价对象的 m 个评价指标进行评定后，可以得到评价集 V 上的 m 个模糊子集，它们构成了模糊矩阵：

$$B=\begin{pmatrix} b_{11} & b_{12} & \cdots & b_{14} \\ b_{21} & b_{22} & \cdots & b_{24} \\ \cdots & \cdots & \cdots & \cdots \\ b_{m1} & b_{m2} & \cdots & b_{m4} \end{pmatrix}$$

假设与评价对象的评价指标体系相对应的权集为：

$$A=\{a_1,a_2,\cdots,a_m\}$$

于是，可得综合评价结果：

$$C=A\circ B=\bigcup_m(a_{im}\bigcap b_{mj})=(c_1,c_2,c_3,c_4) \tag{4-8}$$

式中：符号"∘"表示合成运算；符号"∪"为取并集；符号"∩"为取交集。

随后，对 C 作归一化处理，得：

$$D=\left(\frac{c_1}{p},\frac{c_2}{p},\cdots,\frac{c_4}{p}\right)=(d_1,d_2,\cdots,d_4)$$

其中：$p=c_1+c_2+c_3+c_4$。

若评价集 $V=\{v_1,v_2,v_3,v_4\}$ 相对应的权集为：

$$\alpha=\{\alpha_1,\alpha_2,\cdots,\alpha_4\}$$

则综合评价值为：

$$S=\alpha_1 d_1+\alpha_2 d_2+\alpha_3 d_3+\alpha_4 d_4 \tag{4-9}$$

由于综合评判采用(∩,∪)运算，即"先取小，后取大"，因此，可能会失掉一些信息，在解释综合评判结果时，应抱着谨慎的态度。

例 4-7：由表 4-11 得幼儿家长对 LY 幼儿园教育质量评价的信息初步统计结果，可构成一个模糊矩阵：

$$B=\begin{pmatrix} 0 & 0.6667 & 0.3333 & 0 \\ 0 & 0.5238 & 0.4762 & 0 \\ 0 & 0.6190 & 0.3810 & 0 \\ 0 & 0.6190 & 0.3810 & 0 \\ 0.0476 & 0.7619 & 0.1905 & 0 \end{pmatrix}$$

又 5 个指标的权重如表 1-1 所示分别为 0.1634、0.1075、0.4093、0.2665、0.0533。请用模糊综合评判法求出"教育活动"指标的综合评价结果。若评定标准中的"A"为 100 分,"B"为 75 分,"C"为 50 分,"D"为 25 分,该指标的综合评价值是多少?

解:由公式 4-8 得:

$$C=(0.1634,0.1075,0.4093,0.2665,0.0533)。$$

$$\begin{pmatrix} 0 & 0.6667 & 0.3333 & 0 \\ 0 & 0.5238 & 0.4762 & 0 \\ 0 & 0.6190 & 0.3810 & 0 \\ 0 & 0.6190 & 0.3810 & 0 \\ 0.0476 & 0.7619 & 0.1905 & 0 \end{pmatrix} = (0.0476,0.4093,0.3810,0)$$

因此,综合评价结果为:$D=(0.0568,0.4885,0.4547,0)$。

再由公式 4-9 得:

$$S=100×0.3389+75×0.3389+50×0.3222+25×0=65.05。$$

【本章小结】

本章首先阐述了幼儿园教育质量评价计算机网络操作平台的建立,这种操作平台不仅能快速和便捷地搜集评价信息,而且能较为准确和及时地处理评价信息,使幼儿园教育质量评价具有可操作性,真正成为诊断幼儿园教育工作的有效工具,提高幼儿园教育质量。其次,在系统叙述自我评价、群众评价、同行评价、领导评价、社会评价、有关的各种资料和数据等 6 大幼儿园教育质量评价信息来源的基础上,论述了简单随机抽样、等距抽样、分层抽样等 3 种常用的抽样技术,随后,全面介绍了常用的搜集幼儿园教育质量评价信息的 6 种方法,即测量法、问卷法、访谈法、观察法、文献法和网络法。最后,阐述了 3 种评价信息定性处理方法,即哲学分析法、系统分析法和逻辑分析法等,解释了 3 种定量处理方法,即累积分数法、统计分析法和模糊数学法等,其中累积分数法是基本处理评价信息方法,在这基础上,介绍了运用正态分布理论,演绎出评定等级标准中常用的三等级、四等级和五等级评定法的各等级比例分配的理论值,其不仅能较科学地指导三等级、四等级和五等级评定法的应用,而且还能根据运算出来的评价结果建立评价常模,从而进行常模分析。

【文献导读】

1. 陈向明.质的研究方法与社会科学研究[M].北京:教育科学出版社,2000.

2. 叶澜.教育研究方法论初探[M].上海:上海教育出版社,1999.

3. 张厚粲,徐建平.现代心理与教育统计学[M].北京:北京师范大学出版社,2008.

4. 裴娣娜.教育研究方法导论[M].合肥:安徽教育出版社,1995.

5. 李秀林,王于,李淮春.辩证唯物主义和历史唯物主义原理[M].北京:中国人民大学出版社,1982.

6. 何向东.逻辑学教程[M].北京:高等教育出版社,1999.

 思考与练习

1. 为什么要建立幼儿园教育质量评价计算机网络操作平台?

2. 幼儿园教育质量评价信息可通过哪些途径获得?在领导进行评价时应该注意些什么?

3. 在幼儿园教育质量评价搜集信息过程中,来自于自我、群众、同行、领导和社会等5个方面的评价信息,你认为哪方面的信息比较客观,哪方面的信息不太客观?为什么?

4. 为什么在搜集幼儿园教育质量评价信息中有时也要运用抽样技术?

5. 哲学分析法、系统分析法和逻辑分析法等3种教育评价信息处理方法的异同是什么?

6. 为什么在处理幼儿园教育质量评价信息中要注意定性方法和定量方法的结合?

第五章 幼儿园教育质量评价的再评价

 学习目标

学习本章后,你应该能够:
1. 认识幼儿园教育质量评价再评价的必要性。
2. 领会幼儿园教育质量评价再评价的实施程序。
3. 掌握幼儿园教育质量评价再评价的方法。

【本章概要】

本章阐述了幼儿园教育质量评价再评价的必要性、实施方法和实施过程,其中幼儿园教育质量评价再评价的方法是重点,常用的有:调查分析法、效度鉴定和信度鉴定等。

与其他专业活动一样,幼儿园教育质量评价活动在其实施过程中不可避免地会出现一些偏差:一是提出不适当的评价问题,二是对评价结论解释不当,三是得出不明确或有争议的结论,四是评价信息得不到充分的利用等。这些偏差的存在不仅使评价活动花费的时间、人力、物力不能收到应有的成效且更为严重的是,低劣的评价还可能提供错误的信息误导。因此,评价活动自身也应成为评价对象,以保证评价工作的质量。在再评价工作的实施过程中,应按照评价原理的要求,从再评价的方案准备到实施都应精心设计、严格完成。若发现评价工作中存在偏差甚至错误,应及时纠正。

第一节 幼儿园教育质量评价再评价的必要性

第一章中指出,幼儿园教育质量评价再评价就是对幼儿园教育质量评价活动的

检查,以便尽早发现问题,及时改进不足,提高幼儿园教育质量评价结果的信度和效度。科学、规范和正确的幼儿园教育质量评价活动对幼儿园教育事业的发展起促进作用,反之则会流于形式,甚至干扰幼儿园教育事业发展。造成后者的原因很多,但很重要的一点是长期忽视评价的再评价工作。由于再评价的理论和方法研究还不成熟,因此有必要对其进行研究和实践。

一、再评价是完善评价活动的需要

评价结论要接受评价实践的检验,其涵义是:一是把评价现有的研究成果,即评价理论和方法运用于实践,接受实践的检验。经实践证明是科学的理论和方法,应保留并继续运用,对实践证明是不科学的理论和方法,要加以修正或扬弃。二是评价结果要接受实践的检验。这种检验主要从三方面来观察:其一是价值客体的发展水平是否与评价结果相一致,其二是价值主体需要的满足程度,其三是评价主体的主观愿望是否实现。再评价是实现这个目标的有效手段。譬如,从泰勒模式到发展性目标评价模式,经历了由泰勒模式到评价活动,由评价活动到再评价,由再评价到新评价模式的历程,这种历程周而复始,螺旋式上升,使评价模式逐步科学化,使其得以有效地指导评价实践,提高评价质量。

二、再评价是评价对象复杂性和特殊性的要求

教育活动是一种主要研究人的社会运动的形式,除了物的因素之外,还有人的意志、心理情感的介入,使得教育现象愈加错综复杂和不确定。对它的价值状况进行观察和判断,一次评价活动是不够的。它需要系统调查,需要对评价活动进行再评价。评价方案的核心是评价标准,这是因为评价结果源于人的判断,而判断无法在无标准的条件下进行。评价标准必须能被与评价对象有关的人员所接受,但不同的人又有着不同的价值标准,对同一现象有着不同的看法和态度。要满足他们的需要,有必要对评价活动进行再评价,以逐步满足他们的需要。

三、再评价是提高评价结果的信度和效度的手段

评价结果的信度和效度如何,直接影响着根据评价结果作出的决策或工作的实际效果。就好比医生给病人看病,如果误诊,那么有可能会延误病情,甚至危及生

命。再评价能发现评价活动中的不足并及时纠正，以免造成不必要的错误、损失、浪费或矛盾。譬如，我们对 LY 幼儿园实践了若干年的教育质量评价进行反思。原先主要采用定性评价方法，实施几年以后，发现各指标的评价结果与最终评价结论的一致性较难把握，致使评价结论的信度和效度不高，依此进行的决策在某些方面引起了不必要的争议或失误。于是，我们进行了一些改进，主要运用定量评价方法，较好地克服了这一问题。但是，对于难以定量方法处理的指标，这种评价方法较难适用。即便召开教师和幼儿家长座谈会进行补充，因为调查提纲内容针对性不强，形式不够规范和统一，起到的作用依旧不大。最为关键的一点是，上述两个阶段的评价实践没有设计出科学的和切合实际的评价方案，这就很难做到评价程序科学、规范和公正，评价结果也不能令人信服。针对上述问题，我们积极地寻找应对措施，完善评价活动。

考察评价报告反馈后对工作的促进程度，及时总结经验，为以后开展评价活动提供宝贵的资料。譬如，对 LY 幼儿园教育质量评价进行再评价，得到了 2 个在今后的评价实践活动中需特别注意的要点：一是新的教育质量评价实践活动开始之前，其原来的评价标准要根据实际情况进行修订或补充，这是因为实际情况在不断变化，原先不具备条件进行评价的指标，可能由于条件发生变化，使依据这种指标进行评价的方案变为可行。如"根据需要，合理、有效地使用多媒体或教具"这一指标，在多媒体教室能满足教师需求的条件下，是可以作为评价指标的，这也是现代课堂教学的要求。另外，经评价实践检验不科学、不客观和不有效的指标或评定标准要删除或进行修改，当评价结果非常接近时，可适当增加评定标准的档次。二是要注意做好评价方案的宣传工作，特别要让有关人员了解和熟悉评价的目的和标准，这样才能保证评价结果的高信度和高效度。三是尽可能降低评价实践成本，提高操作性。要搞好评价实践工作，离不开计算机的运用。现在我们所进行的评价实践，基本上做到了搜集和处理评价信息计算机软件化，这不仅能缩短搜集和处理评价信息的时间，而且能提高评价结果的准确性，减少误差。既可以降低评价成本、缩短评价时间，又可以提高评价的操作性、时效性。

第二节　幼儿园教育质量评价再评价的方法

从整体上看，再评价是评价活动的重要组成部分，它与一般的评价活动在方法上有许多共同之处。因此,前述各种方法均可用于再评价,如由于搜集评价信息的测量法、问卷法、访谈法、观察法、文献法和网络法等,处理评价信息时的哲学分析法、系统分析法、逻辑分析法、累积分数法、统计分析法和模糊数学法等。在具体实施时,要做到定性方法与定量方法相结合、形成性评价与终结性评价相结合,灵活运用前面论述过的各种评价方法。当然,再评价是一种特定的评价,有其固有的特点以及适合的评价方法,为此,还要注意选择运用以下方法。

一、调查分析法

评价活动完成以后,为了解评价结论的接受度和评价工作的效益等,可以采用此方法。当评价报告接受者较多时,可以设计问卷,对评价报告的接受者进行问卷调查,随后进行统计分析,作出结论。当评价报告接受者较少时,采用开座谈会和访谈等方式,对他们进行调查,听取各方面的意见,分析问题产生的原因,抓住本质,及时解决。譬如,我们对 LY 幼儿园教育质量评价进行了反馈后的再评价。

(一)再评价目的:检测 LY 幼儿园教育质量。

(二)再评价时间:在把评价结果反馈给园长、保教人员或幼儿家长后的一周时间内进行。

(三)再评价信息来源:LY 幼儿园的园长、保教人员和部分幼儿家长。

(四)再评价方法:采用调查分析法,共发放调查问卷 39 份,回收有效问卷 39 份,回收率 100%,其中园长和保教人员 18 份、幼儿家长 21 份。问卷分为单选题和开放题。

(五)调查问卷内容:

1. 您认为评价标准是否科学、合理? ( )

A. 合理 B. 较合理

C. 不太合理 D. 不合理

2. 您认为整个评价过程规范吗? ( )

A. 规范 B. 较规范

C. 不太规范 D. 不规范

3. 您认为评价结果是否客观地反映了实际情况? ( )

A. 客观 B. 较客观

C. 不太客观 D. 不客观

4. 您认为评价结果对教育工作有促进作用吗？ （　　）

A. 作用大 B. 作用较大

C. 作用不太大 D. 作用不大

5. 您认为幼儿园是否能通过这次评价找到教育过程中有待改进的地方？

（　　）

A. 找到很多 B. 找到较多

C. 找到不太多 D. 找到不多

6. 您对运用计算机搜集和处理评价信息的方式感到满意吗？ （　　）

A. 满意 B. 较满意

C. 不太满意 D. 不满意

7. 您认为评价前后，幼儿园教职工对评价的态度是否发生变化？ （　　）

A. 一直是积极参与的 B. 由被动接受到主动参与

C. 对评价的期望值逐渐降低 D. 一直是被动接受的

8. 您对这次评价活动感到满意吗？ （　　）

A. 满意 B. 较满意

C. 不太满意 D. 不满意

9. 谈谈您对这次教育质量评价的看法。

（六）统计结果

我们用 SPSS12.0 统计软件处理再评价信息，得表 5-1。从中可以看出，认为评价标准合理和较合理的人数共占样本总人数的 98%，认为整个评价过程规范和较规范的占 93%，认为评价结果客观和较客观地反映了实际情况的占 80%，对运用计算机搜集评价信息的方式感到满意和较满意的占 85%，对这次评价活动感到满意和较满意的占 88%。这几项指标反映出本次评价活动的效果得到了三分之二以上人数的认可。第四、第五和第七个问题前两个选择项统计结果之和也均超过了 60%，可见，本次评价活动的效果是比较好的。但是，不难发现，第三、第四、第五和第七个问题后两个选择项统计结果之和也占到30%、40%左右,这说明还有1/3以上的被调查者对本次评价活动有看法,为了解这些被调查者的真实想法,我们要采用科学的抽样方法,抽取一定数量的被调查者,通过召开座谈会等方式了解他们的意见和建议,得到信息不仅能为科学和客观地解释评价结果提供帮助,而且能为日后的评价活动提供经验教训。

表 5-1　LY 幼儿园教育质量评价再评价调查统计结果表

调查问题	选项(%)			
评价标准科学、合理	合理	较合理	不太合理	不合理
	27	71	2	0
评价过程规范	规范	较规范	不太规范	不规范
	23	70	6	1
评价结果客观	客观	较客观	不太客观	不客观
	24	56	19	1
评价结果对课堂教学的促进作用	作用大	作用较大	作用不太大	作用不大
	13	47	33	7
通过这次评价能为教师找到教学中有待改进的地方	找到很多	找到较多	找到不太多	找到不多
	14	49	31	6
对运用计算机搜集评价信息的方式	满意	较满意	不太满意	不满意
	25	60	13	2
教师对评价的态度	一直主动	被动到主动	期望降低	一直被动
	19	43	27	11
对这次评价活动感到满意	满意	较满意	不太满意	不满意
	20	68	11	1

二、效度鉴定

评价效度是判断评价质量的重要技术指标。它是指评价结果的有效性或准确性,即评价对其所要评判的特性进行准确评价的程度。换言之,评价效度要求评价结果应当符合评价目的,并且与评价对象的实际情况相一致。如果评价效度很低,其实际效果必然不佳。因此,再评价者必须十分重视对评价效度进行鉴定。

(一)评价指标体系的效度鉴定方法

评价指标体系的有效性主要表现在两个方面:一是能够充分覆盖所要评价的内容,准确地反映评价对象的本质特性,二是评价结果符合制定指标体系的理论构想。前者是指标体系的内容效度,后者为指标体系的结构效度。内容效度鉴定一般采用逻辑分析方法,常采用专家判断的方式,指标体系的结构效度分析一般采用因子分析法,应用实例见第三章第三节。

(二)评价结果的效度鉴定方法

评价结果的效度检验,既可以采用定性方法,也可以采用定量方法。

1. 三角互证法

即用不同来源的定性材料来证实同一结论,譬如,在评价教师课堂教学时,不少幼儿园采用教师自我评价、同行评价、领导评价相结合的方式,有些幼儿园还参照幼儿家长评价的意见。这些针对特定教师的、不同来源的评价信息之间的一致程度越高,评价结论的效度就越高。同样,也可通过不同的搜集方法(如查阅幼儿园档案、与教师面谈、观察幼儿)进行效度互证,寻找信息的会聚点,来验证评价结论的真实性。

2. 自身一致法

先分别求出每一部分评价指标与整个评价指标体系的等级相关系数,然后根据各部分指标与整体评价指标体系的等级相关系数综合判断评价结果的效度。为了便于说明,不妨设:

(1)评价指标体系划分为三大类指标:条件指标、过程指标、效果指标。评价总分是这三类指标得分的总和。

(2)评价者共有 n 人。

(3)第 i 个评价者($i=1,2,\cdots,n$)按照三大类评价指标给评价对象打得分数分别为 X_i、Y_i、Z_i;总分为 S_i。

把各评价者打分情况列表如下:

表 5-2 评价者评价结果表

评价者序号	条件指标		过程指标		效果指标		总分		等级之差		
	X_i	R_x	Y_i	R_y	Z_i	R_z	S_i	R_s	D_{xs}	D_{ys}	D_{zs}
1											
2											
⋮											
n											

表 5-2 中 R_x、R_y、R_z、R_s 分别是各评价者的四个给分,在全体评价者中按由高到低排列的等级(用 $1,2,\cdots,n$ 表示),对给分相同者赋以平均等级。如有两位评价者均给条件指标 28 分,它们的等级顺序应排于 5、6 两级,则均为 5.5 级。表 5-2 中 D_{xs}、D_{ys}、D_{zs} 分别是各评价者在三大类指标给分的等级顺序 R_x、R_y、R_z 与总分相应的等级 R_s 之差,即:

$$D_{xs} = R_x - R_s$$
$$D_{ys} = R_y - R_s$$
$$D_{zs} = R_z - R_s$$

随后,根据表 5-2 中的数据,运用斯皮尔曼(Spearman)等级相关系数公式 5-1:

$$r = 1 - \frac{6 \sum D^2}{n(n^2 - 1)} \tag{5-1}$$

式中:r 为等级相关系数,D 为各位评价者按照指标给评价对象打得分数的等级顺序与总分相应的等级之差,n 为评价者数。

可分别求得:

(1)条件指标得分与总分的等级相关系数:

$$r_{xs} = 1 - \frac{6 \sum D^2}{n(n^2 - 1)} \tag{5-2}$$

(2)过程指标得分与总分的等级相关系数:

$$r_{ys} = 1 - \frac{6 \sum D^2}{n(n^2 - 1)} \tag{5-3}$$

(3) 效果指标得分与总分的等级相关系数：

$$r_{zs} = 1 - \frac{6\sum D^2}{n(n^2-1)} \quad (5\text{-}4)$$

上述三部分指标得分与总分的等级相关系数，分别反映了三部分评价指标与评价指标体系整体的一致性程度。若这三类指标的权重分别为 a_x、a_y、a_z，那么效度系数为：

$$r = a_x \cdot r_{xs} + a_y \cdot r_{ys} + a_z \cdot r_{zs} \quad (5\text{-}5)$$

它可以鉴定按照该指标体系评价所得结果的效度，一般要求在 0.4 以上。

例 5-1：运用自身一致法计算 LY 幼儿园教育质量评价结果的效度系数。

LY 幼儿园教育质量评价工作完成以后，如何来计算评价结果的效度系数，以验证其质量呢？下面以表 1-1 中的四十条三级指标为例，运用自身一致法计算评价工作实施后评价结果的效度系数。根据 18 名保教人员和园长、21 位幼儿家长对幼儿园教育质量每条指标的评价数据，算得：$r_{xs}=0.745$、$r_{ys}=0.872$、$r_{zs}=0.263$。由此可以得到效度系数为：$r=0.2605\times 0.745+0.6334\times 0.872+0.1061\times 0.263\approx 0.77$。这说明本次 LY 幼儿园教育质量评价结果具有较高的效度。

（三）影响评价效度的因素

实践表明，对评价效度产生较大影响的因素有：

1. 评价指标的科学性

评价指标体系的科学、合理、针对性和可操作性，是有效评价的基本前提。为此，评价指标在正式使用前，须进行多次试用和修订。

2. 评价实施的质量

评价实施的质量包括评价是否严格按照预定的程序进行，是否选择了适当的时间和场合进行，是否排除了各种人为因素的影响和干扰等。要科学、规范、客观地实施评价，再评价的组织者应采取有效的培训和监控措施，提高评价者的自身素质，鼓励被评价者积极参与。

3. 被评价者的特性和样本的代表性

被评价者的兴趣、动机、情绪、态度和身体状况等对效度也有重要影响，应当予以充分重视。在进行抽样评价时，还应注意样本的代表性，有助于提高评价的效度。

三、信度鉴定

评价信度也是判断评价质量的重要技术指标。它是指评价指标的可靠性、一致性和稳定性。如果评价的信度很低,其结果就缺乏可靠性。因此,再评价者必须重视评价信度的鉴定。

（一）评价信度鉴定的方法

1. 斯皮尔曼等级相关公式法

这种方法适用于2人评多项指标,或1人先后两次评多项指标,2人评同一评价对象中的多个个体,或1人先后两次评同一评价对象中的多个个体,多人评两类指标等。

例 5-2：在幼儿园教育质量评价中,假设保教人员和幼儿家长两类评价者按照10项指标对评价对象进行评价,将每一指标所评分值(每类评价者对每一指标所评分的平均值)和等级对应排列(见表5-3),试计算两类评价者评价结果的信度系数,并作出判断。

表 5-3 两类评价者的评价结果表

指标($n=10$)	评价分		等级次序		等级之差 D	D^2
	甲评分	乙评分	甲等级	乙等级		
1	94	93	1	1	0	0
2	90	92	2	2.5	−0.5	0.25
3	86	92	3.5	2.5	1	1
4	86	70	3.5	7	−3.5	12.25
5	72	82	5	4	1	1
6	70	76	6	5.5	0.5	0.25
7	68	65	7	9	−2	4
8	66	76	8	5.5	2.5	6.25
9	64	68	9	8	1	1
10	61	60	10	10	0	0
						$\sum D^2 = 26$

解：运用公式(5-1)(在这里 D 为两位评价者对同一指标所评的等级之差；n 为指标数)可得：

$$r=1-\frac{6\times 26}{10(10^2-1)}=1-\frac{156}{990}=1-0.16=0.84$$

检验：取统计量 $t=\frac{r\sqrt{n-2}}{\sqrt{1-r^2}}=\frac{0.84\sqrt{10-2}}{\sqrt{1-0.84^2}}=4.379$，

判断：$df=n-2=10-2=8$，查 t 分布表(见附表1)，得：$t_{0.01}(8)=3.355$。

因为 $t>t_{0.01}(8)$，所以无显著差异，即保教人员和幼儿家长两类评价者的评价结果较为一致，评价结果可信。

2. 肯德尔和谐系数法

这种方法适用于3人以上评多项指标，3人以上按照某一项指标评同一评价对象中的多个个体等。计算公式如下：

$$W=\frac{\sum_{i=1}^{N}\left(\sum_{j=1}^{K}R_{ij}\right)^2-\frac{\left(\sum_{i=1}^{N}\sum_{j=1}^{k}R_{ij}\right)^2}{N}}{\frac{1}{12}K^2(N^3-N)} \quad (5\text{-}6)$$

式中：K 为评价者数，N 为评价对象数(或指标数)，R_{ij} 为第 j 个评价者对 i 个评价对象(或指标)所给予的等级顺序数。

例5-3：3位评价者对7名教师的工作成绩进行评价，并以名次来表示评价结果。评价结果如表5-4所示。问这3位评价者的评价结果是否一致？

表5-4 3位评价者的评价结果表

教师 N	1	2	3	4	5	6	7
评价者1	3	6	5	1	4	2	7
评价者2	5	6	4	1	3	2	7
评价者3	2	7	5	1	4	3	6
$\sum_{j=1}^{3}R_{ij}$	10	19	14	3	11	7	20

续表

$(\sum_{j=1}^{3} R_{ij})^2$	100	361	196	9	121	49	400
$\sum_{i=1}^{7}\sum_{j=1}^{3} R_{ij} = 84$							
$\sum_{i=1}^{7}(\sum_{j=1}^{3} R_{ij})^2 = 1236$							

解：运用公式 5-6，得：

$$W = \frac{1236 - \frac{84^2}{7}}{\frac{1}{12} \times 3^2 \times (7^3 - 7)} = \frac{228}{252} = 0.9$$

检验：因为 $S = \sum_{i=1}^{7}(\sum_{j=1}^{3} R_{ij})^2 - \frac{(\sum_{i=1}^{7}\sum_{j=1}^{3} R_{ij})^2}{7} = 228$，由 W 显著性检验时 S 的临界值表（见附表 2）查得：$S_{0.05} = 157.3$，$S_{0.01} = 185.6$，$S > S_{0.05}$，所以，W 达显著水平，即 3 位评价者对 7 名教师工作成绩评价结果一致的可能性为 95%，$S > S_{0.01}$，W 达极显著水平，即 3 位评价者对 7 名教师工作成绩评价结果一致的可能性为 99%。可见，这 3 位评价者的评价结果信度相当高。

在计算肯德尔和谐系数时，若各个评价者对于同一评价对象都评有相同等级时，求 W 的公式为：

$$W = \frac{S}{\frac{1}{2}K^2(N^3 - N) - K\sum_{i=1}^{K} T_i} \tag{5-7}$$

式中：$T_i = \frac{\sum(n^3 - n)}{12}$，$n$ 是相同等级的个数。

例 5-4：LY 幼儿园的园长、同行、教师和幼儿家长对某一位教师课堂教学过程评价结果如表 5-5。假设指标共有 4 项，分别是教学内容、教学方法、教学态度和教书育人。评定标准为四级评定等级标准：好、较好、一般、尚需努力，并分别赋予 4、3、2、1 值。试问这四方面评价主体对该教师课堂教学过程评价结果是否一致？

表 5-5　四方面评价主体对某一位教师课堂教学过程的评价结果表

评价者 \ 指标 评等	一	二	三	四
园长	较好(3)	很好(4)	较好(3)	一般(2)
同行	很好(4)	很好(4)	较好(3)	较好(3)
教师自我	较好(3)	较好(3)	一般(2)	一般(2)
幼儿家长	较好(3)	很好(4)	较好(3)	较好(3)
$\sum_{j=1}^{4} R_{ij}$	13	15	11	10
$\left(\sum_{j=1}^{4} R_{ij}\right)^2$	169	225	121	100
$\sum_{i=1}^{4}\sum_{j=1}^{4} R_{ij} = 49$				
$\sum_{i=1}^{4}\left(\sum_{j=1}^{4} R_{ij}\right)^2 = 615$				

解：先计算 S、T_i 和 $\sum T_i$：

$$S = 615 - \frac{49^2}{4} = 615 - 600.25 = 14.75,$$

$$T_1 = \frac{2^3 - 2}{12} = \frac{6}{12} = 0.5,$$

$$T_2 = \frac{2^3 - 2}{12} + \frac{2^3 - 2}{12} = 1,\ 同样\ T_3\ 也为\ 1,$$

$$T_4 = \frac{3^3 - 3}{12} = 2,$$

$$\sum T_i = 0.5 + 1 + 1 + 2 = 4.5,$$

再由公式 5-7，得：

$$W = \frac{14.75}{\frac{1}{12} \times 4^2 \times (4^3 - 4) - 4 \times 4.5} = \frac{14.75}{\frac{1}{12} \times 960 - 18} = \frac{14.75}{80 - 18} \approx 0.24$$

检验：因为 $S = 14.75$，查附表 2 得 $S_{0.05} = 49.5$，$S < S_{0.05}$，所以，W 未达显著水平。

由以上计算结果可知,这四方面的评价主体对该教师课堂教学过程的评价结果不一致。这种不一致的情况是由哪项指标的评定分歧引起的,可以从指标离均差的平方和来判定:

指标一:离均差 $= \sum_{j=1}^{4}(R_{1j})^2 - \dfrac{(\sum_{j=1}^{4}R_{1j})^2}{4} = 43 - \dfrac{13^2}{4} = 0.75$;

指标二:离均差$=0.75$;

指标三:离均差$=0.75$;

指标四:离均差$=1$。

以上计算结果表明,指标四的评价结果有分歧,应重新进行评价。

从上面叙述可以看出,斯皮尔曼等级相关公式法和肯德尔和谐系数法由于不涉及评价信息数据的分布形态,因此应用比较广泛,并且计算简单,实用性强。但是,它们也存在不足之处:一是不适合对等级间距不相等的数据,二是如果某一指标评定结果相同等级过多,计算出来的结果就会有很大误差,精确度较差,三是由于把精确的数据化为等级,会损失较多信息,且排列等级也较麻烦,因此,若评价信息数据过多,又非等级判定时,计算出来的结果也会有很大误差。

3. 分组折线图检验法

这种方法的主要依据是,一个公正、客观的评价者,在评价时要么评得比较松,要么评得比较紧,一视同仁。具体操作步骤如下:

(1) 如果评价者较多,为了方便制表,可将其按综合评价的总分高低分成若干组,每组评价者的人数不一定相等。分组时运用公式5-8,算出评价者所给总分的两极差,或称全距。

$$R = \text{Max}(X) - \text{Min}(X) \qquad (5-8)$$

式中:R为全距;$\text{Max}(X)$、$\text{Min}(X)$分别为数据中的最大值和最小值。

然后,拿两极差除以拟分的组数,所得的商作为组距,最后,按组距进行分组。如果评价者数不是很多(如在10名以内)时,也可不分组,把每名评价者作为一组看待。

(2) 计算每组评价者对评价对象中每一个体的评价值,一般用该组评价者评定分数的平均值作为一组评价者的评价值。如果未进行分组,则以每名评价者对评价对象中个体的评价值为准。

（3）根据每组评价者的评价值，画出分组折线图。一般以纵坐标作为评价对象获得的评价值，横坐标作为评价对象所处的位置。

例 5-5：有 15 名评价者，对 LY 幼儿园的 6 名教师的公开课进行评价。根据所得评价总分的高低，将 15 名评价者分成 3 组，一组综合评价总分在 500 以上，二组综合评价总分在 430～499 之间，三组综合评价总分在 429 以下。计算得各组评价值如表 5-6 所示。

表 5-6　各组评价值表

评价值 组序 \ 教师序号	1	2	3	4	5	6
一组	85	86	86	88	82	90
二组	81	82	83	85	74	94
三组	70	71	71	73	70	64

试检验评价者对 6 名教师公开课评价结果的信度。

解：根据表 5-6 中的数据，画出折线。由图 5-1 可知，对第 6 名教师的评价分歧较大，应重新进行评价。

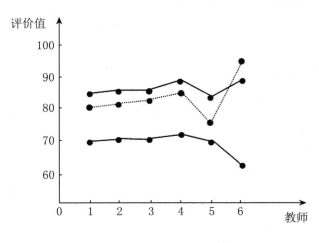

图 5-1　评价结果折线图

4. α 系数公式法

克龙巴赫在 1951 年发表的《α 系数和测验的内在结构》一文中提出作为估计内

在一致的可靠性指标的 α 系数公式：

$$\alpha = \frac{m}{m-1}\left(1 - \frac{\sum S_i}{S_T}\right) \tag{5-9}$$

式中：$\sum S_i$ 反映每一个评价小组成员给各项评价指标所评分数的离异程度，S_T 反映各评价小组成员给整个指标体系所评分数的离异程度，它受各项指标所评分数离异程度的影响。

公式 5-9 可用于估算评价的信度系数。具体方法如下：

设：(1) 评价指标共有 m 项。

(2) 评价小组共有 n 人。

(3) 第 j 个评价小组成员 ($j=1,2,\cdots,n$) 对第 i 项评价指标 ($i=1,2,\cdots,m$) 给评价对象的分数为 X_{ij}，按照整个评价指标体系给评价对象的总分为 Y，显然有 $Y_j = \sum_{i=1}^{m} X_{ij}$，$(j=1,2,\cdots,n)$。

(4) 评价对象的评价结果：第 i 项指标实得分为 $X_i = \sum_{j=1}^{n} X_{ij}$，实得总分为 $Y = \sum_{i=1}^{m} X_i$。

根据以上假设，可求得：

第一，第 i 项评价指标得分的方差为：

$$S_i = \frac{1}{n} \sum_{j=1}^{n} (X_{ij} - \overline{X}_i)^2 \tag{5-10}$$

第二，评价结果总分的方差为：

$$S_T = \frac{1}{n} \sum_{j=1}^{n} (Y_j - \overline{Y})^2 \tag{5-11}$$

把 S_i、S_T 代入公式 (5-9)，得：

$$\alpha = \frac{m}{m-1}\left(1 - \frac{\sum_{i=1}^{m} S_i}{S_T}\right) \tag{5-12}$$

由公式 5-9 不难看出：$0 \leqslant \dfrac{\sum_{i=1}^{m} S_i}{S_T} \leqslant 1$，因此，当指标数 m 较大时，可以保证 $0 \leqslant \alpha \leqslant 1$。$(S_i/S_T)$ 项既反映对评价指标体系的每一指标评价过程中随机因素的大小，又

反映整个评价指标体系评价结果中的随机因素的大小。评价标准越明确,量化结果越准确,各个评价小组成员对评价标准、量化方法和量化结果的理解越一致,评价就越客观,随机因素越小,(S_i/S_T)项的值随之就越小,α值就越大,反映评价结果的可靠性和稳定性就越高。

一般来说,α系数愈高,评价指标体系的信度也愈高。在基础性研究中,信度系数至少应达到0.80才可接受,在探索性研究中,信度系数只要达到0.70就可以接受了,而低于0.35则为低信度,必须予以拒绝。

例5-6:运用α系数公式法计算指标体系的信度系数。

设计完成幼儿园教育质量评价指标体系以后,如何来计算它的信度系数,以验证其质量?下面以表1-1中的四十条三级指标为例,运用α系数公式法计算由它们组成的指标体系的信度系数。把这四十条指标编制成类似于表3-9的"幼儿园教育质量评价指标体系征询意见表",对其判断等级分为五档,即"很重要""重要""一般""可要可不要""不要"。在计算信度系数时,这五个等级的赋值分别为5、4、3、2、1。让各三十位幼儿园园长和幼儿家长对这四十条指标进行评判,然后算得:$\sum_{i=1}^{m}S_i^2=5.6353$、$S_T^2=41.4122$,则$\alpha=\frac{40}{39}\left(1-\frac{5.6353}{41.4122}\right)\approx 0.89$。由此可知这四十条三级指标组成的指标体系具有较高信度。

(二)影响评价信度的因素

从总体看,评价对象和评价者的状态、评价指标、评价过程等因素均会引起随机误差,导致评价结论不一致,降低评价信度。了解影响评价信度的主要因素可帮助评价者采取相应的措施,提高评价的可靠性,并对评价信度作出合理的解释。影响评价信度的因素可简要归纳如下。

1. 评价对象和评价者的状态

由前面的论述可知,评价者和被评价者在评价过程中的心理状况会直接影响评价结果的信度,因此,在评价时,评价者和被评价者应保持良好的身心状态。

2. 评价指标

评价指标是评价的内容,即评价时对评价对象的观测点。因此,评价指标的科学性、客观性、有效性、可行性直接影响评价结果的信度。要提高评价结果的信度,必须按照编制评价标准的依据和设计指标体系的原则设计好指标体系。

3. 评价方案实施过程中的各种因素

在评价方案实施过程中，也会出现一些导致误差的因素。譬如，评价环境和氛围、评价者的素质、评价者和评价对象的关系、被评价者的动机、态度、情绪、身体状况、意外的干扰等。评价者应注意创设良好的评价环境，对可能产生评价误差的环节密切监控，出现问题应及时纠正。

第三节 幼儿园教育质量评价再评价的实施

再评价的实施与原评价活动基本相似，但其也有自身的特点，认识这些特点，对于搞好再评价活动是必要的。由前所述，再评价有反馈前的再评价和反馈后的再评价，在实施过程中也要区别对待。

一、再评价的内容、形式和要求

（一）再评价的内容

如前所述，评价方案准备、实施、评价报告编写和评价结论反馈4个环节是评价工作的重要环节，环环相扣，缺一不可。这4个环节工作的好坏对评价工作质量有直接影响。用系统的观点来看，在评价报告完成以后进行再评价有其积极意义，当然，评价结论反馈后进行的再评价也是必不可少的，它可以总结评价工作的经验教训，检验根据评价结论作出决策的正确性或与评价对象有关人员改进工作的有效性，以提高评价工作的效益。但是，亡羊补牢不如未雨绸缪。评价的组织者或评价者应当经常在评价工作的各个环节进行内部或外部的检查，以便及时解决评价工作中可能出现的种种偏差。具体内容有以下四个方面。

1. 评价方案设计完成后进行的再评价

对评价方案设计进行再评价是为了确保评价方案设计的科学性、规范性和可行性，以有效指导评价方案的实施。这种再评价是十分重要的，因为评价方案设计的好坏会直接影响评价结果的信度和效度。要求评价目的正确，评价对象范围界定清楚，评价标准科学、客观、可行，评价组织健全，评价过程中的纪律规定严肃、合理，评价者符合要求，评价方法选择得当，评价报告完成的时间和评价报告的接受者明确。

2. 评价方案实施过程中进行的再评价

对评价方案实施过程进行再评价是为了检查评价方案的实施是否出现偏差，以便及时纠正，确保在规定的时限和预算内完成各项评价任务。必要时，还可以对评价方案作相应调整，这也是发展性目标评价模式要求的。具体要求为：评价的组织者或评价者按照评价方案要求推进评价工作，搜集到的评价信息全面真实，处理评价信息方法科学、得当，评价结果信度和效度较高，在实施评价方案过程中严格遵守若干纪律规定，能根据实际情况及时调整评价方案等。

3. 对评价报告编写和评价结论反馈进行的再评价

对评价结论和报告质量进行再评价是为了确保评价结论的可靠性、准确性和报告的科学性、规范性以及评价结论反馈方式的合理性。具体要求是：由评价结果推断而得到的评价结论客观、可靠和有效，评价结论有充分依据、解释清晰和合理，评价报告科学、规范、简洁，能指明评价对象的长处和不足，并提出相关建议，评价报告反馈及时，反馈方式合理等。

4. 对评价工作效益进行的再评价

对评价工作效益进行再评价是为了检查根据评价结论作出决策的正确性和有关人员改进工作的有效性，为以后开展评价活动提供有效资料。具体要求为：评价达到预定目的，评价资源（主要指人力、物力、时间等）安排和使用得当，效率高，评价结论被认可和接受，评价功能得到较好地发挥等。

（二）再评价的形式

再评价的形式主要有自我复查和他人审核两种。自我复查即原评价的组织者或评价者自己对自己所做的评价工作进行复查，他人审核，即参与原评价工作的各级行政领导、同行（包括各方面的专家）和社会专业评价机构人员等以外的人员对原评价工作的审核。

自我复查由原评价的组织者或评价者负责实施。在评价工作的各个环节，评价的组织者或评价者可以采用论证会、座谈会、讨论会、问卷调查或个别访谈等形式，向有关人员征求意见，及时了解他们对评价方案设计和实施过程等的看法和建议。做好详细记录，认真整理和分析，发现问题及时解决，同时所有资料全部归档保存，为他人审核提供良好基础。

他人审核由没有参与原评价工作的人员负责实施。他们一般是具有一定的从事评价工作经验,且与该评价无直接利害关系的各级行政领导、同行和社会专业评价机构人员。这种形式的再评价能起到自我复查起不到的作用,相对来说比较客观和公正,具有较强的权威性。再评价者一般通过现场观察、个别访谈、座谈会、问卷调查、对评价对象进行测试和查阅有关资料等方式,充分了解有关评价方案设计、评价方案实施过程、评价报告内容、评价结论反馈后的效应和评价档案资料等,在此基础上,再评价者对评价工作质量做出独立的判断,并提出相应的、有针对性的改进建议。

（三）再评价的要求[①]

1. 可靠性和准确性

一项评价活动的可靠性是用评价信度加以刻画的,它反映了对评价的非系统误差的控制程度。信度高则说明评价结果是稳定可靠的,否则评价的一致性较差,可靠程度不高。评价的准确性或有效性则是用评价的效度加以刻画的,它反映了对评价的系统误差的控制程度。效度高说明评价正确,较好地实现了评价目的,反之则评价的准确性差。评价效度包括评价的方案设计效度、评价的实施效度和结论效度。对评价的信度和效度的考察,即对评价的准确性和可靠性的具体要求,主要包括评价目的明确,评价内容和标准的理论、法规和实践依据合理,评价信息搜集和处理在方法、技术和工具完善,多人评价或一人的多次评价结果有较好的一致性,评价结果能准确有效地反映评价的实际情况,有较高的效度。

2. 适用性和可行性

具体要求是：一是评价的各环节、步骤要求明确,二是对于既定的评价范围有较好的通用性,三是评价标准要求明确,内容简练有较好的代表性,四是评价有较强的操作性,方法科学可行,便于评价者掌握,并易于评价对象理解和接受,五是评价在资金、人力、物力方面耗费低。

3. 实效性和合理性

具体要求：一是评价有较好的正确导向作用,有利于教育方针的贯彻和教育质量的提高,二是实现了评价目的,达到了预先设计的要求,较好地发挥了评价功能；三是评价结论正确,并得到评价对象认可,对评价对象的工作和学习有明显的促进

---

① 侯光文.教育评价概论[M].石家庄:河北教育出版社,1996:468—469.

作用,有利于评价对象的健康发展,四是评价者有良好的职业道德和社会责任感,注意保护评价对象的合法权益。

二、再评价实施的基本程序

实施再评价要遵循基本的程序,这是再评价科学、规范进行的必要保证。这种程序与原评价的一般过程较为相似。

(一)明确再评价的内容

再评价进行之前,首先要明确再评价的内容,即是反馈前的再评价,还是反馈后的再评价。其次,要进一步明确再评价的具体内容,即反馈前和反馈后的再评价分别着重评哪些内容。

(二)选择再评价者

再评价的组织者应根据需要,选择最合适的再评价人员。他们既可以是内部成员,即原评价者等,也可以是外部人员,即与原评价工作无关的专业评价人员等。对他们的素质要求与对评价者的素质要求一样。

(三)获得实施再评价的授权

再评价人员应当以协议或合同的方式获得再评价组织者的授权,以便合法地实施再评价。再评价的组织者应当向与再评价对象有关人员公开宣布这一授权,并要求他们进行合作,共同做好再评价工作。

(四)再评价方案的设计和实施

再评价方案的设计过程和设计方法与原评价方案基本相同,在此不作详细叙述。再评价方案设计完成以后,必须按照方案进行。要逐一对原评价方案、实施过程、评价报告、评价结论反馈的效应和评价工作效益等进行评价,发现问题,及时解决或写入再评价报告,有效提高评价结果的信度和效度,保证评价结论的正确性,为以后开展评价工作提供有效信息。

三、当前再评价发展需要解决的主要问题

尽管近年来各国教育评价领域十分重视再评价,但是,严格实施再评价,即使在美国也不多见。总体来看,原评价所得出的结论尚未进行较为正规的再评价便成为定论。即使有些评价进行了再评价,但大多数是由原评价者实施的,往往采用自我

复查的形式,再评价结果的可靠性和权威性较低,这种情况必须得到改善。虽然再评价在理论上得到重视,但推行不力的脱节现象普遍存在。产生这些现象可大致归为以下主要原因。

（一）评价者和被评价者对再评价的重要性缺乏足够认识

尽管评价会对被评价者产生重要影响,但由于评价者的地位和身份一般较高,被评价者大多被动接受评价结论,很少对评价工作的质量提出质疑。另一方面,评价者大多认为自己是专业人员,所进行的评价是充分准备的、正确的,敝帚自珍,不太愿意再让别人来评价自己的工作。这两种态度都影响着再评价的正常开展。事实上,开展再评价工作能有效确保评价结果的正确性,提高评价工作的效益,譬如,我们在LY幼儿园教育质量评价过程中,每次评价工作完成、评价报告反馈以后,都要对所做的工作进行评价,以便及时纠正偏差,提高评价结果的准确性,或者为以后开展评价工作提供有效信息,使评价工作趋于科学和完善。

（二）对教育评价进行再评价尚未真正形成制度

根据系统论的观点,任何工作都可能出现偏差,只有及时而有效的监控,才能纠正偏差,使工作有序、正常地进行。评价也不例外,只有通过再评价对评价进行监控,才能提高评价质量,使评价真正发挥积极作用。要做到这一点,由发展性目标评价模式可知,必须要有评价制度作保证。从系统论的角度来看,评价制度是一个系统,它主要由三个子系统构成,即"组织机构"子系统、"程序管理"子系统和"质量管理"子系统,它们是一个完整的统一体。"组织机构"子系统主要发挥评价的组织制度的保证功能,"程序管理"子系统具有使评价科学运行的制度功能,"质量管理"子系统具有确保评价信度、效度和发挥其效用的制度化的功能。这三个子系统相互依存、有机结合决定着"评价制度"系统的整体功能。①

（三）缺乏再评价的资源

评价与再评价都需要充分的资源才能进行。再评价需要的资源同样包括人力和物力两个方面。在人力方面,存在的主要问题是缺乏合格的专业工作者,在物力方面,存在的主要问题是大多数评价者在设计评价方案时,常常只考虑评价工作所需的各种资源,但未把所需资源列入评价预算。就人力和物力两方面而言,后者更

---

① 吴钢.初探建立我国教育评价制度[J].教育理论与实践,1992,(6).

加重要。因为即使没有专业的外部再评价者,还可以由非专业的内部人员实施。而如果评价方案设计时就把再评价置于脑后,再评价是很难进行的。

根据上述分析,要改变再评价注重理论、轻视实践的现状,必须做到以下4个方面:一是评价者和被评价者双方都应从义务和权利两方面明确自己的责任。就被评价者而言,他们不仅有配合评价的义务,也有得到高质量评价的权利,因此,被评价者应当增强自我保护意识,主动要求进行再评价,以提高评价的质量,从而保证评价结论客观公正,就评价者而言,他们有实施评价的权利,也有公正和客观进行评价的义务,因此,评价者应当抱着对评价委托者和评价对象负责的态度,不断检查和反思自己的工作,自觉主动地进行再评价,以纠正各种偏差,提高评价质量、声誉和实效。二是在有关教育评价的法规中应明确规定,任何一项评价工作应进行再评价,从法规上确立再评价的地位和作用。在建立再评价制度时,除了把再评价作为评价工作必不可少的有机组成部分外,还应当建立对评价内容、过程和结论持不同看法者的申诉制度和仲裁制度,以防止评价权力的滥用,造成不良影响。三是确立好再评价人员的素质结构和专业结构。再评价一般由实际工作第一线的人员、评价专业人员和有关专家学者等负责实施,要有计划地做好再评价人员的培训工作,以保证再评价工作所需的人力资源。四是再评价是一项长期的系统工程,要注重社会评价。如前所述,社会评价是较为重要的外部评价,这种评价信息较为客观和公正。就目前我国教育评价发展水平来说,社会评价是较为重要的信息源,值得高度重视。最终检验评价结论和评价工作效益的是实践,只有被实践证明是正确的,我们才能对评价结论和评价工作效益作出最后判定。因此,再评价是一项长期工作,在具体实施时应重视社会评价。

【本章小结】

本章首先阐述了幼儿园教育质量评价再评价的必要性,主要观点有:再评价是完善评价活动的需要、是评价对象复杂性和特殊性的要求、是提高评价结果的信度和效度以及评价活动效益的需要。其次,介绍了幼儿园教育质量评价再评价的主要方法:调查分析法、效度鉴定和信度鉴定等。最后,叙述了幼儿园教育质量评价再评价的实施。幼儿园教育质量评价再评价的方案准备和实施以及再评价报告编写和反馈类似于原教育评价,只不过评价的对象不同,幼儿园教育质量评价再评价的对象是原幼儿园教育质量评价,而不是其他评价对象。其评价内容有两个:一是在原评价报告反馈前进行的再评价,主要目的是检查原评价的方案准备、实施和评价报告编写中是否有错误,以提高评价工作的质量,二是在原评价报告反馈后进行的再评价,主要目的是证实评价结论是否被与评价有关人员所接受,同时观察有关人员根据评价结论改进工作的效果,为以后开展幼儿园教育质量评价活动提供参考。

【文献导读】

1. 向德全.教育评价的技术与方法[M].西安:西北大学出版社,2006.
2. 肖远军.教育评价原理及应用[M].杭州:浙江大学出版社,2004.
3. 程书肖.教育评价方法技术[M].北京:北京师范大学出版社,2004.
4. 金娣,王钢.教育评价与测量[M].北京:教育科学出版社,2003.
5. 侯光文.教育评价概论[M].石家庄:河北教育出版社,1996.
6. 林昌华.学校教育评价[M].成都:四川大学出版社,1990.

思考与练习

1. 什么是教育评价的再评价?你对于幼儿园教育质量评价再评价的必要性是如何认识的?试结合你的切身体会,加以说明。
2. 你认为教育评价再评价的内容和标准应该是什么?
3. 你认为应如何实施幼儿园教育质量评价的再评价?
4. 你认为应如何对教育评价方案进行再评价?
5. 你认为应如何对教育评价结果进行再评价?
6. 当前在教育评价再评价工作中存在哪些问题?应如何解决?

附表 1

t 分布表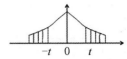

df	P(2):	0.50	0.20	0.10	0.05	0.02	0.01	0.005	0.002	0.001
	P(1):	0.25	0.10	0.05	0.025	0.01	0.005	0.0025	0.001	0.0005
1		1.000	3.078	6.314	12.706	31.821	63.657	127.321	318.309	636.619
2		0.816	1.886	2.920	4.303	6.965	9.925	14.089	22.327	31.599
3		0.765	1.638	2.353	3.182	4.541	5.841	7.453	10.215	12.924
4		0.741	1.533	2.132	2.776	3.747	4.604	5.598	7.173	8.610
5		0.727	1.476	2.015	2.571	3.365	4.032	4.773	5.893	6.869
6		0.718	1.440	1.943	2.447	3.143	3.707	4.317	5.208	5.959
7		0.711	1.415	1.895	2.365	2.998	3.499	4.029	4.785	5.408
8		0.706	1.397	1.860	2.306	2.896	3.355	3.833	4.501	5.041
9		0.703	1.383	1.833	2.262	2.821	3.250	3.690	4.297	4.781
10		0.700	1.372	1.812	2.228	2.764	3.169	3.581	4.144	4.587
11		0.697	1.363	1.796	2.201	2.718	3.106	3.497	4.025	4.437
12		0.695	1.356	1.782	2.179	2.681	3.055	3.428	3.930	4.318
13		0.694	1.350	1.771	2.160	2.650	3.012	3.372	3.852	4.221
14		0.692	1.345	1.761	2.145	2.624	2.977	3.326	3.787	4.140
15		0.691	1.341	1.753	2.131	2.602	2.947	3.286	3.733	4.073
16		0.690	1.337	1.746	2.120	2.583	2.921	3.252	3.686	4.015
17		0.689	1.333	1.740	2.110	2.567	2.898	3.222	3.646	3.965
18		0.688	1.330	1.734	2.101	2.552	2.878	3.197	3.610	3.922
19		0.688	1.328	1.729	2.093	2.539	2.861	3.174	3.579	3.883
20		0.687	1.325	1.725	2.086	2.528	2.845	3.153	3.552	3.850
21		0.686	1.323	1.721	2.080	2.518	2.831	3.135	3.527	3.819
22		0.686	1.321	1.717	2.074	2.508	2.819	3.119	3.505	3.792
23		0.685	1.319	1.714	2.069	2.500	2.807	3.104	3.485	3.768
24		0.685	1.318	1.711	2.064	2.492	2.797	3.091	3.467	3.745
25		0.684	1.316	1.708	2.060	2.485	2.787	3.078	3.450	3.725
26		0.684	1.315	1.706	2.056	2.479	2.779	3.067	3.435	3.707
27		0.684	1.314	1.703	2.052	2.473	2.771	3.057	3.421	3.690
28		0.683	1.313	1.701	2.048	2.467	2.763	3.047	3.408	3.674

（续表）

df	$P(2)$:	0.50	0.20	0.10	0.05	0.02	0.01	0.005	0.002	0.001
	$P(1)$:	0.25	0.10	0.05	0.025	0.01	0.005	0.0025	0.001	0.0005
29		0.683	1.311	1.699	2.045	2.462	2.756	3.038	3.396	3.659
30		0.683	1.310	1.697	2.042	2.457	2.750	3.030	3.385	3.646
31		0.682	1.309	1.696	2.040	2.453	2.744	3.022	3.375	3.633
32		0.682	1.309	1.694	2.037	2.449	2.738	3.015	3.365	3.622
33		0.682	1.308	1.692	2.035	2.445	2.733	3.008	3.356	3.611
34		0.682	1.307	1.691	2.032	2.441	2.728	3.002	3.348	3.601
35		0.682	1.306	1.690	2.030	2.438	2.724	2.996	3.340	3.591
36		0.681	1.306	1.688	2.028	2.434	2.719	2.990	3.333	3.582
37		0.681	1.305	1.687	2.026	2.431	2.715	2.985	3.326	3.574
38		0.681	1.304	1.686	2.024	2.429	2.712	2.980	3.319	3.566
39		0.681	1.304	1.685	2.023	2.426	2.708	2.976	3.313	3.558
40		0.681	1.303	1.684	2.021	2.423	2.704	2.971	3.307	3.551
50		0.679	1.299	1.676	2.009	2.403	2.678	2.937	3.261	3.496
60		0.679	1.296	1.671	2.000	2.390	2.660	2.915	3.232	3.460
70		0.678	1.294	1.667	1.994	2.381	2.648	2.899	3.211	3.435
80		0.678	1.292	1.664	1.990	2.374	2.639	2.887	3.195	3.416
90		0.677	1.291	1.662	1.987	2.368	2.632	2.878	3.183	3.402
100		0.677	1.290	1.660	1.984	2.364	2.626	2.871	3.174	3.390
200		0.676	1.286	1.653	1.972	2.345	2.601	2.839	3.131	3.340
500		0.675	1.283	1.648	1.965	2.334	2.586	2.820	3.107	3.310
1000		0.675	1.282	1.646	1.962	2.330	2.581	2.813	3.098	3.300
∞		0.6745	1.2816	1.6449	1.9600	2.3263	2.5758	2.8070	3.0902	3.2905

注：表右上角图中的阴影部分表示概率 P，$P(2)$ 是双侧的概率，$P(1)$ 是单侧的概率。df 是自由度。

附表 2

W 显著性检验时 S 的临界值表

N\K	P=0.05					P=0.01				
	3	4	5	6	7	3	4	5	6	7
3		64.4	103.9	157.3			75.6	122.8	185.6	
4		49.5	88.4	143.3	217		61.4	109.3	176.2	265
5		62.6	112.3	182.4	276.2		80.6	142.8	229.4	343.8
6		75.7	136.1	221.4	335.2		99.5	176.1	282.4	422.6
8	48.1	101.7	183.7	299	453.1	66.8	137.4	242.7	388.3	579.9
10	60	127.8	231.2	376.7	571	85.1	175.3	309.1	404	737
15	89.8	192.9	349.8	570.5	864.9	131	269.8	475.2	758.2	1129.5
20	119.7	258	468.5	764.4	1158.7	177	364.2	641.2	1022.2	1521.9

注：若 $N>7$，检查 W 的显著性按下列步骤：第一，把 W 代入 $\chi^2=K(n-1)W$ 求 χ^2。第二，把算出的 χ^2，按 $df=N-1$ 查 χ^2 分布表（见附表 4），查出的显著水平为 0.01 或 0.05 的 χ^2 值比较，若前者大于后者，则 W 达到显著水平，这个 W 有意义。

北京大学出版社
教育出版中心 精品图书

21世纪特殊教育创新教材·理论与基础系列
特殊教育的哲学基础　　　　　　　　方俊明 主编 36元
特殊教育的医学基础　　　　　　　　张　婷 主编 36元
融合教育导论　　　　　　　　　　　雷江华 主编 36元
特殊教育学（第二版）　　　　雷江华 方俊明 主编 43元
特殊儿童心理学（第二版）　　方俊明 雷江华 主编 39元
特殊教育史　　　　　　　　　　　　朱宗顺 主编 39元
特殊教育研究方法（第二版）　杜晓新 宋永宁等 主编 39元
特殊教育发展模式　　　　　　　　　任颂羔 主编 33元
特殊儿童心理与教育　　　　　张巧明 杨广学 主编 36元

21世纪特殊教育创新教材·发展与教育系列
视觉障碍儿童的发展与教育　　　　　　邓　猛 编著 33元
听觉障碍儿童的发展与教育　　　　　　贺荟中 编著 38元
智力障碍儿童的发展与教育　　　刘春玲 马红英 编著 32元
学习困难儿童的发展与教育　　　　　　赵　微 编著 39元
自闭症谱系障碍儿童的发展与教育　　　周念丽 编著 32元
情绪与行为障碍儿童的发展与教育　　　李闻戈 编著 36元
超常儿童的发展与教育（第二版）　苏雪云 张　旭 编著 39元

21世纪特殊教育创新教材·康复与训练系列
特殊儿童应用行为分析　　　　　李芳 李丹 编著 36元
特殊儿童的游戏治疗　　　　　　　　周念丽 编著 30元
特殊儿童的美术治疗　　　　　　　　孙　霞 编著 38元
特殊儿童的音乐治疗　　　　　　　　胡世红 编著 32元
特殊儿童的心理治疗　　　　　　　　杨广学 编著 39元
特殊教育的辅具与康复　　　　　　　蒋建荣 编著 29元
特殊儿童的感觉统合训练　　　　　　王和平 编著 45元
孤独症儿童课程与教学设计　　　　　　王　梅 著 37元

自闭谱系障碍儿童早期干预丛书
如何发展自闭谱系障碍儿童的沟通能力　朱晓晨 苏雪云 29元
如何理解自闭谱系障碍和早期干预　　　　　苏雪云 32元
如何发展自闭谱系障碍儿童的社会交往能力　吕梦 杨广学 33元
如何发展自闭谱系障碍儿童的自我照料能力　倪萍萍 周波 32元
如何在游戏中干预自闭谱系障碍儿童　　朱瑞 周念丽 32元
如何发展自闭谱系障碍儿童的感知和运动能力
　　　　　　　　　　　　　韩文娟、徐芳、王和平 32元

如何发展自闭谱系障碍儿童的认知能力　潘前前 杨福义 39元
自闭症谱系障碍儿童的发展与教育　　　　　周念丽 32元
如何通过音乐干预自闭谱系障碍儿童　　　　张正琴 36元
如何通过画画干预自闭谱系障碍儿童　　　　张正琴 36元
如何运用ACC促进自闭谱系障碍儿童的发展　苏雪云 36元
孤独症儿童的关键性技能训练法　　　　　　李　丹 45元
自闭症儿童家长辅导手册　　　　　　　　　雷江华 35元
孤独症儿童课程与教学设计　　　　　　　　王　梅 37元
融合教育理论反思与本土化探索　　　　　　邓　猛 58元
自闭症谱系障碍儿童家庭支持系统　　　　　孙玉梅 36元

特殊学校教育·康复·职业训练丛书（黄建行 雷江华 主编）
信息技术在特殊教育中的应用　　　　　　　　　　55元
智障学生职业教育模式　　　　　　　　　　　　　36元
特殊教育学校学生康复与训练　　　　　　　　　　59元
特殊教育学校校本课程开发　　　　　　　　　　　45元
特殊教育学校特奥运动项目建设　　　　　　　　　49元

21世纪特殊教育创新教材·融合教育系列
融合教育理论反思与本土化探索　　　　　　邓　猛 58元
融合教育理论指南　　　　　　　　　　　　邓　猛 45元
融合教育实践指南　　　　　　　　　　　　邓　猛 39元
资源教师工作指南　　　　　　　　　　　　孙　颖 45元

21世纪学前教育专业规划教材
幼儿园教育质量评价导论　　　　　　　　　吴　纲 39元
学前教育管理学　　　　　　　　　　　　　王　雯 45元
幼儿园歌曲钢琴伴奏教程　　　　　　　　　果旭伟 39元
幼儿园舞蹈教学活动设计与指导　　　　　　董　丽 36元
实用乐理与视唱　　　　　　　　　　　　　代　苗 40元
学前儿童美术教育　　　　　　　　　　　　冯婉贞 45元
学前儿童科学教育　　　　　　　　　　　　洪秀敏 39元
学前儿童游戏　　　　　　　　　　　　　　范明丽 39元
学前教育研究方法　　　　　　　　　　　　郑福明 39元
外国学前教育史　　　　　　　　　　　　　郭法奇 39元
学前教育政策与法规　　　　　　　　　　　魏　真 36元
学前心理学　　　　　　　　　　　　涂艳国、蔡　艳 36元
学前教育理论与实践教程　　　　王　维 王维娅 孙　岩 39元

学前儿童数学教育	赵振国 39元	21世纪的大学	[美]詹姆斯·杜德斯达 著 38元

大学之道丛书

大学的理念	[英]亨利·纽曼 著 49元
哈佛：谁说了算	[美]理查德·布瑞德利 著 48元
麻省理工学院如何追求卓越	[美]查尔斯·维斯特 著 35元
大学与市场的悖论	[美]罗杰·盖格 著 48元
高等教育公司：营利性大学的崛起	[美]理查德·鲁克 著 38元
公司文化中的大学：大学如何应对市场化压力	[美]埃里克·古尔德 著 40元
美国交生教育原是认证与评估	[美]美国中部州交生教育委员会 编 36元
现代大学及其图新	[美]谢尔顿·罗斯布莱特 著 60元
美国文理学院的兴衰——凯尼恩学院纪实	[美]P.F.克鲁格 著 42元
教育的终结：大学何以放弃了对人生意义的追求	[美]安东尼·T.克龙曼 著 35元
大学的逻辑（第三版）	张维迎 著 38元
我的科大十年（续集）	孔宪铎 著 35元
高等教育理念	[英]罗纳德·巴尼特 著 45元
美国现代大学的崛起	[美]劳伦斯·维赛 著 66元
美国大学时代的学术自由	[美]沃特·梅兹格 著 39元
美国高等教育通史	[美]亚瑟·科恩 著 59元
美国高等教育史	[美]约翰·塞林 著 69元
哈佛通识教育红皮书	哈佛委员会撰 38元
高等教育何以为"高"——牛津导师制教学反思	[英]大卫·帕尔菲曼 著 39元
印度理工学院的精英们	[印度]桑迪潘·德布 39元
知识社会中的大学	[英]杰勒德·德兰迪 著 32元
高等教育的未来：浮言、现实与市场风险	[美]弗兰克·纽曼等 著 39元
后现代大学来临？	[英]安东尼·史密斯等 主编 32元
美国大学之魂	[美]乔治·M.马斯登 著 58元
大学理念重审：与纽曼对话	[美]雅罗斯拉夫·帕利坎 著 40元
学术部落及其领地——当代学术界生态揭秘（第二版）	[英]托尼·比彻 保罗·特罗勒尔 著 33元
德国古典大学观及其对中国大学的影响（第二版）	陈洪捷 著 42元
转变中的大学：传统、议题与前景	郭为藩 著 23元
学术资本主义：政治、政策和创业型大学	[美]希拉·斯劳特 拉里·莱斯利 著 36元
美国公立大学的未来	[美]詹姆斯·杜德斯达 弗瑞斯·沃马克 著 30元
东西象牙塔	孔宪铎 著 32元
理性捍卫大学	眭依凡 著 49元

学术规范与研究方法系列

社会科学研究方法100问	[美]萨子金德 著 38元
如何利用互联网做研究	[爱尔兰]杜恰泰 著 38元
如何为学术刊物撰稿：写作技能与规范（英文影印版）	[英]罗薇娜·莫 编著 26元
如何撰写和发表科技论文（英文影印版）	[美]罗伯特·戴 等著 39元
如何撰写与发表社会科学论文：国际刊物指南	蔡今忠 著 35元
如何查找文献	[英]萨莉拉·姆齐 著 35元
给研究生的学术建议	[英]戈登·鲁格 等著 26元
科技论文写作快速入门	[瑞典]比约·古斯塔维 著 19元
社会科学研究的基本规则（第四版）	[英]朱迪斯·贝尔 著 32元
做好社会研究的10个关键	[英]马丁·丹斯考姆 著 20元
如何写好科研项目申请书	[美]安德鲁·弗里德兰德 等著 28元
教育研究方法（第六版）	[美]乔伊斯·高尔 等著 88元
高等教育研究：进展与方法	[英]马尔科姆·泰特 著 25元
如何成为学术论文写作高手	华莱士 著 49元
参加国际学术会议必须要做的那些事	华莱士 著 32元
如何成为优秀的研究生	布卢姆 著 38元

21世纪高校职业发展读本

如何成为卓越的大学教师	肯·贝恩 著 32元
给大学新教员的建议	罗伯特·博伊斯 著 35元
如何提高学生学习质量	[英]迈克尔·普洛瑟 等著 35元
学术界的生存智慧	[美]约翰·达利 等主编 35元
给研究生导师的建议（第2版）	[英]萨拉·德拉蒙特 等著 30元

21世纪教育科学系列教材·学科学习心理学系列

数学学习心理学	孔凡哲 曾峥 编著 29元
语文学习心理学	董蓓菲 编著 39元

21世纪教师教育系列教材

教育学基础	庞守兴 主编 40元

教育学	余文森 王 晞 主编	26元
教育研究方法	刘淑杰 主编	45元
教育心理学	王晓明 主编	55元
心理学导论	杨凤云 主编	46元
教育心理学概论	连 榕 罗丽芳 主编	42元
课程与教学论	李 允 主编	42元
教师专业发展导论	于胜刚 主编	42元
学校教育概论	李清雁 主编	42元
现代教育评价教程（第二版）	吴 钢 主编	45元
教师礼仪实务	刘 霄 主编	36元
家庭教育新论	闫旭蕾 杨 萍 主编	39元
中学班级管理	张宝书 主编	39元

21世纪教师教育系列教材·初等教育系列

小学教育学	田友谊 主编	39元
小学教育学基础	张永明 曾 碧 主编	42元
小学班级管理	张永明 宋彩琴 主编	39元
初等教育课程与教学论	罗祖兵 主编	39元
小学教育研究方法	王红艳 主编	39元

教师资格认定及师范类毕业生上岗考试辅导教材

| 教育学 | 余文森 王 晞 主编 | 26元 |
| 教育心理学概论 | 连 榕 罗丽芳 主编 | 42元 |

21世纪教师教育系列教材·学科教学论系列

新理念化学教学论（第二版）	王后雄 主编	45元
新理念科学教学论（第二版）	崔 鸿 张海珠 主编	36元
新理念生物教学论（第二版）	崔 鸿 郑晓慧 主编	45元
新理念地理教学论（第二版）	李家清 主编	45元
新理念历史教学论（第二版）	杜 芳 主编	33元
新理念思想政治（品德）教学论（第二版）	胡田庚 主编	36元
新理念信息技术教学论（第二版）	吴军其 主编	32元
新理念数学教学论	冯 虹 主编	36元

西方心理学名著译丛

拓扑心理学原理	[德]库尔德·勒温	32元
系统心理学：绪论	[美]爱德华·铁钦纳	30元
社会心理学导论	[美]威廉·麦独孤	36元
思维与语言	[俄]列夫·维果茨基	30元
人类的学习	[美]爱德华·桑代克	30元
基础与应用心理学	[德]雨果·闵斯特伯格	36元
记忆	[德]赫尔曼·艾宾诺斯 著	32元
儿童的人格形成及其培养	[奥地利]阿德斯 著	35元
幼儿的感觉与意志	[德]威廉·蒲莱尔 著	45元
实验心理学（上下册）	[美]伍德沃斯 施洛斯贝格 著	150元
格式塔心理学原理	[美]库尔特·考夫卡	75元
动物和人的目的性行为	[美]爱德华·托尔曼	44元
西方心理学史大纲	唐 钺	42元

心理学视野中的文学丛书

| 围城内外——西方经典爱情小说的进化心理学透视 | 熊哲宏 | 32元 |
| 我爱故我在——西方文学大师的爱情与爱情心理学 | 熊哲宏 | 32元 |

21世纪教学活动设计案例精选丛书（禹明 主编）

初中语文教学活动设计案例精选	23元
初中数学教学活动设计案例精选	30元
初中科学教学活动设计案例精选	27元
初中历史与社会教学活动设计案例精选	30元
初中英语教学活动设计案例精选	26元
初中思想品德教学活动设计案例精选	20元
中小学音乐教学活动设计案例精选	27元
中小学体育（体育与健康）教学活动设计案例精选	25元
中小学美术教学活动设计案例精选	34元
中小学综合实践活动教学活动设计案例精选	27元
小学语文教学活动设计案例精选	29元
小学数学教学活动设计案例精选	33元
小学科学教学活动设计案例精选	32元
小学英语教学活动设计案例精选	25元
小学品德与生活（社会）教学活动设计案例精选	24元
幼儿教育教学活动设计案例精选	39元

21世纪教师教育系列教材·专业养成系列（赵国栋主编）

微课与慕课设计初级教程	40元
微课与慕课设计高级教程	48元
微课、翻转课堂和慕课设计实操教程	150元
网络调查研究方法概论（第二版）	49元